吳偉英著

文學叢刊之九十七

夢縈故鄉

文史哲出版社印行

國家圖書館出版品預行編目資料

夢縈故鄉/ 吳偉英著. -- 初版. -- 臺北市 :文史哲,
民 88
面;　公分. -- (文學叢刊 ; 97)
ISBN 957-549-249-8 (平裝)

855　　　　　　　　88015737

文學叢刊 ⑨⑦

夢縈故鄉

著　者：吳　偉　英
出版者：文史哲出版社
登記證字號：行政院新聞局版臺業字五三三七號
發行人：彭　正　雄
發行所：文史哲出版社
印刷者：文史哲出版社
臺北市羅斯福路一段七十二巷四號
郵政劃撥帳號：一六一八〇一七五
電話 886-2-23511028・傳眞 886-2-23965656

實價新臺幣 四八〇元

中華民國八十八年十二月十六日初版

ISBN 957-549-249-8

夢縈故鄉·目錄

周序

與邑中鄉長偉英兄相識將近三十年，但知道他會寫文章，卻是近七八年間的事。有一天，他送我一本遊記，書名是《萬里萍踪》。最初，沒多大注意，隨手擱在書橱裡，大概事隔半年，隨手取來翻了幾頁，發現文章極有可讀性，無論寫景、寫情、寫歷史古蹟，都極爲生動。因而，使我繼續讀了好幾篇，乃至不忍釋手，深深覺得他的文章質樸而不浮華，遣詞造句，都有一定的章法。雖然，在題材的處理上不夠嚴謹，而結構章法卻有大家風格，尤其，文中的情景交融，所展示的美感，更令人激賞，我乃重覆地讀了兩遍，並且特別選了幾篇在我主編的《實踐》雜誌轉載。後來，又選了幾篇在《世界論壇報》副刊刊出，獲得讀者的喜愛，引發了我內心的共鳴，認定他的文章不是孤芳自賞型的「陽春白雪」，亦非通俗的「下里巴人」之樂。乃建議他從自己熟悉的題材中再寫點文章，一則爲自己留下一點歷史痕蹟；二則亦可以文自娛，消磨寂寞時間。偉英兄接受我的建議，文章就一篇又一篇的端上編輯枱，使我頓覺有如獲文學瑰寶，不愁稿源之不足矣！

古人認為文章是窮而後工，以我多年寫作經驗，文章都是迫出來的，只要有編輯催稿，有園地需要稿件，大都能迫出一些文章來。偉英兄最近推出的三本專集，都是近幾年「迫」出來的。因為，他的文章一來就直接送電腦打印房，親自校對及放在拼版枱，我都是在刊出來後再詳細拜讀，覺得他的文章一篇比一篇精采，內容一篇比一篇充實、感人。尤其是當我讀到他的《相對無言的哀傷》、《離情別緒總感傷》、《無限悲傷無限訴》、《訴不盡的衷腸》、《懷念》、《親情》……等至眞至愛的散文時，我內心的酸楚、傷感，是極難以形容的。法國文學批評家泰納在他的《藝術哲學》中說：「我們看到愛的面目就是感動，不論愛採取什麼形式，是慷慨，還是慈悲，還是和善，還是溫柔，還是天生的善良；我們的同情心遇到它就是共鳴，不管它的對象是什麼：或者是構成男女之間的愛情，一個人委身給一個異性，兩個生命融合為一；或者是構成家庭之間的各種感情，父母子女的愛，兄弟姐妹的愛；或者是鞏固的友誼，兩個毫無血統關係的人互相信任，彼此忠實。——愛的對象越廣大，我們越覺得崇高」。

偉英兄在他的散文中所表現的夫婦、父子、兄弟之間的眞摯情誼，是永恒而普遍的，是人都應該有這份摯著。王國維說：「詞人者，不失其赤子之心者也。」又說：「詞人之忠實，不獨對人事宜然。即對一草一木，亦須有忠實之意，否則所謂游詞也。」（人間詞話）。

詩人、散文家李廣田亦說：「寫散文，實在很近於自己在心裡說自家事，或對著自己說人家的事情一樣」（談散文）。偉英兄的散文正是李廣田所說的「說自家事」和「對著自己說人家的事情」，他的情愛不獨表現在其日常生活的夫婦、父子之間，同時也實現於廣大群衆之中，如一九九五年冬將其居住的房屋變賣兩層，將所得之款，一部份捐給大陸的鄉親；一部份捐給旅台同鄉，以「老吾老以及人之老」的心懷設立「敬老基金」，這種作爲，已完全走出了個人的私愛，而及於孟子的「仁義」的博愛精神。

最近，他一口氣推出三部專集，由此間「文史哲出版社」印行面世，除了《萬里遊踪》一書有部份文章是從舊稿中改寫以外，其他兩書都是近幾年的精心力作。以他年高近八十的古稀之年，能寫出如此豐碩的作品，非常人所能爲，我想其最大的潛在力量，是他恩愛一生的夫妻之愛，讓他能誠摯地直抒胸臆，毫無保留地將這份人間至愛呈現在字裡行間。

在他的散文中，沒有虛構的故事，沒有假設的情境，我不敢說字字璣珠，但至少是句句實話。如果說，文學是生活的反映，而偉英兄的作品，絕大部份是反映其生活的眞實面，無論是內容和形式，都有點近於信手拈來，寫其至眞至愛的情懷，不雕琢、不矯飾，像一塊璞玉渾金，如一片瑩澈水晶。他不講究寫作技巧，但有其自然形成的表現手法，是親切、是率直，將自己的心境和盤托出。他傷感，卻不濫情；他悲懷，而不頹喪，他依然堅持著自己眞摯情愛，去企圖挽回一個幾近於絕望的幻影。

最後，我必須提到的是他對歷史的關懷，這是作爲一個知識份子最起碼的認知。偉英兄能對我國唐宋明人物的素描，說明他曾企圖在這些人物中找尋一些歷史的教訓，冀圖獲得一點進步的根源。人類學家一再強調，人類的進化，是因爲他能接受歷史的教訓。我相信讀者一定能在其《閒話唐宋明》一書中獲取一些歷史教訓而改變自己，或修正一些自以爲是的觀念。

歷史是不滅的，文學也不會衰毀。偉英兄這三部書將是他畢生的註釋，也是他留給其子孫們最值得珍視的瑰寶，特綴述數語爲序。

周伯乃

一九九九年十一月十四日

自序

我非作家。古人常言：「文章千古事」。這話對古聖先賢來說，是無可置疑。而我只是樵牧之童，少小失學，一生事業無成，竟敢一口氣出版「夢縈故鄉」、「萬里遊踪」、「閒話唐宋明」三部文集，可說膽大妄爲。

緣於一九九一年，我七一生辰，深感人生在世，一身如寄，短短數十寒暑，宛如朝露，姑不論個人成敗得失，在人生歷程中，留得一鱗半爪，爲後代子孫，了解我人生奮鬥歷程，明白家國淵源，體認傳統，重視傳統。尤以半紀以來，流落異鄉，託命天涯，漂泊流浪，生活顛沛，落籍台灣，遙望故鄉，雙親已逝，時局離亂，未能稍盡孝道，難報生育深恩，午夜夢迴，寸心難安。乃拾掇平素扎記、舊稿，彙整成集「萬里萍踪」—回憶錄，爲母難日之獻，留給子孫、致送親友爲紀念。

我國學基礎膚淺，不會寫文章，也從未寫過。撰回憶錄，用詞遣字，多不達意，且漫長往事，難作有系統、有層次的敍述。因此，不求文章絢爛，詞藻華麗，以眞實情感，灌輸字裡行間，將事實寫到眞實貼切，實話實說，不加迴避，想到那裡，寫到那裡。然而，世態無時不變，人心每多矯飾，往往表裡不一，我觀察是否正確，感情是否激盪，還眞難說！

周伯乃先生，著名作家，享譽國際，不以鄙著粗淺見棄，在其主編的雜誌，報紙副刊，選登數篇，給予豐厚稿酬，對我鼓勵，至深至大，促使我以兩年時間，閱讀舊、新唐書，撰成：「榮枯得失話唐朝」及「故園河山」兩中篇，開我寫作之始。未料，德未修，時運舛！一九九四年患「口腔癌」，兩次手術，且遠在一九七五年，我已罹患「高血糖」症，一九九五年四月十九日，我妻鄭氏群珍，又不幸因右腳「靜脈曲張」手術，庸醫誤人，竟成「植物人」。使我原來的美滿家庭，幸福生活，突變爲孤獨悽涼；快樂人生，頓成憂傷痛苦，地裂山崩，精神飽受摧殘，以致萎靡頹喪，消極厭世，鬱鬱寡歡，對人生已頻臨絕望！

幸遇鄉親周伯乃先生，秉人溺己溺，仁義心懷，伸出援手，拯我於危崖，且責成我爲文遣悲，其眞摯情誼，卒使癡迷覺醒，靈光乍現，茅塞頓開。感懷愛護之深，「馬一鞭而奮蹄，人受勉而勵志」。此後振奮心志，每日埋首讀書，執筆創作。時光流逝，四年以茲，轉瞬即將進入二十一世紀，我也成爲八十老翁，將撰成和修改舊稿百有餘篇，經「世界論壇報副刊」、「實踐季刊」、「五華同鄉會年刊」，分別刊出。

自知文筆粗拙，難符一般水平。惟念我生不逢時，又少小失學，歷經軍閥割據，抗日戰爭，國內戰亂，飄泊他鄉，妻受禍害，老來孤單悽苦。人生至深至慘之事，經歷備嚐。復念人生無常，風燭殘年，若一旦遽逝，埋骨他鄉，精神與心血匯聚而成之產物，不忍成爲垃圾，因而輯印成册，公諸於世，爲兒孫後輩、親友、世人，做一交代。摩沙誦覽，在精神與心靈上可稍獲慰藉，或亦可從其中產生自然之情感和微末之得，乃抱傳後之微意，留作世人追思而已。

本書之成，承魏彥才先生函電鼓勵，陳史恆先生指導，魏楷才教授校訂，周伯乃先生鼓勵協助、更承爲「序」，文史哲出版社彭正雄先生出版發行，謹此，一併致謝。

吳伟英

一九九九年十二月十六日謹序

懷念

相對無言的哀傷

——爲我妻鄭群珍女士成爲「植物人」述懷

陽明山，是台北市郊區風景最美好的一個公園，市民遊賞休閑最好去處。四十年來我和珍相戀至本一九九五年四月十二日我夫妻、兒子大昌、孫女婷婷共遊，享受天倫之樂。當昌兒十五日返回美國後，夫妻檢視照片，雖媳婦唐嘉禧因公務遠赴歐洲，未能全家共遊，稍感遺憾外，認爲此次之遊，意義重大，可說比以往任何一次更具意義，感到欣慰和快樂。然而，「彩雲易散玻璃脆，世間樂事難永恆」！僅短短旬日，發生巨變，使我今後生活由自由安定變爲孤獨而淒惻！

四月十九日，珍爲割治右腳「靜脈曲張」，住進榮民總醫院心臟血管外科，經各種檢查後於二十一日手術。第二天主治大夫張燕探視後，認爲情況良好，下午即可下床試行慢步，若沒有特別疼痛，後天可以出院回家。我們心中非常快慰，談了很多今後生活安排和出國旅遊的計畫，憧憬著美好的未來。十二時珍偶然發現健保卡不見，遍尋不著，又看我連日奔走，顯得疲勞，乃要我回家找尋並休息。

三時許接醫院電話，說珍於二時十分突然「肺血管栓塞」，引致腦缺氧、暈迷不醒，從來沒有這病例，希望二十四小時能恢復知覺，則完好如常；四十八小時尙可補救，若經一周不醒，則失去百分之九十，兩周則失去百分之九十九。當晚即打電話通知大昌，翌日即趕回侍疾。我父子每分鐘都在焦急中期待，心中時刻在禱祝！盼望獲得蒼天垂憐，賜予復醒的好消息。四十八小時過去，未見淸醒，又經「腦部斷層掃描」，發現「腦水腫」，壓抑著腦神經，病情已變成更加嚴重。

時間毫不停留，一分一秒的過去，一日復一日的過去，一周兩周甚而四周過去，院方用盡一切醫療藥物、技術，終未見有一點甦醒現象，咸認已盡心力，無可挽救，乃宣佈爲「植物人」，移送普通病房，不再以藥物治療，只以消極方法，按時餵食、翻身、抹身、手腳復健等工作；新近又加以針灸，已經數次，亦無效果。

所謂「植物人」，是說病人仍有自由呼吸、排洩功能，生命雖未死亡，終結，但其心智已失去普通人基本感覺官能，既不能說話，也不能視物，和樹木一樣有生命而沒有知覺。當我知道這情形，眞有生不如死的感覺，內心的悲痛，非身受者難以了解。珍目前除腳底稍有癢痛感覺以外，其餘已毫無知覺眞似一根木頭。

自珍病變以後，日日夜夜無時無刻不在想念，在家裡她的聲音笑貌時在腦中，想著想著眼淚像泉水一樣流著；到了醫院，更嚎啕痛哭，傷心欲絕。昌兒、大夫、護理長咸認如此情形，對病者固毫無一絲幫助，而自己的健康將有非常嚴重傷害，力勸今後少去，乃由昌兒每日前往照顧。然而昌兒在美國有妻子女兒，工作也不能曠日久弛。五十天過去，事情已成定局，長期住院，已無法避免，至於醫療住院等費，按規定只負擔少部外，完全由政府健保局負責。乃著其返回美國，此地由我來照顧，乃於六月十六日成行。

醫院有規定做翻身、抹身、復健等工作時間，但我深知珍平素注重清潔，深恐護理人員少，病人多稍爲馬虎，每隔一天一定爲她洗面、耳、鼻孔，細心清理。手腳可以放進面盆裡，用肥皂搓揉，全身每一部份，均細心抹拭；頭髮每周請理髮師洗一次。背部更多抹拭拍打，幫助血液流通，以免睡久生瘡腐爛，最後手腳復健。因爲已成木人，手腳多少有些僵硬、搖動比普通人吃力更多，尤其兩腳復健，非常沉重，做起來非常辛苦。每次去做這些事，總要花一個多小時，才能做完，加上來回車程、走路總要花四個小時。我年老體弱，每去一次，總是心力交疲，但夫妻情深，又不能不盡心盡力去做，四十年深厚感情，永遠無法磨滅。每當看到她閉著眼皮甜睡，心中浮顯安慰，但當她張開眼皮，眼球不動一下，凝視著我時又似對我有無限關愛，和滿腔幽怨。

二十年來我患「高血糖」病，是台灣十大死亡之一，她很害怕，平素對我生活飲食，本已很掛心，由是更一切爲我安排，去年十月和今年三月兩度爲「口腔癌」住院手術。「癌」又是十大死亡之六，更增加她的恐懼，我時時安慰她：「別爲我躭心，會自己珍重，多照顧妳幾年。」想不到竟在如此情況中來照顧她！

珍，妳是客族人，有客族優良傳統，勤勞儉樸、和氣誠信的美德，我倆結婚四十年，我從無內顧之憂，家務事妳在操持，井然不紊、從洗衣燒飯，洒掃清潔，以及孩子的教養，沒有一件事要我關心，縱然妳每周有兩堂英文晚課，總是委婉微笑請我代洗碗筷。現在妳長住醫院，這一切一切，都必須自己來做，尤其晚餐，妳做的雖是蔬食，卻味美可口，不單使我塡飽肚子，經常胃口大開，常吃不厭。現在自己做的，粗糙乏味，食慾大減，只爲要保持健康，勉爲飲食而已。從這些家務事體念到妳數十年的辛勞，默默奉獻、無怨無悔，爲我和孩子花掉妳的心力，花掉妳的青春，這就是妳崇高無比的美德。

珍，我每次去醫院看到妳的慘狀，又難過又傷悲，在家中妳的影子又在每一事物中出現。我以前晨運回來，常在長沙發上躺下，小憩片刻，妳立刻爲我取毛氈蓋上，以免受涼。妳每天爲讀英文常至深夜，睡前必到我房內查看我有沒有蓋好被子，我外出叮嚀行路小心。現在晚上常夢見妳站在床前：「像以前一樣關愛的眼神，輕柔的語調問我吃得好不好？睡得甜不甜？你消瘦了，今後我恐怕再不能服侍你，照顧你，要自己多加珍重，行路要看前顧後，然後爲我拉被子蓋好，才飄然離去。」醒來，想著妳往昔照顧、關愛的情懷，久久不能入夢。珍，妳是我精神的支柱，生活的護祐神，今後沒有妳的支持和照顧，我們的家不知髒亂到什麼樣子？我的生活將不知如何安排？言念及此，痛傷難抑，思之惻然！

家庭經濟，以前妳是不聞不問，但自一九七五年我患「高血糖」病後，我要妳多關心內外事務，以及家庭經濟；尤其去年癌病住院時，我已將存摺、印章、股票以及一切內外事務，完完全全，清清楚楚交付給妳，所謂「札了后詞」做了「口頭遺言」。然而，妳這次住院，突生病變，竟無片言半語，一字一帋，告知我家中一切狀況。妳有收存新鈔票的習慣，我雖知道，但不干預，存放何處，沒有存放銀行保管箱，可以確定。此次妳住院，發生如此不幸，時間已超過兩個月，對妳的物品，毫未移動，保持原來樣子，奢望著妳有一天回來，看到的是妳前年去美國久別回來的樣子。但我雖無刻意翻動妳的東西，但偶然發現妳在衣服、書本裡都夾存有各種面值的新鈔、股票、銀行存款單等等，我不知道在別的東西中，還有多少夾存？現在我無心去尋找；另外貴重飾物，體積細小，恐怕有遺漏之虞。

珍，妳有很多新的衣服—大衣、洋裝、西裝，數量都不少，而柔細兎毛的毛衣，新的竟有十多件之多，平時捨不得穿，萬一不幸妳再沒有機會穿時，我不知如何處理？送人，台灣親友恐怕很難接受，送「佛濟」車，則常看見沒有良心的人竊取轉賣。

我編「吳氏族譜靑塘支譜」，第一次的經費是香港晉祥兄和沐先侄慷慨支付，第二次修改增印，在台宗親捐助。編撰工作，妳雖沒有幫助，但錢及庶政是妳協助。去年冬決定重修三版族譜，我沒有向香港勸捐，台灣可能募不足，乃擬向家鄉富裕宗親勸捐。妳極力反對，認爲大陸和台灣物價相差很大，容易引起誤會，設若台灣籌募不足，你爲族譜盡了那麼多心力，不夠的自己貼補又何妨？自己的淸譽比什麼都重要。再說，每次修譜都是你獨力以赴，可以預見將後籌款，亦很困難，何不爲第四次修譜捐助新台幣拾萬元爲基金，請由台北市五華同鄉會爲家鄉人代管，二十年後若重修時，本息累計約有二、三十多萬元，諒夠支應。（現由家鄉成立專戶存放）。

三月二十九日在台同鄉集中往觀音山祭祀各姓祖先，妳在會所中見到晉祥兄等掛了大像片，要我也掛一張。我說一個像片要捐一百萬元，要掛我倆一齊掛，妳微笑說：「以後看情形吧。」上山車上妳又說及台灣祭祖有經費，妳要我為家鄉籌集祭祖經常費。

珍，妳要我在家鄉老人會捐人民幣一萬元掛像，鄉中父老認為我獨立編譜而又自籌經費，公認我不用捐款可以掛大像，我改用妳的名義捐款掛像。樞祥兄信說；「我夫婦的大像片，已並排在堂中。」族譜中有「忠孝節義」的篇幅，凡合乎規定的，都印像為後人效法，妳為族譜有所貢獻，已經家鄉編印族譜委員會通過，將妳像片印入譜中「義」部，永為紀念。

珍，妳目前已成為「植物人」，時刻都令我傷痛欲絕，也深深感到今後的生活不知如何來安排？兒子在美國有家，有其暫時不能回來的難處，為了妳還需要親情的照顧，愛情的滋潤，我會抑制悲痛傷心，保重自己，使精神體力不致頹喪而保持健康，才能有精神體力照顧妳，陪伴妳走過人生最艱辛痛苦的道路，現在心中除了縈掛妳，其他一切我已不關心，失去妳我已失去一切，名利於我如浮雲，我倆艱辛節儉存積的家產，徵得大昌同意，準備逐漸處理，除了已為妳在家鄉老人會掛大像、編譜所需經費及成立基金，也已向宗親宣佈確定，稍後把錢集中起來，為妳提供新台幣三百萬元，申請設立財團法人福利基金，以孳息所得三分之二為在台同鄉老人福壽健康金，三分之一為我家鄉老人福利和祖先掃墓基金(已決定台北同鄉會兩百萬元，家鄉另給人民幣三十萬元)。這兩筆基金數目雖然微小，卻代表妳善良賢孝的美德心意，我會一一爲妳完成，妳放心吧！不過昌兒認爲還是以我夫婦之名義，使他及他的子子孫孫，永遠能紀念！

珍，妳爲人沉靜端莊，不尙浮華，明理識義，和睦親鄰，平時不愛表現，如今妳已成爲親鄰公認的一位正直而良善，和樂而好禮的人，如果妳有知，會感到欣慰！

生老病死，是人生必經之路，而尙有一「苦」，是指一個人在世時，不遵守儒家道德，佛家因果而胡作非爲的人，死後必定在陰間受各種「苦」刑。珍，妳我今生平素注重道德規範，警惕因果報應，凡事秉持道德良心。今妳往西天路上徘徊，毫無感覺不識不知的痛苦，但給予我的「苦」，可說罄竹難書，悲痛哀傷，每日以淚洗面。

珍，妳住院至今才七十多天，而我已神形消瘦，精神萎頓，頭暈目眩，步履虛浮，上月「口腔癌」追踪時，我告訴張主任：「傷口仍未癒合？」他檢視後說：「你最近可能情緒不穩，憂時傷事所致。」由此可知「憂時傷事」影響健康多大。妳住院療養，不知需要多久時日，我若先妳而去，昌兒全家在美國，工作也在美國，不可能放棄一切回來照顧妳。因此，我深深體念到妳的事必須由我一肩承挑，自己要堅強，節哀順變，保持良好的精神體力，陪伴妳、照顧你走完人生之路，這是我今後的責任和工作。

張大夫說：「小手術引致重病，是十萬分之一機率。」妳竟何其不幸受此災厄？我又何其不幸，今後將孤零零、無依無靠、度我餘生。垂暮之年，受此苦難，若非妳病榻纏綿，我苟且偷生於人世，又有何歡!?他又說：「妳醒來的機率也是十萬分之一。」珍，妳是這天文數字中的不幸者，我知道一切希望、一切懇求，都是渺茫中絕望！但我仍存一絲奢望，懇求諸天神明、鑒我夫婦平生爲人善良，不做惡事，如果我妻的壽命既盡，就讓她平平靜靜早日脫離苦難，上西天極樂世界，否則早日脫離災難復甦，讓我夫妻團聚！

載於世界論壇報副刊、五華同鄉會年刊

離情別緒總感傷

吾兒大昌，在短短五個月的時間，兩度自美國返回台灣，爲侍奉臥病在榮民總醫院的母親和勸慰陪伴年老孤獨無依的父親，停留時間超過兩個多月。令我感動，也令我無比的欣慰。

我妻鄭氏群珍，於四月十九日爲右腳「靜脈曲張」割治手術，住進榮民總醫院。二十一日手術完善，決定三天後出院。未料第二天，突然發生病變——肺血管栓塞，引致腦部缺氧，暈迷不醒，在加護病房急救二十八天，無法清醒，乃宣佈爲「植物人」，令我心膽俱裂，神魂失措，幸昌兒於其母病變第二天，趕回侍疾，處理一切事務，照顧我的生活。

然而昌兒在美國的工作，不能久假不歸，妻女亦需照料，迫不得已，乃兩地奔走，希望能夠兼顧。我了解他的處境，雖然我和珍都亟需他的照料和侍奉，亦難啓口挽留。每當他臨別依依，婉轉勸慰，叮嚀珍重，要我放寬心懷的時候，總是欣然應諾，爲的希望他在異國減少掛牽，減輕壓力，反而要他自己好好珍重，照顧妻女和工作。

人是感情的動物，和孩子的離別，我心中有百千次吶喊，不願意分離，我的心有如針刺、肝腸絞痛，時人常說：黯然魂消者惟「別」而已。當孩子坐上計程車風馳而去，漸行漸遠，終於消失在視線的時候，難禁悲感交集，痛哭流淚。以前的人嘆說：「恨一回相見一老，寧有幾日到白頭。」如今我已七五高齡，頭早已白了，原本過著幸福美滿的生活，快樂無憂的日子，現在遭逢巨變，突然改爲孤獨憂傷，無依無靠不正常的生活，日日夜夜覩物思人，愁城久困，憂能傷人，似此情形，絕無長壽的道理。我現在的感覺是：「恨一回相見一回少，寧有幾次永別離。」我們父子還有多少次再相逢呢？蒼天啊！蒼天啊！能告訴我嗎？！

珍臥病至今已五個多月，病情沒有絲毫好轉，自放棄急救迄今，改住普遍病房，是屬慢性病患。榮民總醫院、病患衆多，床位難求，不能久佔，且醫療等費，全民健保局規定：除第一個月，不管費用多少，家屬只負擔一萬五千元，第二個月需負擔百分之二十，以後增爲百分之三十，另外尚有其他雜費，如特別服務、特別營養、伙食等費，自購紙尿布即每月大約四千元，非健保給付之內。若住慢性病床，前六個月只付一萬五千元，以後付百分之二十。似乎負擔較少。榮總北部新竹、桃園、宜蘭各有分院，均有慢性病床設置，院方曾徵求我的意見，選擇其中一處。我深知自己的健康，不適宜遠地長久跋涉，探視不便，婉詞推辭，希望在台北市能夠找到慢性病醫院。而台北市各醫院，亦無全部設立，且凡屬慢性病醫院，醫護人員，都比醫療醫院爲少，多需要家屬自己照顧或請特別護理。

「長青樓」是榮總爲官階較高的軍人或政要設置的慢性病療養大樓，榮眷和一般病患，均不收容，環顧事實需要，經主治大夫和社工人員多方協調，設法周全，獲得許可，本是值得慶幸之事。然而，該樓亦如其他醫院慢性病房一樣，醫護人員甚少，單身榮民，由退除役輔導委員會，每層病房，各請特別護理四人，日夜輪流照護，其他病患則須由家屬或僱特別護理照顧。我已老邁，沒有能力長久照顧，亦不懂護理工作－如抽痰、灌食。且該樓設備，是頭二等病房，即以二等病房，每床每日須多繳五五〇元，加上僱請特別護理，費用龐大，難以負擔，考慮至再而放棄。

七月份，珍住院七十多天的時候，我曾以「相對無言的哀傷」一文，敍述經過，公諸報端以後，承蒙親友關心愛護，函電交加慰問，要我節哀順變，珍重自己的健康，且有引用時人喻論：「老婆如衣服」來解勸。但各人情況不同，感受互異，我不敢苟同，我腦海中從來沒有浮現過，心中也沒有如此意念。回想四十年前，我妻雖不是標緻漂亮的美女，而品貌端莊，性情賢淑，身體健康，我和她交往中知道曾有環境優良，經濟有基礎，有地位的多位先生，表達愛慕之意，而她棄之不顧，卻選上我這個貧窮潦倒，在小商店充當小職員的大陸流浪漢，托付終身。婚後我倆互敬、互諒、互信、互愛，從無重大歧見發生，她勤儉持家，教育孩子，使我無後顧之憂，逐漸獲得安定生活，過著幸福快樂的日子。二十年前我患高血糖症，遵醫生囑咐，減少工作量，少煩腦，多在家休養，她像醫生的助手盡心盡力，照顧我的起居，時時安慰和鼓勵，使我能安心療養，病情至今仍很穩定，皆我妻的功勞。主治大夫說：「患者經過五年，大多需要注射胰島素強劑，而你只吃藥片，經過二十年還能保持穩定，可以說是奇蹟。」正如泥娃娃的故事，我夫妻倆的思想、心意、身體，雖是各異，但早已溶爲一體，她是我的一部份，不是我的「衣服」。

珍住院以來，我經常前往探視，隔天一定爲她洗面、洗手、洗腳、擦抹全身、手腳復健。她比以前稍爲肥胖，面色也很紅潤，若在睡眠中，感覺很安祥，我心中會暫時浮現安慰的感覺。但當她張開眼睛，又似有無限幽怨，令我非常難過。每次向她話別，總是悲痛難禁，飲泣流淚。古人說：離別是爲他日再團聚時的歡喜和快樂，而我每次離別時的痛苦，見面時何曾獲得一絲歡喜和快樂？「但願人長久、千里共嬋娟」，我夫妻倆是「人長久也共嬋娟」。這又能代表什麼呢？代表「人長久」的喜悅？「共嬋娟」的快樂？我有無窮無盡無可奈何的感覺，無語問蒼天?!

載於世界論壇副刊、五華同鄉會年刊

無限悲痛無限訴

——爲我妻鄭群珍女士成爲「植物人」周年述懷

珍，妳於一九九五年四月十九日爲「靜脈曲張」手術發生病變，成爲「植物人」，至今已整整一周年。在這漫長日子裡，我除了悲痛還是悲痛，孤獨淒涼日復一日，永無止境的日復一日，我從溫馨幸福的人生中，突然跌入悲痛的深淵，快樂融和的生活，變成寂寞孤單，每日以淚洗面，悲傷難禁，食不知味，寢不安寧，神形憔悴，心情紊亂已至難以形容的地步。我不知自己的將來如何？能夠挺挨多少時日？能否陪伴妳走完人生的旅途，這都是問天天不應，問地地無聲，難以獲得解答的事。

在家中，常常整天沒有說一句話，孤單寂寞百無聊賴中，凝望著我倆結婚的照片，妳是那麼年青，那麼標緻，眼神充滿堅定的希望，臉上充滿甜美的笑容，禁不住懷念我倆的往事……

一九五六年的秋天，第一次碰到妳，像磁鐵般吸住我的視線，雖然妳的面貌和身材，和世界小姐的標準，尚有很大的差距，以我平凡的身份和眼光，既夠標緻，令人仰幕的姑娘了。我從大陸隻身漂泊來到台灣，一無所有，年紀又已三十大歲的潦倒流浪漢。那時圍繞四周仰慕妳的是一群工作穩定，生活優裕和家庭經濟良好的青年，我自慚形穢，不敢和妳接近，遑論表達心意。也許是上天的安排，也許是我倆的緣份，一次在新公園單獨相逢，才有機會表達我對妳眞誠的仰慕。從此花前月下，兩情融洽，談言中了解妳對金錢、權勢、地位並不熱衷，只希望能夠獲得眞眞實實的情愛，結伴度過平凡的一生。

世人常認爲廣廈華屋，金銀財寶是婚姻和生活最好的保障。我倆交往中也曾觸及這個問題。也許，我是無產階級的窮措大，根本沒有資格談華屋財富，連最低的條件也沒有。因此，我對保障的看法，不是財富和法律或其他的形式，更非單方面的承諾可以做到，一定要雙方衷心誠意重視婚姻關係來履行彼此的責任，相敬相愛，互信互諒，信守婚姻關係的精神，堅定不搖的意志，夫妻衷誠協力，勤勞儉樸去創造，去追求！這才是婚姻最佳的保障，才能得到美滿家庭和幸福的人生。

富貴是每個人追求的目標，大家知道「小富由儉，大富由命」的道理。如果兩人不崇尙奢侈豪華的生活，能腳踏實地節儉努力去追求，生活安定祥和富裕幸福，一定可以獲得。至於大富，除了努力去營謀追求以外，還須天時、地利、人和等因素來配合。再說「富」的定義，也沒有一定的標準，需看各人心中的感覺。「顏回」居住在陋巷，窮到以簞食瓢飮，不改其快樂的人生，成爲孔門子弟的大賢。「石崇」已富可敵國，還嫌自己貧窮，奢侈浪費，爭名好勝，最後身敗名裂。這是說：能滿足的人，心中充滿富有，生活快樂，人生幸福！世人常說：心中有佛就有佛，心中有主就有主，就是這個道理。至於「貴」一般人認爲做官做到高位就是貴，其實這是假象，世俗虛榮的「貴」。眞正的應該發自內心，至誠至敬仁慈博愛的高尙情懷，才是至高至寶的「貴」。

我倆經過一年的愛苗培育，和意見交集，彼此認爲可以托付終身，人生旅途結伴，乃於一九五七年中秋夜，在新店溪螢橋河畔，以白石爲盟，明月爲證，訂定白首之盟；同年農曆十二月初六吉日在台北地方法院，舉行簡單而隆重的公證結婚。我以感恩和感激的心，感謝妳的垂愛，默默許願，畢生以完整的愛獻給妳，愛妳、疼妳、保護妳！憐惜妳！！如有變心，上天責罰我。所以四十年如一日，愛妳！愛家！潔身自好，沒有軌外行爲。

我有打小麻將牌的喜好，在蜜月旅行中做了一次荒唐而終生自責的事。我倆和妳大弟先後在一個月內結婚，鄉俗兩對至親新人三個月後才可見面。因此，沒有三朝回門和新年回娘家之禮，乃於新年初一南下高雄，探望我胞妹夫婦、台南、嘉義以前在軍中的好友，表達對他們以往的關懷。我內心多少能娶得年輕標緻美貌的妳感到自豪，也讓關心我的親友高興。

漆動哲先生，是我軍中好友，他太太胡志明女士，爲人熱誠豪爽，我來台灣後，曾一度賦閒，在他家度過一段很長的時間，她像親姐姐般照顧。初四在她家晚餐後玩牌，她先送妳回飯店休息，說明十一點前結束，未料竟因她言語刺激，令我失去理性，酣戰至凌晨四時才回到飯店。而妳還衣著整齊在看雜誌，妳沒有責怪的語言，憤怒的表情，只幽怨地說：「我倆還在度蜜月呢？」短短一句話，令我愧疚無地自容，深深感到自己的荒唐，每想起此事而感到愧疚自責，不會原諒自己的荒唐和錯誤。

我倆婚後不久，妳懷了孩子，孕脹期難免有頭暈目眩和疲累的情形，自己沒有經驗，聽信朋友的話，多食滋補的東西，因此昂貴的高麗參也不惜金錢，買來補身，引致嬰兒過份龐大，不能順利生產，在台北醫院剖腹抱出嬰兒，竟達十磅之重，院中稱為特大號，是我倆唯一的孩子－大昌。也許器具不清潔或手術不良，刀口曾經發炎，以致子宮頸部份堵塞，以後發生兩次子宮外受孕。妳為我倆生一個兒子，而受三次剖腹之痛。每想起此事，就心痛如絞，使我更憐惜妳，疼愛好，也可能因此而喪失了成為富豪的機會。

婚後妳持家，勤勤儉儉，我做生意，努力經營，五年的時間存積了新台幣二十四萬餘元，今天很難評估那時的幣值，若以那時永和市巷內一百坪土地連三十坪的平房價值約六萬元，可知大概。民國五十一年春知道故宮博物院，將建在士林外雙溪，乃在該地以每坪三五〇元，定購了五五〇坪土地，付了定金五仟元，作長期投資，預為孩子的教育費用，心中非常高興回到家中向妳說知。因你相信命理，認為那個方位不好，我因妳三次手術，憐惜妳，躭心怕再受傷害，順從妳而放棄。積蓄曝光，被朋友借用成爛賬，四年後故宮已在興建，地價暴漲至每坪一二、〇〇〇元，相距之大，難以使人置信。七十八年公定價格，每坪有二十萬元的，民間買賣更成倍數。土地沒有買成，積蓄卻被倒掉，短短的時間，變化如此巨大，實非始料所及。若土地買成，錢就不會失去，也必定沿此途徑投資，則今日的財富，必定很可觀，何至終生沒有大的發展？古人說；好運氣、好機會一生難逢。我們遇到了，卻讓財神爺過門不入，輕輕溜走，難道眞是「大富由命」人算不如天算？

妳常希望在大馬路買一間店面，是我倆努力勤奮的目標，這次的失算，希望落空。上天已厚待我們，給予機會，自己不會把握，還能說什麼呢？我自始至終心情豁然，沒有後悔，沒有怨天尤人，反而常和妳開窮玩笑：幸好財神爺過門不入，否則財富多了，天天忙碌，天天應酬，酒家舞廳，享齊人之福，那能像現在天天守著好，看著妳！過著窮措大和諧、溫馨、安祥、幸福愉快的家庭生活呢？這才是上天賜給我倆的至寶至福。每言及此，必相互以歡欣微笑而自侃。

我倆恩恩愛愛，妳溫柔體貼，我愛妳疼妳，共同歡欣度過錫婚、鐵婚、銅婚。銀婚的紀念，在陽明山悄悄地度過愉快溫馨甜蜜的一天，我倆向天禱祝，賜給我們健康長壽，那時再和兒孫們熱熱鬧鬧慶祝金婚。如今妳躺在醫院，縱然能獲得，又有什麼意義呢？金婚甚而鑽石婚只是虛空的名詞，沒有一點實質的價值，徒增無限悲傷和感慨！

妳臥病至今，每隔一天風雨無阻到醫院爲妳洗澡，這是醫院的名詞，我認爲擦抹身體較爲恰當。因爲妳不能去浴室沖洗，只能躺在床上用濕毛巾一次一次抹拭全身，這工作我很樂意爲你服務，只是我年紀大了感到很吃力，因爲妳長久沒有運動，手腳已逐漸僵硬，要搬開手掌和彎曲的大腿，已經有和木頭接觸的吃力感覺，還要不斷翻身才能工作，現在妳又比以前胖了，有時要花很大力氣才能做到，還得躭心將妳摔倒地上。妳手腳的筋已經收縮，不能伸直，在爲妳的手腳放在盆中浸泡熱水洗滌時，腳底比較敏感，搓揉時會有癢的感覺而抖動抗拒。妳的眼珠偶然也會轉動，口也會吐大氣，打呵欠，用棉花棒洗牙，洗口腔，妳會緊咬棉花棒不放或吮吸水份。這些一點點的生機，給予我很大的希望。然而希望是渺茫的，跟著就是失望，一年來已成絕望。我知道現在妳縱然清醒過來，也不可能自己吃飯，自己行走，必定要人餵吃，要人推車；即使如此我也願意爲妳餵吃，爲妳推車。「夫唱婦隨、山海之盟已證。」現在既是生命共同體，妳坐輪椅我推車，變成「婦行夫隨」，又有什麼不可呢？

雖然，隔一天才到醫院爲妳服務，加上想念妳時即赴醫院，一個月總在二十天以上，看到妳可以獲得安慰，但也觸目悽涼，增添悲痛。在家中而心又飛到妳身邊，現在我年紀老邁，受此打擊，日以淚洗面，孤獨悽涼，生活失去依靠，痛苦無法解脫，若非妳仍需我照料，實在沒有苟延殘喘的勇氣，現在我的生命是爲妳而活。

醫生說：妳仍有知覺，聽得到聲音，心也明白，只是表現不出來。我每次去醫院，是早班公車，到達時妳還在沉睡中，妳的睡姿，那麼美麗、安祥，我不禁親吻妳的額和面頰，一遍一遍呼喚著妳，妳已有聽覺，爲何沒有一點反應？即使一絲絲我也會歡喜若狂，我失望悲悽，淚水滴在妳的面頰。

妳病變在加護病房時，生命有瞬間結束的可能，爲了萬一，我和昌兒曾到觀音山五華墓園，觀察我倆的生基，大昌認爲妳若走了，我必定會常去墓前獻花陪妳，年事已高，萬一滑跌在這荒野無人的山上，後果必定很慘，建議放在寺廟的骨塔裡，享受佛法慈光，乃走遍台北市內外古寺名刹。然而寺廟雖以行善爲標的，仍脫不了金錢的市儈世態。郊外的骨塔多已老舊客滿，市內的多在地下室，鐵門深鎖像囚犯的監牢，假如靈魂像人一樣，被監禁而失去自由。再說除非家屬按規定納錢，是不會爲亡魂念經超度，又在陽明山公墓看到原來做得很好的墳墓，大概家屬久不上墳，既破敗不堪，雜草小樹長得很多很高，已成爲荒塚。昌兒身居美國，事業在那裡，我倆的墳墓，亦將是如此命運。因此囑咐昌兒，待我倆走後，送回故鄉去讓我們的孫兒唯立和他的子子孫孫去照顧。

妳生性溫馴善良，慈祥純眞，放棄了可以過舒適富裕的生活，情願與我廝守貧窮的日子，甘之如飴。我倆相親相愛，合作無間，妳溫柔體貼，照顧我無微不至；我愛家愛妳，維護妳不受飢寒，好似鶼蝶，形影不離，羨煞幾許親友，他們說：「阿英最疼惜老婆。」我也以驕傲戲謔的口吻說：「自己的老婆自己不疼惜，難道要別人來疼惜嗎？」

妳的人際關係良好，和和氣氣不與人爭長論短，鄰里和睦，情誼醇厚，更不是張家長李家短的長舌婦。妳不幸的消息傳出後，大家自動去醫院探望，可以證明？我倆相處恪遵：相敬如賓。互相尊重，相處愉快幸福，幾十年如一日，除了一封家書曾引起一次波瀾外，從未發生意氣口角之爭。因爲我倆有互敬互諒的默契，談論一件事意見有差異，將有尖銳對立的時候，妳會悄悄離開到臥室或廚房去處理一些事情，或我到門口和鄰居閒聊幾句，情緒就會淡化，雨過天晴。我倆遵守古老名言：「忍一時風平浪靜、退一步海濶天空」。

我有高血糖病和兩次口腔癌，這兩種病都是台灣十大死亡之一。前年和去年兩次癌病手術時，已經將我的存摺印章以及重要事物，清清楚楚交付給妳，並交代妳在我走後如何活下去的方法，但仍堅定地表示我會努力活下去，多陪伴妳幾年。然而言猶在耳，妳竟一聲不響把整個家完完全全交給我，措手不及，一切感到茫然。妳病變後曾將上面這段話告訴昌兒。他說：「爸你好自私，先走的人渾然不知，而生者的悲痛傷懷，是無窮無盡的。」這話聽起來有點玄亦含有人生哲學的論點，妳現在只是臥病在床，我已深深感到傷悲！

我倆的家，原本整齊清潔，溫馨幸福，生活愉快甜美，如今淩亂不堪，失去往日的生氣盎然。廁所的瓷磚已泛黃，浴缸臉盆，浮顯黑影，廚房的瓷磚油污，大理石料理台和不銹鋼廚具，已失去光澤。梳粧台是妳親自選購的巨大明鏡，親自監督木工做成化粧書桌兩用，如今已被塵封，失去明亮光潔。以前妳在做英文功課，我常站立妳身後扶著妳的肩膀對著明鏡談話，妳的脂香、粉香、髮香，我陶醉在溫馨幸福中，不禁低頭親吻你的面頰、秀髮；現在我也常常對鏡站立，含著淚水看著封塵的明鏡，妳的影子飄然而至，迷惘中我又低頭吻妳！

四十年來我倆的精神，感情，已經融化成像連體嬰般的生命共同體，現在妳遭逢不幸，在悲傷痛苦時有人勸慰我說：「老婆如衣服。」我倆情深愛重，眞誠實意，同甘共苦，度過那麼長的歲月，這衣服我能脫得掉嗎？

我的生活在妳溫柔體貼中度過大半生，妳睡前常爲我掖被，吻我面頰，使我像嬰兒在慈母溫馨照拂下甜然入夢。我出門妳會先看看我的衣服是否整潔，千叮嚀萬叮囑走路要小心，快快樂樂出門，平平安安回家。晚餐妳會準備我喜歡吃的菜餚，雖然只是普通小菜，經妳調理，口感很佳，吃得很飽，如今家中孤獨一人，誰來掖被？誰來叮嚀？誰爲我準備晚餐？言念及此，難禁悲痛傷懷！

前院妳培育的花樹，已被小孩拔光，後院的玫瑰、蝴蝶蘭沒有妳細心照顧，愛的滋潤，已經枯萎。惟有三株鐵樹都開了花，香飄四處。鄰居說：「鐵樹開花，會財運亨通」。現在還談什麼財運，如果錢能換得妳的清醒，我願將所有家產來交換。

我倆一生勤勞儉樸，節衣縮食，從不奢侈浪費，雖未能成爲富豪，也能接濟親友，做一些福利事業，盡了做人應該盡的義務，兒子學業有成，結婚成家，已不用再操心煩憂，在妳手術後休息時，相約今後自己尋求賞心樂事，愉悅人生，決定每年春秋兩季赴國內外觀賞世界景緻，故國河山風貌，未料僅僅幾小時妳發生病變，一切希望落空，每看「大陸尋奇」「環繞地球跑」影集，難禁感慨興悲，一切一切盡付東流，世間事眞是瞬息萬變，人生多少無奈啊！

我倆深受傳統道德的薰陶，因果報應的警惕，一生小心謹愼，從不逾越禮教良心道德的軌範，不為非作歹，不做喪心病狂的事，如今妳受災難折磨，我受悲傷苦痛，因果之理何在？我曾向禪師請益，說：「今生善因，留待來生。」唉！此生已休，來生可卜嗎？

妳在加護病房急救，醫生宣佈妳不會清醒成為「植物人」時，妳我的親人咸認既不能挽救，不如早日讓妳往生，免我為妳哀傷悲痛，艱辛照顧，我斷然不同意。一年來妳不識不知，醫院按時為妳餵食、量體溫血壓，每周一次復健，照顧得很周到。似此情形，復醒的機會雖沒有，往生的時間一定很長。我已風燭殘年，備受悲傷痛苦和精神的煎熬，體力已大不如前，深深害怕我不能陪妳走完人生之路。若果眞如此，何人為妳洗澡？會比現在更悽涼，因此升起先讓妳安樂往生，然後我自了殘生，陪妳同赴西天，免妳孤單無伴，踽踽獨行，若有緣份，來生再續今生未了緣。但想到天地循環化育之理：天生地育萬物皆有定理，花開花謝自有時序，天有陰晴，月有圓缺，人有悲歡離合，自有定數。朝生暮死，蟪蛄不知有春秋，花開即謝，曇花亦合乎數理。談到生死的奧玄，彭祖年高八百，尙嫌短命，順天守時，難以勉強。上天既安排妳有此災難，我應該受如此苦難，只好咬緊牙關讓災難悲痛煎熬吧！

上蒼啊！諸天神佛！我沒有別的請求，只請求給我健康的壽年，能夠照顧陪伴我妻走完人生旅程，心無遺憾！

載於五華同鄉會年刊

訴不盡的衷腸

珍，妳於一九九五年四月十九日，爲「靜脈曲張」住院手術，二十二日病變成爲「植物人」，迄今已整整兩週年。在前一週年中，我爲妳寫了「相對無言的哀傷」「離情別緒總感傷」和週年感懷「無限悲傷無處訴」。寫盡了妳成爲「植物人」的經過，和一年來處理情形，我對妳的悲傷懷念，以及自己孤獨悽涼的生活。

因爲我對妳的遭遇有無窮無盡的憐憫、婉惜和無限的疼愛，在醫院、在家中每天以淚洗面，引致雙目成爲嚴重白內障，醫生診斷後，認爲必須早日手術，以免視膜神經收縮，造成嚴重的傷害。然而妳因小手術，惹來嚴重的災禍，我心中無法逐去妳因手術引致不幸的陰影，深深害怕萬一發生不測，誰來照護妳！服侍妳!!而整修三版族譜，仍需花費許多精神體力。因此，一再拖延，只遵照醫生之言：「以後要節哀順變，絕不可再流眼淚。」這一年來儘力節制傷悲，希望做到豁達樂觀，使雙目的白內障，保持現狀，不再加重，能拖些時候再說。

每次去看妳，爲妳洗澡，爲妳復健，雖然滿懷傷悲和感痛，亦強抑眼淚不讓流下來。整整一年沒有爲妳寫一篇文稿，以免字裡行間流露悲悽哀愁，就是希望能保有良好的健康，爲未來漫長歲月，能陪妳走完人生之路。現在又是一個週年，我有滿懷悲痛和抑鬱之情，訴不盡的衷腸，無處可以言訴，又不想再寫傷感的文章，只有寫妳我關心和一些不幸的事故。

首先告訴妳的是我眼疾的情況，沒有惡化。大概因族譜已編校完畢，使用眼力減少，而且一年來減少流淚，比前些時舒適多了，手術的問題，暫時延擱下來，只遵照醫生規定按時滴藥水，按時到醫院檢查，保持不再加深。口腔癌追踪已兩年半，沒有不良反應，想必已痊癒。糖尿病保持飯前一五〇度左右，醫生認爲很滿意。從這些情形看來，我的健康，還算良好，暫時不會有生命的威脅，再照顧妳幾年，料想還有精力。妳安心療養吧！不用爲我的健康躭心。

一年來我曾三次忍痛，暫時離開妳到香港、大陸；去年九月十六日，我到香港晉祥兄嫂家中小住，舒散一年半的鬱悶情懷！他們都很好，身體也很健康，是百年高壽的福像。他們關心妳，祝福妳早日康復。

十二月底，我返回故鄉，爲族譜做最後校正，辦理福利會的設立，和惠民學校、老人會、第四次修譜經費、以及台北市同鄉會福利會等工作，均依照妳的意願，辦理完善。

樞祥胞兄於一九九六年十月二十五日，突然暈倒逝世，享壽七十有八，之前四十八天，嫂夫人因久病去世。他倆夫妻可說恩義雙修，生死與共了，他們子孫全福，應該沒有遺憾。

但噩耗傳來，對我的打擊很重，感痛也深，心中無限悲痛和懷念，久久不能釋懷。自從大陸開放以來，電話、書信中總是關愛備至，叮嚀至再，一旦永別，從此教我何人？叮嚀不再，人天永隔，空憶音容，懷念無窮，聽午夜之鵑啼，摧心枕畔，睹白雲之西去，爪雪飛鴻，失落千秋，他生渺渺，人間天上，緣會於何時？一切都已失落，已成黃花，只有我心中的懷念，永無盡時。

大昌和嘉蘦、思諭回來和我共度農曆新年，除夕夜我帶他們到醫院向妳辭歲：和大年初一向妳賀年，感懷我們團而未圓，我禁不住悲從中來，嚎啕痛哭，現在寫這段文字，仍舊感痛，淚盈滿腔。他們目前生活情況很好，而媳婦將於本月底前後生產，我早晚在祖堂焚香禱祝，平安生產麟兒。思諭出生是妳前去照顧，現在只有麻煩親母唐夫人了。今後大昌多了一個孩子，回來探望妳我的機會更少了，我還可以從電話中聽到他呼喚的聲音，而妳是視而不見、聽而不聞，此情此景寧不教人痛澈心肺。

現在妳我還健在，我們一家仍是處在團圓中，時時還可以相見相聚，實際是團而不圓，見而無言。兒子遠居美國，除了每週六電話問好以外，雲天遠隔，見面難期。以目前實際情況來說，我已成為有妻的鰥夫，有子的孤佬，想到此，難禁悲痛，感慨至深！

一連串的不幸打擊，至親好友，咸認我會支持不住而倒下，但因妳仍需要我的照顧而不能倒下去，兩年來過的非一般人正常的生活。每日處在悽涼孤獨，無依無靠，毫無希望的日子裡掙扎，苟延殘喘。但我仍屹立不倒挺挨過去，仍像以往那樣堅強，那樣勇毅，這多少是妳給了我精神上的支持，還有我時常以「海上漂浮的木塊自侃。」它雖然被狂風猛浪，不斷的襲擊，被擊沉在海水中，但最後仍是勇敢地浮起來。我一生經歷無數的打擊，沒有被擊倒，就是「木塊」的啓示，使我面對不幸的無情打擊時，而屹立不搖，永不氣綏，永不悲觀，勇敢堅毅活下去。

族譜三版編修，在妳臥病之前已經決定。妳不幸後在悲傷痛苦中，幾乎失掉工作能力和意志。但想到妳平時對事的堅持，學習英文的勤奮，對族事的熱衷，使我在萬分悲傷痛苦中，化悲傷爲力量，負起堅苦繁複的整理工作。其實也幸得有族譜的繁重工作，迫使我非得專心一志忘掉一切的悲痛，靜下心緒來工作。有朋友說我是「鐵漢」，在如此悲痛中仍能工作。而宗親對我先後整編族譜，亦有很高的評價。其實整理族譜是救了我，使我頹喪的意志集中，紛亂的情緒冷靜，否則我會被悲痛哀愁，情緒低落、意志崩潰所擊倒，難有別的方法幫助我，重新建立堅忍的心志。

記得二十年前，我的健康，自認和親友公認是很健壯的狀況，卻不幸被證實爲「高血糖」病患；而「高血糖」是台灣十大死亡之一，我好像被死神纏身，宣判爲不久於人世。那時妳才四十多歲，孩子尚未成年，俗語說：老婆年輕，兒子小，實在捨不得。但事實如此又將奈何！因此，影響我人生的悲觀，情緒低落，已到人生的谷底；幸運地美國電影「根」啓發了我尋「根」的念頭，而興起整理我：「吳氏族譜青塘支譜」的意願，花費了三年多時間，初編完成，不單爲五華族史記實成冊，萬代留傳，亦將我從悲觀低落的情緒，在艱苦工作中，不知不覺忘掉。今次妳的不幸亦是在族譜繁雜工作中，逐漸減少悲痛，現在確確實實證明工作可以忘掉很多悲傷苦痛，治療心中的疾病和煩憂，我心中感覺到冥冥中好像祖宗的神靈在指引我，幫助我！

族譜經一年半竭盡心力，編撰完成，總計每本八百餘頁，重達兩公斤。我所花費的精力，堅定的意志，不單故鄉父老讚許，自己亦有成就感。而且以我七七高齡，跋跡於兩岸，兩次回鄉校正，此種負責任的精神，足爲後人榜樣，亦足以自慰。現在已於本年農曆正月初印製完好，十六日交船運送至香港。感謝烱聲侄孫，以自己的轎車，免驗通關運至深圳。感謝斯文叔八十高齡，不辭辛勞攜苑祥前來接運返鄉。俊卿、東霞侄媳攜帶我們的孫兒唯立南來，讓我有小聚兩天的機會。但身在深圳而心在妳身邊，懸念妳在醫院，急速趕回台灣。

族譜事已了，對宗族事務已有交代，今後除了照顧妳，就是讀書和寫點文章，這是妳以前常鼓勵我，認爲人生該做的事。我七十母難日的獻禮—「萬里萍踪憶浮生」八十篇，就是在妳鼓勵照拂下完成。這幾年陸續寫了不少中、短篇，尤其妳不幸後，在悲痛沉悶中，藉文字消磨心中的塊壘，化悲傷爲力量，寫了不少感性的作品，在報帋副刊和其他刊物上發表，獲得親友的認同。今後仍決定繼續塗鴉，消磨晨昏孤獨悽涼的時間，併決定在短期內，將全部文稿編印成冊，作爲妳我畢生的雪泥鴻爪，留給後人紀念。

「老病故人疏」，這句話是有無限感慨和幾許幽怨的意味。其實這是天地自然定律的鐵則，人們很難改變它。歲月的齒輪，使人隨著齒輪的轉動而老去，人老了病痛多了，是很自然的現象。老病至死，更難避免，加上各自環境的變遷，際遇的不同，青壯年時代的至交以及酒肉征逐的朋友，到了自己老病，他們也可能有同樣的情形，逐漸疏遠，是很自然的事。

我自妳發生不幸後，怕聽到關懷詢問的聲音，引起自己悲愴情懷，增加悽痛之苦，不得已閉戶幽居，杜門謝客，可說自絕於故人。如今除偶爾有親友前來探望，已成「門可羅雀」。但我並不孤單，肝膽相照的故人，仍舊時常萬里郵鴻或打電話前來問好，幾位文友更時刻鞭策我多讀書、多寫文章。在悲傷痛苦之中，我感謝故人的勉勵，不願拂逆他們盛意虔誠的愛心，而豁達樂觀、奮勉力學。所謂：「馬一鞭而奮蹄，人受勉而勵志」，我希望自己今後照顧妳以外，能堅定意志，不辜負愛我親友的衷心期望，在悲傷中轉化為力量，繼續奮勉力學，是我堅定不移的決定。

載於世界論壇報副刊

喬遷

「喬遷」，是祝賀親友搬遷新居的賀詞，我不知道住醫院搬遷病房或轉院，算不算「喬遷」？如果答案是肯定的，那麼，我妻鄭氏群珍於一九九五年四月十九日爲「靜脈曲張」住進榮民總醫院，手術後病變成爲「植物人」，迄今已二十八個多月，曾三遷醫療單位，好幾個病房，移換床位，就更多了。那眞是「喜事連連，賀聲不斷」。但我心中沒有絲毫喜悅，反而悲傷難禁，痛斷肝腸！

榮民總醫院，醫術高明，享譽國際，「靜脈曲張」手術，是手術中的小手術，竟致病人成爲「植物人」，開亙古之未有，令我晚年隻影形單，生活淒苦。我妻平素沒有腦、心臟、高血壓等危險病症，住院時經各種檢查，亦無異常狀況，竟致如此，殊令人費解？病變後，主治醫師，非常熱心，關懷備至，舉凡住院安排，經濟援助，無不妥善安排，使我無法向院方發出一點爭辯之言。然而，一俟該主治醫師調離，接任者即一再聲迫出院，且以調高醫療費用，增加壓力。

「植物人」，根本沒有治療，除伙食、看護、餵食、抽痰、翻身、床位等費用，何來治療費用？但每月費用由五、六萬元，逐漸增加至十萬元上下。按規定健保局負擔十分之七，餘額由家屬負擔，再加上僱請照護服侍人員、護理墊（紙尿布）和一些雜費，實在難以負荷，復健還需自己來做。依規定慢性病治療費，健保局不予給付，兩年多來的費用，高達兩百捌拾餘萬元，除前三個月健保局必需給付外，漫長時間的治療費是健保局繼續給付，還是榮總自己吸收？不得而知。自己若再堅持繼續住下去，必會和院方齟齬，自己年事已高，精神實在難以負荷。在種種因素無奈下，時機已失，只好黯然「喬遷」。

「台北市立慢性病防治院」附設「植物人照護中心」，申請床位花了一年多時間，才於一九九七年五月底獲准。申請時排至三十號，正是該中心病床的總數。住進去的病人，除自費的很少自動出院，大多是住到往生為止。

「喬遷」至「防治院」，必須經過醫師、護理長對病患的評估審查，家屬代病患到金山南路「防治院」（現遷林森北路）門診部掛門診，俾取得病歷號碼，繳交健保卡，簽訂住院合約，辦完一切手續，經院長核准，於六月三十日遷出榮民總醫院。

「防治院」規定病患初來，恐有不適應的情況，不敢直接住進「植物人照護中心」，暫住該院一段時間，觀察病患有無因「人地生疏，產生不適應」的情形。據醫生說：病患雖不能表示什麼，但她內心還是明白的；看到新的環境，新護士，陌生面孔，聽到新言語，都有可能發生反應。事實是否如此，我無從確認。但在榮總兩年多，沒有胃腸不良的病例，住進

「防治院」的第三天即發現消化不良，引致發高燒，打了三天點滴，才慢慢痊癒。平常新病患觀察兩周即可，而珍却花了三周，才轉進「照護中心」。

「照護中心」位於台北市松山區松德路四〇一號，即市立療養院後山。和「防治院」只一牆之隔，是借用療養院的一棟四層樓的二樓，約一百坪。除護理室、衛生間、雜物間分成五個病房，每房六張床位，男女老少不分，病患只套上寬袖上衣，爲清潔方便，不穿裙褲。護理人員做各種工作時，也不拉布簾遮掩，除偶有家屬，大家都沒有知覺，混合住在一起不會覺得奇怪。而且家屬通常只來繳費，一個月難得前往探視三五次。像我每隔一天去洗洗面，做做復健，是絕無他人。但我每次前去看到這情形，深深感覺到病患一點尊嚴也失去了，多可憐！可悲啊！

穿工作服的護理人員，每天按時餵食，由營養師驗定市面的流質食物，牛奶五次、水菓汁一次。翻身十二次，早上洗牙、洗口腔、用濕毛巾洗臉，抹全身，腿部前後用肥皂洗後再沖淨。每周兩次送進浴室，直接沖洗並洗頭。理髮則需自己動手或僱工代剪。清潔方面，比榮總周全，但醫療方面，已經完全停止。除「防治院」的醫生，每月定期巡視一次，檢查病患每一個人的記錄，別無治療措施。小毛病由「中心」的護理向「防治院」申請藥物或請醫生前來察看，稍爲嚴重一點的病人，則通知家屬請救護車送往大醫院治療，外送時間，以一個月爲限，若逾期即視爲已出院，床位不再保留。因爲床位難求，很多病患家屬不敢逾時，尤其中低收入戶，享有公費優待，更不敢輕言放棄。這就是說：進了「中心」，就接近往天國的最後一站了。

「中心」有自費、公費兩種。自費每天床位八百元，加上雜費，每月大約三萬多元。公費是中低收入戶，享受床位免費，但仍須負擔護理墊、衛生紙、洗面、洗澡毛巾、肥皀、剪髮、抽痰膠管等雜費，約六千餘元，我有幸申請到公費，經濟負擔已經減輕，但精神比以前沈重多了。蓋榮總是醫學中心，雖然要自己負責大部份清潔和復健的工作，體力負擔很重，而心理上仍盼望有萬一復醒的機率，現在不用自己負清潔的責任，只去做復健，停止治療，肯定是走到人生的盡頭。這使我的心更痛，精神壓力更大。

珍在榮總後期，我哀傷心情已漸次平復，不再悲痛，情緒既經逐漸平靜。如今每次前去探望，看到現況，想到未來，又復悲痛難禁。這種欲去還留，欲斷不斷的悲慘情懷，眞教人無語問蒼天！

載於世界論壇報副刊

懷念

懷念總是有幾許相思、甜蜜、和傷痛惆悵！

珍，妳於一九九五年四月十九日，因「靜脈曲張」手術不幸成爲「植物人」，已經整整三周年，半年前妳從榮民總醫院轉至市立「植物人照護中心」。

自從妳不幸至今，我曾以：「相對無言的哀傷」、「離情別緒總感傷」、「無限悲痛無限訴」、「喬遷」四文，道盡了我內心的悲痛哀傷、孤獨徬徨和無奈！我已是七十有八的老人，兒媳一家，遠居美國。在台灣原本和妳相依相偎，歡度晨昏、頤養天年，過著晚年歡樂的人生。然而妳卻長臥病榻，家中賸下我孤單淒涼，無依無靠，過著形單影隻獨自炊煙的日子，沒有親身體驗的人，是無法想像個中的苦況。我每隔一天去醫院看妳，妳木然無語，呆呆地望着我，好像有千言萬語要向我傾訴，只是說不出來，我一再希望妳能奇蹟地講出來而不能做到時，心中就自然而然浮現出昔日妳在家時的輕言細語，溫婉柔順歡樂的笑靨，已經完完全全消失，永遠永遠再也親炙捉摸不到了。爲了一次小小的手術，竟遭到如此慘痛的大難，眼淚就忍不住湧上來。我無法面對現實，無法繼續停留在妳的病榻前而黯然回家。

家原本是妳我兩人溫暖幸福快樂的窩，因妳的不幸瞬間消失了，一切改變了！妳現在躺在醫院，正和我在家中一樣孤獨淒涼！內心的傷痛豈是筆墨所能形容，想着想着眼淚又簌簌地滴落，有時竟嚎啕痛哭。唉！想起往昔雙宿雙飛我倆同住在台北市區，而今竟兩地懷念牽腸掛肚，無時無刻停息，日復一日，年復一年，這懷念！這相思！這悲傷！這痛苦！到那年那月！那月那年?!

妳病變後，我在親友、里鄰面前避免談及妳的遭遇，深怕觸及傷痛，因爲現在的傷痛已經無法再加，我的感情脆弱到幾乎崩潰，已完全無法控制。因此我逃避、我躲藏，我閉門幽居。原本豁達開朗的性情，日趨孤僻，不想面對事實，不敢和親友碰面。且因我常去看妳，自己又毛病叢生，經常是榮總的客人，往昔的朋友漸漸疏離了！

然而魏彥才兄却不斷來信勸慰鼓勵，周伯乃兄深恐我受打擊太深，會支持不了而倒下去，乃以實際行動改變我的生活和心態，不斷供給我書刊，鼓勵我多讀書，多寫作，要我把悲傷的情緒寄託在讀書和寫作上，把我所寫不成熟的作品，刊載在他主編的刊物上；並以誠懇而帶有責備的口吻說：「人生在世，除了愛自己的親人，還有很多事情要做，絕不能因一人的不幸，而灰心喪志、沉淪陷溺下去。」他這幾句話就好像佛門的「暮鼓晨鐘」，使我從悲傷痛苦的深淵，陷身泥淖無法自拔時，注入堅決勇毅的力量；像醉漢在懸崖邊沿清醒過來，使我脫離桎梏，脫離危險重新站立起來，清楚覺醒人生在世的責任和價值。這就是人生可貴的「良師益友和金玉良言。」我今天能沉靜堅毅把悲傷情懷轉化成讀書寫作，是他們幫助我達成的，我至誠的感謝！

我的寫作基礎非常淺薄，爲了不幸負好友的鞭策和期許，盡力減少悲傷和懷念，沉浸在字裡行間，誠惶誠恐琢磨寫作。現在雖不敢說有什麼傑出的成績，但既經完成「吳氏族譜青塘支譜」的撰編，創作和修改一些舊稿一百多篇，準備分類印成單行本面世。這成績雖不理想，亦聊可答謝愛護我的親友，是我在人生中的文字成績，我倆的精神結晶。

今天是妳不幸的三周年，原本想寫一些妳不幸和我痛傷的文章，舒散我胸中的塊壘，但亦怕更增痛傷。人非金石，不能長久困居在愁城，憂能傷人，自古名言，我垂垂老矣，要力保自己的健康，才有精神體力，照護妳多些時日。因此，我披露五年前妳赴美國的一段「懷念」。

一九九二年十一月十四日，妳爲了媳婦懷胎將產，不辭辛勞跋涉，不怕雲海關山，隻身飛赴美國四個多月。這次別離，是我倆結褵三十多年第一次相隔那麼遠，時間那麼久，我嚐到別離的孤獨寂寞，也知道這不過是暫時的別離，異日的重聚，會增加幾許濃情蜜意，所謂「小別勝新婚，久別情更濃」。所以除了「懷念」沒有什麼太難過的感覺，而且我剛買了一本「詩的作法」在研讀，沖淡了孤寂生活和懷念遠人的相思之苦。現在將妳在美國時期我所作的「詩」寫出來誌念這次別離的懷念！

遊山是我倆共同的喜好，以往我倆上木柵指南宮，總是由山下拾級而上，我們曾經一階一級的數着，共有一千八百多階級。妳是虔誠信奉神明，到了指南宮必定誠心膜拜禱祝，我雖然是「心中有佛自有佛」而不注重外表的人，但自妳遠赴美國後，每次上山，也必誠必敬跪在神前禱祝妳及兒媳平安。下面「祝」二首就是我的心聲。

弄孫好夢幾時圓，心底爲何總覺懸，
親情恰似長江水，源遠流長億萬年。

指南獨上我踽踽，千八台階步未遲，
一片心香誠禱祝，佑家佑國佑吾兒。

我每次上指南宮都是在凌晨，在山間做完體操，坐在亭中閱報讀書，有一天大霧迷濛，遙望台北天空，濃雲密佈，成爲「雲海」。像阿里山這樣的高山，「雲海」是常常可以看到，但在台北盆地，我是第一次看到變幻的奇景。當時我坐在亭中雲霧飄進四周，自己好像在雲端上飄浮着，因此寫了兩首「雲海」。

雲海茫茫水接天，蓬萊異景彩雲烟，
松風天籟詩人醉，霧滿身騰我似仙。

景緻天然勝畫圖，人間巧匠恐難修，
朝霞萬縷情深海，美景良辰寤寐浮。

妳赴美國後只短短十天，我深深懷念和生活上諸多不便，乃寫了十一首「懷念」。

妳儂我儂意自綿，相愛相依在燈前，

·039· 懷念

秋深切盼含飴樂，弄孫毋念遠雲天。
冰雪迷濛異國天，起居生活各殊懸，
百事乖違老學笛，分飛勞燕祝安寧。
卿本軀孱又怕寒，那堪冰雪厲風團，
添衣寄語毋嫌厚，珍重養和食德餐。
鳳侶鸞儔卅五秋，我卿今日海天遊，
孤帆遠影相思苦，春暖歸來莫滯留。
形單影隻獨炊烟，自笑孤零大可憐，
幾日寒風兼細雨，相思無限寄雲天。
離情縷縷寸心凄，虎虎寒風入枕幃，
怕夢卿卿情轉怯，孤燈寂寂愛眠遲。
一輪明月掛中天，空照成雙影自憐，
月魄應知孤寂苦，飛身安得到粧前。
雲天悵望萬千里，倩影縈迴在夢中，
客地眠食珍重再，故園尚有倚廬翁。
一旬小別似經年，坐立難安意惘然，
心事幾多憑那訴，海天萬里我何言。

自卿別後意綿綿，戚戚形單莫與言，
寂寂燈前强執筆，白頭且學寫詩篇。
生涯獨自苦漓漓，老健爲卿且自期，
日唯讀書消永晝，夜間電視暫磨時。

一九九二年十一月卅日，媳婦產一女嬰取名慕璇（後改思諭小名婷婷）接到妳的電話，非常高興，知道妳不單高興而且有暫時留居美國，照顧小孫女的意思。我寫了一首「喜訊」和兩首「自況」。

喜訊傳來渡海天，妻陞婆祖笑連連，
弄孫願爲隨兒媳，顧我形單亦可憐。

唯生一子三十三，八旬將近老何堪，
家累已輕何怕老，不愁柴米慣調羹。

遊罷陽明上指南，勤磨鐵硯筆來耕，
百年世事如雲過，寫字吟詩樂自酣。

榮民總醫院，是故蔣經國總統，爲了勞苦功高的退除役官兵又復參加經濟建設的榮民（時每月七千元）免費保護健康而設置。院區遼濶，設備完善，有最新各種儀器，有最好的醫師，有近兩千病床，是台灣最優良的醫院之一，病患趨之若鶩。因此住院一床難求，門診病人每天超過萬號，掛號以後等待診斷的時間常需三、四小時，爲此，寫了感懷詩五首。

沙場百戰紀勳彪，解甲爲民意尚豪，
壯志未酬心未老，蓬瀛經建著勛勞。
飢寒無虞七千鈔，康健維安設醫療，
照顧周全袍澤愛，天年頤養樂逍遙。
醫療專設惠同袍，德澤情懷豈爲鈔，
義診爲酬功在國，榮民歲歲可安高。
滿堂病態老公公，驕健疆場水已東，
待診三時須忍耐，治療當有十全功。
滿堂求治入醫門，人老同嗟目漸昏，
待診皆期春著手，自療人治兩難分。

陽明山公園，是妳我兩人從初戀到結婚以後數十年共遊最多的地方，我倆常從最陡峭難走的「好漢坡」上山，然後手牽手漫步在花前樹下，相擁相偎。我們從不走較平坦的路上山，好像不走「好漢坡」就沒有上過陽明山的感覺。以前如此，現在還是如此，希望有良好的健康，上陽明山時永遠從我倆走過的「好漢坡」這條路上山，寫了兩首詩：

陡峭難行步步遲，一蹬一歇汗淋漓，
回眸竚立思廬嶽，大好風光付與誰。
華鬢斑斑映日遲，康强富貴兩乖違，

年年如願腰身健，拾級朝朝好漢坡。

妳去美國這段時間，我曾數次上陽明山，而且獨自攀登荒無人烟，海拔一千多公尺北台灣最高的「七星山」主峰。全山荒草沒徑，怪石嵯峨，只有嶇崎陡峭的小徑，必須手腳並用才能攀上山頂。當到達山巔，天清氣朗心胸爲之豁然，雲霧雨晴，頃刻數變，是天地奇景，而視野寬廣，遠眺觀音山臥美人，北海天連水浪濤滾滾，關渡橋像長龍臥波，淡水河像一條玉帶而聯想到北台灣商業發祥地蜢蚺（萬華）稻埕，俯視半山的夢幻湖，引發我初學的詩思，興致勃勃寫了詩誌念。

觀音山臥美人二首

青天爲帳地爲氈，日月星辰伴妳眠，
綺夢瑶台幽思遠，巫山前否續前緣。
仙人仰卧態嬌媚，玉體横陳綺夢廻，
神女有情巫峽約，襄王無夢也癡迷。

淡水河三首

一水灣灣接海潮，茫茫天際似虹橋，
風帆片片漁家樂，龍卧波心好弄簫。
百年世事幾番新，蜢蚺稻埕鼎盛興，
林立帆檣嫌海小，五洲貨暢傲蓬瀛。

建設蓬台績輝煌，艨艟無復掛帆檣，
千秋偉業功成退，晚照餘暉賸夕陽。

夢幻湖二首

俯視山腰小小湖，美名夢幻爲誰留，
風雲雨霧隨時變，日映波光五色殊。
碧波如鏡影依依，黛碧青山景色美，
雲霧迷離如幻影，蓬台仙島合仙居。

攀登七星山四首

七星高聳接天樓，雲鎖層巒景色幽，
極目海天無盡處，群山蒼翠一開眸。
麗日晴天縱目遊，江山千載任春秋，
中原北望雲濤外，回首鄉關去國愁。
我立山巔探月球，陽明園似百花洲，
仙人仰織搖籃夢，淡水清清一旅鷗。
蓬北峰高氣勢雄，不驚峻峭此登臨，
森森林木如青黛，石級層層到九重。

攀登七星山已很困難，下山更不容易，從原路有很多地方必須手腳並用一步一步倒退而行，稍一不愼，有滾落之虞。若由東峰而下，雖有一條沿石壁開鑿的小路，却是邊臨懸崖，下臨絕谷，萬一失足，在這荒山野嶺，必成爲失踪的人口。當妳知道這一情形，深深躭心我這個古稀老翁的安全，捨棄照顧孫女的喜悅，急急回來台灣。從此，我離開家門，妳就陪伴我同行，促成我倆成雙成對手牽手漫遊台北市街、徜徉山林水濱，相依相偎，像初戀的情人，像人們羡慕的鴛鴦鶼鰈，我心中充滿甜美，充滿希望，希望這情形伴隨我到百年。

珍，我好「懷念」那段日子，如果時間能倒流多好！那時我很懷念妳，希望望妳早日從美國回來，更好好地共同生活，共同遊園，享心樂事，安度晚年，結果如願以償。我正期待好景永駐，何期妳竟癱臥病床而不醒。我再懷念妳，也不能使妳醒來，和我共同生活了，當年的相知相悅溫暖甜密的日子，更會使我懷念，這懷念何時了？惟有癡呆地對著病痛的妳暗自嘆息：「人生長恨水長東了……」。

載於世界論壇報、五年同鄉會年刊

生日懷往

——爲懷念我妻珍而寫

珍、今天是農曆八十七年臘月十六日，是我的生日——我母親的苦難日。早晨迷濛間，腦際浮顯妳的倩影，耳中聽到妳在唱：祝你生日快樂，祝你生日快樂；祝你生日快樂啊！……的歌聲，然後我倆携手含笑！享受生日快樂的甜蜜；妳問：「今天要準備什麼吃的？」我說：「還是青菜豆腐最營養」，生日仍像平常一樣工作吃飯就好。

時光悄悄流逝，我倆額頭添了皺紋，鬢間多了白毛，換得兒子逐漸長大成年，進入大學，住在學校、服兵役、出國深造，家中祇有妳我倆人。從此，每年這天，妳不再爲我準備青菜豆腐的晚餐，而陪我上陽明山，登「觀景亭」，面向西方，遙望白雲深處，默禱父母在天之靈，早日安息。然後漫遊勝景，無羈無束，徜徉花叢樹下，享受閑情逸緻，脫離繁華塵囂。俟日影西斜，才從陽北公路徒步至北投，再搭車回台北，在小館子吃一頓難得的美味生日晚餐。這情形我倆共同度過幾十個美好生日，給予我無限快樂、甜蜜、美好的回憶！

然而，「彩雲易散玻璃脆，世間好事不堅牢。」不幸事情突然發生，妳因「靜脈曲張」

手術病變，而成「植物人」至今，我已經過了四個生日。爲了照護妳，我堅強度過孤獨淒涼的日子，勇毅面對現實。雖然每逢生日，風雨無阻，必定上陽明山，而情形和妳共遊時的心境，已完全不同。現在將今日遊陽明山的情形寫下來，做爲紀念。

生日是懷念母親十月懷胎劬勞和出生時的苦痛，所以生日叫做「母難日」。一年一度的生日，是人生旅途的齒輪，一個齒輪代表增加一歲。孩童謂之長大，青壯謂之成熟，老年則時嗟光陰似箭，日月如梭……。我今年已七十有九，一般人稱八十。我不知道大家忌用九字的原因，大概十個數字的第九字，有將到盡頭的感覺吧！

孤獨的生日，對我來說，以後的人生旅程又少了一程，雖有點感懷，仍充滿喜悅。早上到醫院看妳，爲妳清潔，爲妳做復健和護膚等工作，然後俯身在妳耳旁，告訴妳今天是我的生日，哼著沙啞的聲音唱生日歌給妳聽。唱著、唱著，深深感到妳我今天都處在淒涼境況之中而黯然流淚，淚珠滴落在妳的臉上，我強抑著悲痛離開妳去陽明山。

公車到達前山公園車站，下車後感覺「坐骨神經」受公車行動時顛簸而痛得很厲害，咬著牙苦撐，舉步前行，所幸慢慢輕微而至停止，否則，不知怎樣上山？

每次上陽明山，都照著我倆以前走過的路綫，由「好漢坡」直上「望梅亭」到「觀景亭」。現在歲月不饒人，心境亦不同，不單「一蹬一歇汗淋漓」，簡直氣喘如牛。登上「觀景亭」，肅立默禱父母在天之靈早日安息。從亭中眺望整個陽明山樹木叢密、滿山蒼翠。沿花徑漫步，觀賞已盛開的櫻花。茶花、杜鵑，含苞待放，有些爭春的花朶，已綻放迎人。落葉喬木，枝頭茁生新芽，芬芳飄送、殘冬未盡，既春意盎然。蜂蝶飛舞，尋芳遊客，紅男綠女，穿梭其間，說不盡春光無限好。到達野營烤肉區，青年男女，青年學子，一群群，或一家老少，正在烤肉、烹煮野餐，洋溢著青春和家庭美滿快樂。有一群青年，希望有一張全體相片，要我代爲攝影，我蹲下去時身體有點不平衡，差點跌倒，人老了，腳力不聽使喚。經過第二停車場，遙望七星山高聳雲霄，白雲飄渺，我曾想再次一遊，考驗自己的體力，但想到上次爬山，妳遠在美國，知道我蹈山歷險，即刻趕回，關懷愛護之深，溢於言表。現在妳臥病在院，爲了維護妳，我不能涉險，因而作罷。

翠柏區有五棵柏樹，是妳我倆人幫助種植的。當時妳請求正在植樹的人，讓我倆協助塡土。種樹人問爲什麼？妳說：我先生今天誕辰，讓他像「柏樹長青。」我補充說：「是我倆」。種好後，妳問我取什麼名字做紀念？我說：「泰山有五株松樹，秦始皇曾在其下躲雨，封爲『五大夫松』。現在這一叢是五株柏樹，是我倆親自塡土，封爲『五長青柏』吧！」現在已茁壯青翠，高已丈餘，樹幹周逾盈尺，半樹以下的枝枒，已經剪除，五株連結，濃蔭蔽日，樹下青草如茵，是遊人休憩的好地方。我在樹下坐臥良久，緬懷往昔，歷歷在眼前。如今我已老態龍鍾，而妳更長久臥病在床，何來「長青」？使我無限感慨！

沈篤悟是榮民總醫院名醫，熱心服務，公爾忘私，辛勞過度，不幸英年病逝，同寅感其情義，在「吟梅亭」旁建「沈篤吾紀念亭」。我倆每次遊山，都在亭中度過二三小時，脫掉鞋襪，在亭的裡外漫步做體操，讀書看報。妳我的午餐總是油條燒餅、花生、礦泉水，一個蘋果、一個芭樂。午後才下山逛後山公園，辛亥光復樓前花區，先總統蔣公和王陽明的塑像，孝友崇義碑、彩色噴水池……每個景點細心瀏覽，最後觀賞「三疊瀑」。「三疊瀑」在林木掩影中，瀑布直瀉而下，成爲一潭淸水，因爲水從濃密林中分三次層岩瀉出，第一疊在萬綠叢中像匹練倒掛，第二疊像萬馬嘶奔，雪花飛舞。第三疊似雷霆萬鈞，氣勢磅礴，先總統蔣公改爲「陽明瀑」題三字於山壁。因水從濃密林中瀉出，附近又遍植梅花，象徵凌霜傲雪，蔣夫人宋美齡女士題「隱潭梅園」。

我倆循著陽北公路，步行至新北投，沿途觀賞山嵐風景，經硫磺谷，熱氣沸騰，地熱谷，雲霧飄渺，有時會煮蛋充飢，或在熱水坑洗溫泉浴。也曾繞道天祥，一魚三吃，免費洗溫泉。

這幾年我獨自踽踽而行，已有倦意，也感體力衰退，步履蹣跚，行動已大不如前，但爲了緬懷我倆以往的一切一切，而堅定自己的意志，每年今天，必定走這條路至北投。沿途景物依舊，祇有「陽明瀑」過後有一條到硫磺谷的小路，原有枝藤阻徑，路小且陡，有陰森感覺和蛇蟲侵擾。現在已由善心人士、披荆斬棘闢建成四尺寬，蔴石砌成的石階路。

今天原本麗日晴空，氣溫高達二十五度，但行近硫磺谷，天氣突變，竟下起雨來，風雨中老人行走山間，較爲困難和危險，適逢陽北綫公車到來，乃改變心意，搭乘公車回家。

珍，四年來每逢此日，風雨無阻，獨自上陽明山，美其名曰「避壽」，實際這幾年「生日」沒有溫馨，沒有快樂，祇有懷念和惆悵！公園整體沒有變化，祇有花樹己日益茂密，是台北市民休閒最好的地方。今天仍是循我倆每次行經的景點，依戀過的地方，徘徊瞻顧，依依不捨，希望往事清晰烙印在腦海中。

七九年華八十翁，生辰猶自上高峰，
妻纏病榻兒洋外，躑躅陽明問舊踪。
年年今日此亭中，每念親恩感德深，
遙望白雲天際外，瑤台極樂應從容。
歷上陽明儷影投，百花含笑娛人遊，
依然景色溫泉洗，難洗回腸萬斛愁。

載於世界論壇副刊

散文

幼年歲月堪回味

我生於民國十年農曆十二月十六日子時，時祖父蒙冤繫獄，家庭經濟極端困難，母親挨飢勞碌，全無奶水，幸我出生翌日，祖父冤情昭雪，出獄回家，認爲我是幸運兒，特別疼愛。尤幸村中前後數月，出生嬰兒有十三個之多，祖父每天抱著我輪乞八人的餘奶，其中鄰屋愼德樓呂叔婆、光德樓張亞吉阿娘爲最多，因此奶水反而充足，生長健康，較兄弟尤健。

因需乞奶故，我襁褓即由祖父照顧，能行走以後亦全跟著祖父，常騎在肩上，說騎雞公馬，食飯坐在身旁，同床睡覺，形影不離，受寵特多，直至祖父逝世時，我才七歲，年小不知感懷，撫育深恩，死別之痛！今緬懷祖德，每吁嗟不已！

祖父逝世後，我跟隨母親。母親家事忙碌，且又懷我胞妹蘭嬌，因而常感寂寞。此時在建造浩德樓左片橫屋，家裡除耕種很多田地外，在井頭舖蒸酒，用酒糟飼養很多豬隻，祖母細心照顧，成長很快，如果每天那頭豬長不到一斤以上，認爲不夠理想。爲求好價錢，又能取得現金，大約每四個月，就有一、二批十多條豬趕往馬河灞，裝船運往梅縣出售，（那時還沒有公路交通）由父親前往。家由住在井頭店的叔父管理，農忙時偶爾下田，平常由父親領長工和男婦耕作。煮飯養豬餵雞鴨，由祖母操勞，菜地和家務，礱谷、踏米等雜事，由母親和嬸母輪流，是以誰在懷胎待產而定。全家上下均極祥和、勤奮努力，歷年收獲良好，六畜興旺，惟要付谷會和繼續建造浩德樓，衣食和家用，均非常儉省。

我是年尾出生的人，八歲才入塾啓蒙，那時教育，縣城和河口相距均二十里，才設有中學，轉水鎭有高小（小學五六年級）。民國成立未久，新風氣未開，除少數開明富裕家庭送子弟入新校，大多鄉人，見新設學校的體育打球，教學生玩耍，認爲不可思義。再則農人不指望仕途發展，給子弟讀書，只希望知書識禮，懂孝悌、明順逆，將來能教書，打算盤，或成爲紳士老大，已是至高願望；其次，識字認招牌，開單記帳，能做生意就好。所以鄉村私塾較多，間有新舊相兼者，而我村在我幼年，則僅有私塾。

添祥、盛祥兩位堂兄，屆齡入學時，祖父冤獄才雪未久，家境困苦，又需人幫作農事，因此讀書最少。胞兄樞祥，一則身體荏弱，不適宜做粗重農事，再則添、盛兩兄沒有讀書，他成爲兄弟中，父親和叔父刻意栽培讀書的第一人。由高小、中學再跟鄧贊平先生專修國學數年。下來麟祥兄也受到栽培。輪到我也照樣入私塾，但入學後兼作農事，且越做越重，讀了幾年私塾，只記得：「人手足刀尺，山水田，狗牛羊，一身二手，大山小石」，其他已還給老師。

十歲時春耕，顯靈宮前連接高崗二十多石谷田，鄉俗；冬天必須將田土犁轉晒太陽，使泥土鬆散，種稻禾會較好，一大片粗灰田，必須汲水灌溉。第一次參加車水，是半夜好夢正甜，被父親從熱被窩中叫起，與二伯母葉阿娘到碑頭車水，父親則巡視水路。車到次日家人吃完早餐，才來接替。鄉中無水利設施，似此情形，每年總有幾次。我年幼，二娘神智不正常，春寒料峭、大地黑暗，風吹樹搖，怕鬼心悸，時打冷顫。

是年我和麟祥兄同在「柳生別墅」讀書，叔父曾向柳門叔祖問及我倆讀書情形，叔祖說：「阿保聰明，阿卓慧悟」（阿保是麟祥兄的小名，阿卓是我）。事前已知叔父有意給我們去轉水高小讀書，心中喜悅，讀書做事，特別努力。未料翌年春，叔父竟說：先讓你保哥去讀，你慢一年再去。雖很失望，還充滿希望。冬，傍晚放學回家，知道媽還在錫客菜地未回來，我趕去幫忙挑水淋芥菜，時我僅比水桶和挽鈎略高，挑了十三擔水，滿身大汗，因此感冒生病。

十一歲春，保哥去轉水高小讀書，我則到旱塘新設雛型小學讀書，由水南吳少琴先生主持，是新舊教學相兼。

少琴先生國學造詣很深，和父親、叔父均交好，要我住在學校，想刻意培植，夜間溫習功課，可以隨時指導，於是，我住在校裡。但我從去年因農事、家務，日益增重，每天起早趕回家，取鐮刀草籠或竹笪，去田間割一籠或一擔草，回來餵牛，幸好添祥嫂常先替我磨好鐮刀。我畢竟是孩子，一擔草超重，一籠草人矮籠高，背著一碰一撞回家，腳跟常破損。早飯後趕上課時間，中午趕回家幫祖母或母親切菜、煮飯，傍晚放學回家，還得到碓間幫忙礱谷、踏米等雜事。星期假日，村中孩童，歡天喜地玩耍或做功課，我則家中有做不完的家務和農田雜事。有時做事手腳稍慢，祖母輒說：你不再勤快，阿叔不讓你讀書了。

十二歲時，叔父仍不讓我去讀高小，家務、農事，卻樣樣加重。冬，馬路穿過柯樹潭，每家都要徵工去做。一位堂兄帶著我和葉阿娘二人，並準備中午吃的米、菜，就地昇火煮食，阿娘因精神失常從未煮過一次飯，我年小更不會了，而堂兄卻到別人處吃飽睡午覺，我一直沒有飯吃，飢寒交迫，因而病倒了，而且病勢不輕，延請朱冠君、朱雄中兩位名醫會診，才挽回一條小命。

十三歲，保哥由陳舉君先生向叔父做說客，順利到五華縣立一中讀書，我渴望去讀轉水高小。少琴先生拿我的作文交給叔父看，勸請讓我去讀，詎料叔父竟說：「能寫如此文字夠用了，讀了幾年不能寫也不用讀了」。我眞懷疑叔父是衆望所歸的老大，怎會說出如此不合情理的話。這兩句話，判定我終生；至此，我窺知而且確定家中要我畢生做農夫，已是大白。深受打擊，苦無可訴。曾哭求父親，亦不肯代爲說情，反而勸我順從決定，以免家庭失和。犧牲兒子終生幸福，爲求兄弟和睦，我無語問蒼天？二十六年父親倡議籌建惠民完全小學，說：「不事教育，無以啓民智」，是否因我而感悟？

那年，老屋排浩祥，在香港經營建築，剛頭角崢嶸，成就可期，不意遭搶被殺，運柩回鄉。浪文堂叔也由廣州回家，見到我很喜歡，要我跟他去廣州。此時我心中痛苦正深，但無知鄉童，從未想及離家外出，經此一問，頓生脫離家庭束縛的念頭。父母雖想及年紀太輕，深爲掛心，惟環顧情勢，只好勉強應允。我便跟著浪文叔到廣州做學徒，實足年齡尚未滿十二歲，此次離家改變了我整個人生。

少小離家，心頭極爲空虛迷茫、恐懼。我僅是幼小村童，頓然廁身於繁華都市，一切簡單事物均陌生無知，廣州話全聽不懂。所以，整日畏畏縮縮，戰戰兢兢，被人叫到，如驚雷般慌張失措，食難下咽，每餐多不及飽，睡覺如置身荒山深谷，孤苦悽涼，想念父母、家鄉，常躲在被窩中哭泣，此種情形，很久很久，尚復如此，即今回想，也覺太過悽涼悲苦！

十五歲，經兩年童僕生活，漸能懂事適應，浪文叔時爲吳欽昌所設全和建築公司經理兼工程師，派我到工地學習打水平，看圖，協助管理工程進度，自此到各地做此項工作。

十七歲，二十六年七七蘆溝橋事變，全面對日抗戰爆發，在白雲山做防空洞工程，晉祥、盛祥兩位堂兄也在。冬，去惠州、平山、淡水、三多竹一帶，築軍事防禦堡壘。二十七年，日軍由沙魚涌登陸，攻佔惠州，我愴惶溯東江北上回家，白天日機濫炸，只好夜間摸黑而行，某夜極度疲乏飢渴，不及村莊，在路邊窪地掬水而飲，睡土地廟過夜。晨起，見昨夜掬水處係一牛混池，盡是泥漿牛糞。惟昨夜掬飲，竟不覺異味，大概太饑渴之故，未幾回到家鄉。

胡騎踏破五羊城

清朝末年，日本即以各種卑劣的方法和手段，蠶食鯨吞我國的土地，馬關條約，割據台灣，迫訂二十一條件，欲亡我國。第一次世界大戰，我國和日本同是協約國參戰的一員，德國戰敗，膠州灣和青島，均是我國的領土，自應歸還我國，而日本蠻橫無理，強行霸佔，並列山東半島為勢力範圍。民國二十年九月十八日強佔我東北遼、吉、黑三省廣大的土地，民國二十六年七月七日，蘆溝橋藉故侵佔我宛平城，引發戰爭。全國軍民，義憤塡膺，團結一致，起而反抗，於焉開始全面戰爭，沿海各省，均遭受日機轟炸，人民的死傷無數，財物的損失慘重。二十七年十月十二日由惠州沙魚涌登陸，攻陷我廣州，當時我在惠州淡水工作，首當其衝，乃倉皇逃避。

現在記述戰爭初期一些英烈的事蹟。日本人狂言：「三月亡我中國」。可是在全國軍民同胞，團結一致，同仇敵愾，犧牲奮鬥，誓死抵抗之下，不僅時間長達八年，且使日本黔驢技窮，泥足愈陷愈深，終致無條件投降。

七七戰爭爆發以後，日軍以其強大的艦隊，優勢的空軍，掩護精良的裝甲部隊，登陸我國最繁華的上海。軍事委員會委員長蔣中正曾以：「犧牲未到最後關頭，不輕言犧牲，以時間換取空間，擴大戰爭面，分散敵人的兵力，消耗敵人的實力，再予各個擊破，」然而軍民義憤難平，乃有四行倉庫謝晉元團長，掩護友軍撤退後，孤軍奮戰，糧彈兩缺的情形下，仍奮勇抗禦數月，小女孩楊慧敏冒著槍林彈雨游過蘇州河送國旗，英勇壯烈的事蹟，舉世周知，粉碎了日人三月亡我的癡夢。謝團長廣東蕉嶺人，為紀念其英烈忠貞，死後追贈少將，故鄉建晉元紀念中學。

日本軍人毫無人性，殘暴如虎狼，夾其優勢的空軍，到處濫炸，幾次遭我空軍的飛機攔擊，傷毀慘重。如二十六年八月十四日，杭州筧橋上空，我機以一敵六，擊落來犯的全部日機，使日人喪膽，因此我國定是日為「空軍節」。自此之後日機對城市的轟炸，多採晚間進行，各地則用熄燈來防範。廣州市防空管制素來嚴密，統一熄燈，但日機仍能來去自如，其後我方偵知是以前在廣州任飛行教練的德國人領航，深知方位之故。為澈底阻止，我政府決定派機撞毀德人駕駛的領航飛機，雖明知執行此項任務，必定壯烈犧牲，而自願負責執行此一任務的空軍健兒仍踴躍報名。

日本四大航空母艦之一的陸奧艦，停泊在廣東省海域的大亞灣，作為轟炸南中國的海上基地。艦上設有安全的防護網，返航的飛機，必須表示暗號相符，始獲開網降落，否則任由轟炸，炸彈將被彈出落海。其暗號從擄獲台灣籍的飛行員，曉以大義而獲悉。乃以戰前購自日本的同型機種，油漆改裝成日本飛機，利用日機出勤將返未返的間隙，誘開護網，投下巨量炸彈，炸毀停留在艦上的全部飛機，但航艦雖受重創，仍無沉沒的跡象。負責執行任務的隊長陳鎮和，爲達成此次神聖的任務，自我犧牲，連人帶機撞入煙窗，才告成功。日本全國爲該艦沉沒下半旗悲哀。陳君原居住香港，是足球健將，殉國後，各地以：「鎮和杯」足球賽，來紀念他的英烈。

我此次因廣州淪陷，避難空手回家，自己和家人都非常高興，而且是一種突然的驚喜。

四年前離家時，我的祖居浩德樓只做好正堂上中下三進和左橫屋，先行進火居住，現在右橫屋也已做好，遠遠望見堂堂一座大白屋，令我非常快樂高興。

在外流浪幾年，雖然兩袖清風，事業無成，但智識隨年齡增長，認事也較明白，對於家庭的事務，均能明辨是非，曲直，偶爾和父親、叔父座談，也敢表達自己的看法和意見，只是叔父威嚴仍深植在心中，不敢多予申述。堂內的兄弟有多人已經長大，且有幾人結婚生子，人口漸漸增多，勞力比以前增大，農畜和生意也順利，上下均能和睦相處，我仍然參加農田工作。

世俗：分家析產，均按房份，而不按人口，除長男、長孫特別多分一點以外，按房勻分。家庭大自然是人口多了，形成食口勞力各房不一，人少的或許難免肚裡計算埋怨，加上兄弟妯娌既多，難免小有齟齬，積而愈顯，這是大家庭醞釀分家的先兆，多由爭吵造成，甚少在和和氣氣中分家者。我家，在祖母下四代同堂，已經三十多人口，可算是大家族，齟齬難免，但因祖母健在，且祖屋內部裝修尚未完全竣工，勉強維持融和而已。

二十八年的夏天，堂嫂鍾××爲何與嬸母不和，中午吃飯時，一位堂兄將飯碗向堂嫂飯桌中丟擲，責罵她的不是，驚嚇祖母和小孩。父親素來對叔父和善友愛，不知如何捲入這場是非？叔父指責不休，口角相持，勢將動武。當時我坐在儉德樓和浩德樓之間的竹蔭下，心中萬分惶急，不敢置一言，萬一打起來，我該怎麼辦？幫父親，變成姪兒打叔父，不幫父親，會被人譏笑不孝。思之再三，認爲應忍讓較好，若事到最後無法停止，只好跪在叔父的面前，請求息怒，幸好親鄰勸阻，停息了這場意外的紛爭。

父親和叔父平素相互孝悌友愛，見稱於里鄰，此次的爭吵，如此激烈，實在出人意外，祖母非常傷心。堂嫂之夫早有分家的意願，此次爭吵又由其妻而起，乃向祖母提出很合情理的建言，爲免兩位叔父今後相鬥，分家是最好的辦法。祖母在傷心之下，接受了分家的決定。

大家庭多因爭吵而分家，不和爲分家的標幟，爲家庭的羞恥，我早有此認識，聽祖母已經意決，心中感到黯然，想著旺記公太有五個兒子，均有很好的學識、資財，分家之後，尚有三間未做成的房屋，擱置數十年未曾完工，我家浩德樓內部裝修亦未完成，將來必定步他的後塵。於是，私陳於祖母，家萬萬不可分，屋是祖父手創，祖母帶領父親和叔父繼續建成，如果沒有完完全全做好，百年之後，如何向祖父交待？夜晚更鼓起勇氣，怯除原來畏懼的心態，去井頭舖陳諫叔父，至則史明伯亦在。我先請叔父容我直言，聽完我對今日發生的事情分析：××嫂對嬸母有忤逆不敬，該由長輩來訓戒，甚而鞭韃，誰敢說不宜?!××兄身爲教師，應該深明這個道理，不該有此舉動；如果說××嫂忤逆長輩，嫂亦屬長上，身爲小叔豈宜如此?叔父不但不加以糾正，竟引發兄弟的爭執，不顧自己是鄉紳的身份和地位，使祖母傷心，鄰里見笑，我心中感到遺憾！如今事情既經過去，望叔父體念祖父創建浩德樓尙未完成，安慰年老的祖母，平息紛爭，阻止分家。且述說當時自己在竹蔭下所作的決定，和向祖母所談的一段話。並請叔父今後對子姪，不要太過嚴肅，應該慈祥和善，恩威並用，以期上下融融和和快快樂樂。叔父對我所言，甚少回答，惟頻頻嘆息。事後並未分家，幾年後我軍次徐州、青島，先後接奉手書，明示既經贊同我的建言。

一九九二年載於世界論壇報副刊

香港風雲做俘虜

一九三九年，我已十八歲，按照當時的兵役法，已不能苟安於家中，乃遠走香港。香港是零仃洋上的一個小島，面積僅八二平方公里，於清朝道光二十二年（一八四二年）鴉片戰爭後所訂立的南京條約割讓給英國。經英人悉心經營，既經是繁華的商埠。自己毫無學識，爲求先安定，在一家織布廠做雜工，因待遇微薄，做不下去，乃去筲箕灣，做防空洞的工作—開鑿山洞，一日三班輪流趕工，待遇雖較優厚，但工作非常辛苦而且危險性很高。但那時自己胸無點墨，又無一技之長，只能做勞力的工作，所以明知道辛苦危險，也不能不做。

一九四一年，十二月七日，日本侵略我國的戰爭，不單沒有取得絕對優勢，且泥足愈陷愈深，雖佔據了很多城市，卻不敢離開城市到鄉下去走動，正符合抗戰初期蔣中正委員長所發表的文告：「擴大戰爭面，分散敵人的兵員，消耗敵人戰力」的意思。因爲日本軍所到的地方，紀律敗壞，姦淫擄掠，無所不用其極，引起世界的輿論大嘩，報導日本軍在中國的一切暴行，攻擊日本軍沒有道德、沒有人格、沒有國格，使日本人非常難堪。軍閥惱羞成怒，又兼深感物資缺乏，難以繼續支持中國戰區的持久消耗，乃發動太平洋戰爭，一夜的短短時間，開闢了七個戰場——偷襲美國夏威夷珍珠港、菲律賓、越南、緬甸、泰國、馬來西亞和香港。

七日晨間，我在睡夢中聽到轟炸聲，高射砲聲。我住的地方筲箕灣，在啓德機場的對面，僅隔瑪麗海峽，故轟炸聲、砲擊聲，不單清晰可以聽到，登上樓頂還可以清楚看見，只是天色尚未大明，看不清楚飛機的標幟，誤認係防空演習。年來平靜的香江，已嗅出一些火藥味，趕築防空洞，常有防空的演習，因此有此誤認。迨飛機有一架被擊落墜地，才曉得係眞實的戰爭。

筲箕灣靠近瑪麗海峽的海口鯉魚門，海面較爲狹隘，是登陸香港本島理想的地點。英軍在九龍半島的防務，駐有強大的重兵，然而日軍自深圳進入，沒有受到強力的抵抗而長驅直入，只有短暫的一天時間，就佔領了整個九龍半島，傍晚即開始做渡海前的攻擊，砲擊英軍的炮兵陣地。彈聲由耳側呼嘯而過，震耳欲聾，爲躲離危險的地區，乃和欽文伯以及鄰居的朋友，摸黑走進山區。沒有料想到山區是英軍的砲台陣地，不准再行前進，又怕走漏消息不准下山，陷身在進退維谷的困境，原擬躲避現卻陷身在危區。這時日軍的大砲，不斷向附近轟擊，砲彈射在岩石上，流彈四射，情形極爲危險，迫不得已，乃在兩山的山溝中，各自找尋可以掩蔽的地方。

我躲入一塊半懸的巨石下方，不遠處友人和妻小躲在另一石窟，他的幼兒，平時常和我玩耍，在砲聲驚嚇中哭着找我陪他，乃過去和他們擠在一起。整夜砲聲隆隆，震耳欲聾，偶爾感到地震般的搖動，山石隨即滾落。待天亮砲聲停止，觀看附近，我原躲身的巨石，由懸虛處斷落，壓死了兩人，我僥倖逃過一劫。

整個九龍半島和香港本島，沒有經過強烈的抵抗便告結束。平日耀武揚威的英軍，竟舉手投降，乖乖的走進俘虜營，爲偷生遭受凌辱，這與「殺身以成仁，捨生以取義」的中國軍人魂，不可同日而語。五代時的蜀主孟昶開城投降宋主，他的姬妾花蕊夫人被趙匡胤俘虜，憤而寫了一首詩：

君王城上豎白旗，妾在深宮那得知，
十四萬人齊解甲，更無一個是男兒。

足爲英軍的寫照。

日本輕易佔領了香港、九龍，各個戰區也捷報頻傳，佔領了廣大的土地，搶奪了不少的物資，但也多了七個國家的敵人。美國本是在沉睡中的雄獅猛虎，現在被日本軍嘈醒了，很自然的反撲。日本軍本既陷身在中國戰場的泥淖中，現在更陷溺世界的海洋中。

第二天，我往中環親友處打聽消息，看看情形做以後行止的參考。這時整個香港的交通已經停止，只好步行前往，剛到達銅鑼灣，適逢日本軍由對岸運送物資過來，正在搜捉民伕協助運送。我不幸被俘，做了日本軍的民伕，牽着馬去原是駐英軍的赤柱兵房。在行進的途中，一位講客話的中尉軍官，自己說是梅縣人（現在想來是祖籍梅縣的台灣人）。他聽到我講客家話，又見到我牽着身軀高大的駿馬，感到驚恐，安慰我不要害怕，說在中國戰區日本軍的紀律非常不好，深受世界各國的責難，這次攻打香港，挑選最好軍紀的部隊前來，給外國人有良好的印象。

赤柱兵房依山面海，風景極佳，當我們到達兵房，即替日軍去倉庫搬運罐頭食品。各種罐頭食品應有盡有，時間已經下午，被俘的人也感到肚餓，乃各自拿些零罐，用石塊砸開來食，只有我心慌意亂，坐在營房門前的台階上，環顧四周，想着如何才能逃離？那有心情去弄吃的。

敲打罐頭的聲音，此起彼落，聲音很吵，日本一位大尉軍官和中尉客籍軍官出來喝止。但他們才轉身進屋，大家又故態依然，軍官再出來喝令集合排隊。客籍軍官在路上曾說過：放行時大家要排隊的話，我聽到集合排隊很快就跑出去，待大家排好隊，大尉軍官由排頭看到排尾，往復看了兩遍，看得我心驚肉跳，我想大家也許如此。最後，他竟抓着我的衣襟拉出隊外，嚇得我魂飛魄散，心裡喊着完了完了，認定自己是因爲年輕力壯，已被挑選做民伕或充當兵役。驚魂尚未停止，後面傳來鞭打的聲音，原來是軍官用皮鞭向隊裡的人抽打，責怪他們不聽命令，只有我得免。因爲他進出門都看到我坐在門階上，並無參加砸罐的緣故，隨後放行時還給我幾罐食品和十磅裝的罐頭豬肉。未幾香港的糧食缺乏，遣逐居民還鄉。這時的環境能夠離開是非之地，是最大的希望，乃坐船到惠州的沙魚涌上岸。

三年前日本軍由沙魚涌登陸，攻打惠州，陷我廣州和廣大的土地，現在我也由沙魚涌上岸，逃難回家，是多麼諷刺的事。在香港做苦工兩年零三個月，又是一事無成，兩袖清風，嗟跎歲月，徒增感慨！

一九九二年載於世界論壇報副刊

病榻淪落一逃官

從海南島撤退來到台灣，得熊少萍先生的協助，順利登岸，只是海南特區幹訓團不能任用新人，必須訪查原服務單位教導師的駐地，幾經查訪在屏東九曲堂，乃前往歸隊。因歸隊時間較晚，已經不能依原服務位階順序排列，只能排在最後面。不久教導師被取消番號，士兵撥併他部，官佐撥歸第五軍列管，借住該軍幹訓大隊北投兵營（復興崗），編成一個大隊，尚餘數十位官佐、被編入士兵大隊，我是其中一員—教導師幹訓大隊的官佐唯一的一員。我不知道什麼原因整個大隊數十位官佐只有我一人被排除在軍官大隊以外，大約大隊長和我沒有淵源，沒有深厚情誼以及最後歸隊，不無關係。

士兵隊，是調集第五軍所屬單位的士兵，爲將後班、排長蓄備人材，訓練時間緊密嚴格，與一般軍事學校沒有兩樣。我雖然在中途編入，仍必須和士兵共同生活，共同照課程進度訓練，也必須參加站衛兵出勤務，野外戰鬥演習等無一例外。這對一個從未經嚴格訓練的輔屬軍佐來說，實在是非常非常艱辛的歷程，但我尙在壯年，身體健康表面看也很良好，生活和訓練的艱辛，還可以忍受。只是河山已變色，家已失落，獨自在人生地不熟的環境中漂泊流浪，精神上所受的打擊和創痛，自非言語筆墨能夠形容於萬一，瞻望前途，一片灰暗，憂愁傷感，病源已經深種；一次野外作戰演習，背著全部裝備鎗枝行囊從半山滾落山下，在炎熱高溫的氣候中，一身汗濕和泥濘，回到營地，未加深思即跳進蓄水洗衣池中洗滌。

這一跳，跳離軍旅生涯，這一跳，跳進坎坷人生，這一跳，差點跳進鬼門關，這一跳啊！把自己的一切和命運交給上帝、神明去安排！這一跳引發埋藏已久的病源，爆發成爲嚴重的重感冒，引發急性肺炎，肝病、黃膽病等等一籮筐的各類疾病，說也說不清。那時隊上只有醫務室，只能治小毛病，像我這樣多的各種重病，根本沒有能力治療。

隊部只重視訓練，對於海南撤退來台的病患隊友，根本不予重視，既不查探病情，也不設法送醫院診治，連飲食也不過問，任令自生自滅。日復一日，病情逐漸惡化，聯床隊友向隊長報告實情，請示如何處理？若任令拖延，恐有不測。隊長乃坦白的說：「目前海南島和舟山群島撤退來台官兵數十萬，人數衆多，主管單位，暫時無法管理，若自己有親屬在台灣能夠奧援，可以自行離隊」。

我有胞妹在高雄，可以暫時投靠，隊長乃派隊員護送我到台北火車站，搭乘夜快車南下高雄，一路嘔吐呻吟，到達高雄終站，已無力行動，幸賴服務員扶持至站外，請妥人力車送到胞妹蘭嬌家中，暫時安身。

經多次延請醫生診治，大家都說：時間延誤太久，病況已經嚴重，雖然開了藥方，卻沒有一個醫生說「藥到病除」，只表示盡人事而聽天命。如此悲觀論調，我在迷糊中也知道自己可能已經淪落爲異鄉的孤魂野鬼。也許是命不該絕，人生苦難的路尙未走完，誤打誤撞，沉疴竟爲一位不見經傳的老中醫妙手回春，把我從鬼門關前拉回來，挽救了我這流浪兒一條生命。我是亂世中因病被棄的「逃官」。

載於世界論壇副刊

落魄軍中被誣賊

人生旅途中充滿多少變數和無奈？兩個月前，我因病放棄多年的軍旅生涯和一等佐官階（上尉），現在卻被派爲二等列兵，在軍隊中階級倒數第一。爲生存苟延性命於亂世，是自願充當，變化這麼大，多麼可悲！可嘆！可笑！無奈啊！！

病得到高明醫生對症下藥，病源很快根除，青壯人的健康恢復很快。現在面臨的不是事業前途，而是今後生活問題如何獲得解決。海南撤退不久，接著舟山群島撤退，政局動盪，軍務繁忙，或許沒有時間顧及管理，但我離隊時間已久，原單位必定申報逃亡或失踪，回去絕無可能。

台灣新近人口激增，而工商業仍停滯在原始階段，一個新來乍到的外地人，沒有人際關係，缺少技術專長，尋找工作非常困難，面對現實吃住生活，必須解決。乃聽從陸軍第六十四軍軍長張其中將軍溫婉關懷之言：「現在世局劇變，不要想昇官發財，只求生活暫時能夠解決，精神愉快。官佐人事已凍結，不能派充，先做一個兵，解決吃住問題，安定情緒，渡過黑暗時期，待世局明朗，再謀發展，和你同樣情形的有某等三人。」因此我回到舊部補一名二等兵。

我和其他三位（其中一位中校）舊同寅，現在都是特別的「大兵」，不需要參加操練和一切勤務，每天無所事事只是佔缺吃糧。以前大夥都是熟人，現在我雖是二等兵，而他們仍照以往稱呼：「吳軍需或吳上尉。」不知是尊敬？還是諷刺！眞是：

官徽已失無從覓；
重新充當二等兵。

軍部的補給處，附屬一個倉庫，儲存師屬各單位的糧食、油、鹽、豆等實物及衣物器械，均由該倉庫轉發。由上尉軍需劉×負責管理，配屬士官一人，兵二人，管理現品收發。倉庫在師部營區以外的地方，住宿、伙食單獨處理，比營區較爲自由，很適合我目前的心境居住，承劉君關愛，邀我前去居住，可減少情緒上的困擾。我深心感謝他設想周到和關懷！

軍屬各單位糧食，先到補給處申請，由主辦軍需張濟夏核發數量，開給提糧單到倉庫提取現品，歷來作業都是如此。但我住進倉庫以後，劉君要我負責收存師部張軍需開來的提糧單，再根據來單數量，重新開一張同數量的提糧單給管倉庫的士官發給現品。這手續本屬多餘，始終都是根據字條發現品，何需多一次手續？以劉君精明幹練，不會想不及此，可能是怕我閑得無聊，給一點工作和責任，消磨時間而已。

有一天，劉君談及倉庫內米麵現品，少了近兩千斤，要我核算補給處開來的提糧單和我開給倉庫提現單是否相符？經核算收支完全相符。來往單據已相符，現品爲何減少？現品未經過磅，怎麼知道已經減少？我天眞地將疑問提出來參考。原來劉君每次向補給站提糧，因數目龐大，逐包過磅已麻煩又費時，因此均以估包方式來決定。即由劉君在全部糧堆中自選五包或十包來過磅，將總重量平均每包的重量，再以每包重量，核算總提數量的包數。簡單地說：一蔴袋米的重量，通常二百台斤，裝袋時很少過磅，沒有過磅則每包米之重量不可能完全相同，有超重也有不足。譬如所選過磅的五包，總重量爲九百五十斤，則平均每包爲一百九十斤，提領時就以此計包。若幸運以後所提的包數每包重量超過一百九十斤，所提總數自有多餘，否則就會虧損。問題是每包重量，誰能有慧眼魔法知道輕重？劉君信心十足，確定他所選過磅的是比較輕，而提取的是比較重的，以此推算所領糧包有超出兩千斤的想法，再以倉庫現品點包，計算現品已經短少。

現品會短少的原因，一是我收補給處的數目少，支付各單位的數目多，二是現品發放錯誤，或有特別支出，三是估包錯誤。我不管現品，來往數目相符？問題不在我的問題，而是出在現品和估包方面。但劉君確定他估包不會錯，管倉士官爲人精明，老實可靠。最後明說是我和補給處張軍需是好朋友，勾結串聯來盜賣。

天啊！我竟不知道他是如此愚蠢而不明事理的人，這樣不經大腦的想法，毫無理性的話也能說出來，給我一生的恥辱，永世蒙羞。所有知道情形的人，不管現品只管來往賬，只要收支相符就沒有責任。管現品的士官也認爲我不可能盜賣。劉君曾請精於核算，他的同鄉曾君，再三再四核算，也確認錯誤不在我，問題一定出在估包方面。還有是劉君做人很圓融周

到，對一些能爲他講話的長上，經常送給麵粉，據我所知就有七百多斤。但劉君生性倔強，

認爲所送麵粉，只是估包多出的一部份，不但不肯承認估包方面的錯誤，竟手指著我額頭

說：「你死了，也對不起我」。

劉君是興寧人，和我同年，在青島認識至今已數年，以大同鄉、同年、同寅的關係，彼

此情誼一向很好，這一次的嚴重誤會，開口大罵，把我們以前的情誼罵斷了，把我的心罵碎

了，也把這個美好世界觀感醜化了。從此我對他非常非常隔閡疏遠。

當我回到六十四師時，官佐人事已經凍結，不久士兵人事也凍結。這說明我再也無法脫離大兵生涯，現在又受寃此辱，心情惡劣，意志消沉，已到極點。一天傍晚我站立在一條大河的橋上，思緒從滾滾河水流到大海，聯想到家鄉、祖母、父母親再難有相見之日，自己的環境又如此惡劣，前途茫茫，已了無生意，天眞地想，不如隨著流波回家去？我不知道自己是否要即時了却殘生？在迷茫中有人叫「偉英兄」，回頭一看是劉的好友曾君，以前和我非常陌生。自「盜」案發生後，他默察整個情形，瞭然非我之錯，轉而對我關懷，時時勸解安慰！我激憤的心情，才逐斷平靜，也恍然覺醒，天生地育，必有我用，一株草，一滴露，生生死死，死死生生，一切造化上蒼自有定律，我責任未盡，仔肩未了，豈能久困愁城，長此悲觀，消極徬徨，意志消沉？此一覺悟，心智一片清明寧靜，我要堅強，我要奮發。從此，每天在營區附近樹林、竹叢中漫步讀書，藉此沉潛養性，直至一九五一年無職軍官登記，奉准退伍。

載於世界論壇副刊

遙遠的祝福

我認識魏彥才兄已有六十多年了，可謂老朋友，但沒有相處過，也極少見面。我比他小五歲，是我胞兄樞祥的初中同學。他早遭父喪，身爲長子，初中畢業後便幫助寡母擔負起家庭責任，在本村小學教書，直到抗日軍興，才投筆從軍，考入黃埔軍校。從此決定了他在人生道路上的曲折、崎嶇、坎坷、艱難。當時我讀完小學也參加了抗日行列，在戎馬倥偬中偶有通信。好不容易到了抗日勝利，我在廣州見到了他，他住在大佛寺內，是鬧市中的淸靜地。我們相見，既有抗日勝利劫後餘生的喜悅，又有對接收大員「劫收」和內戰危機的嘆息。他的案上擺著許多書籍，軍事的，文學的都有；壁上還有一副自書的林則徐對聯：

「海納百川，有容乃大；
壁立千仞，無慾則剛」。

他看到我很注意這副對聯，又知道我少年失學，便向我談起這副對聯的含義，勉勵我在這紛繁複雜的世界上，要保持樸實無華，堅韌不拔，永遠向上的志氣。特別談到我們這些窮家子弟不能多在學校讀書求知，更加要努力自學，一點一滴積聚，所謂「水滴石穿，鐵杵磨針」，必須有所成就。千萬不能因從小失學而喪志灰心，自慚形穢。人的生命只有一次，在人生道路上，際遇各有不同，應該面對現實，淬礪奮鬥。古今中外有許多自學成材的名人，社會是一間大學，一座熔爐，會磨煉出許多人才，鑄造出許多名器。他這些話給我很大的啓迪和激勵，永生難忘。

據我所知，他就是這樣走他人生道路的，當時他負責一個部門的人事大權，他守著「無慾」的義理，潔身自愛，守道不墜，不爲腐敗惡流所淹沒。而且由於業餘的努力自學，學識與日俱增，具有良好的素養。以後雖然因爲政局的變化，脫離了軍職，但還能勝任一間中學的校長，作育人才，成績斐然，不無「塞翁失馬，安知非福」之感。正當他事業順利，春風得意的時候，竟於一九五二年因歷史的問題，被開除公職，回到家鄉。不久，更被判罪送到塞外草原勞動改造，以致妻離子散，大難臨頭。在那惡劣環境中，他還是記住林則徐的話，包容一切，堅韌不拔，面對現實，忍受屈辱和痛苦。他在塞外經過漫長的十七年才得以回到家鄉，只比漢·蘇武在貝加爾湖少了二年。回憶一九四六年冬，我隨軍北上長江黃河流域，他怕我難捱北方的嚴寒，勸我留在南方，代我另找工作，關愛之情溢於言表。萬想不到以後也竟被迫走到更遠更嚴寒的黃塵萬里的荒漠之地，過著囚徒生活。言念及此，感懷不已。十七年的煎熬磨折，已銷盡雄心壯志，毀滅大好青春和前途，我深爲他難過而惋惜！

一九九〇年，我乘兩岸開放的機會回鄉探親，我約他晤談竟日。他老了，臉上刻著飽含風霜的皺紋，身體也消瘦矮小，但精神尚好，那時他已得到平反退休，兒孫也已長大，又有三弟楷才教授在台灣的支持鼓勵，享受著息影家園，優悠林泉，頤養天年，含飴弄孫之樂。然而，他原本樂觀熱情，笑語如珠，幽默風趣的本色，已經消失殆盡，改爲沉默寡言，冷靜凝重的氣度。談起往事，表情凄然。我安慰他：人生爲苦爲甜，很難逆料，當其得意也甜，失意也苦，甜時應念苦，苦時勿復思甜。人總是有求生存的本能，有帶著希望活下去的意願，本來希望之爲虛妄，正與失望相同。但有了希望，卻可以克服任何困難和不幸。人要豁達樂觀，逆來順受，「阿Q精神」原本不是好東西，但有時利用一下，也可以平衡心理。金聖嘆臨刑前還在說：「不亦快哉」，蘇東坡遇赦北歸，還寫出「九死南荒吾不悔，茲游奇絕冠平生」佳句，這就是豁達樂觀逆來順受的瀟灑。我祝福他大難不死，必有後福。他點頭微笑說：「但願如此，我會好好過好我的晚年，不負此生。」

其實，我是很了解他會安排生活和工作的，他雖然息影家園，卻一直閒不下來。他一向愛好文學，晚年更樂意讀讀寫寫。也許他經歷曲折崎嶇的人生道路，鍛煉了他的意志，充實了他的見識修養，這些年來我和他通信很多，一個月三四封，寫得很長，一氣呵成，「家事國事天下事，事事關心」，情深意切，流暢雋永，我很愛讀。也許文窮而後工吧，雖然他說「半途出家」、「老來學吹打」、「趕鴨子上架」，寫不出好東西，但寄給我的文稿，卻處處流露出高潔的情操和時代的氣息。即如他寫的一些文史小品，總是一些仁人志士浩然正氣和英勇事蹟，使人激起對國家民族的責任感；一些觀山玩水的遊記，也時有慷慨悲歌、感事懷人的咏嘆，使人產生超出山水之間，燭照人情世態的遐思冥想，我很贊賞。我眞想不到他這個歷盡苦難的老人，今天還能夠運筆自然，揮灑如意。我讀後分別投寄各報刊，同樣得到編輯和讀者的喜歡。其間我也曾把拙作回憶錄、唐史扎記和故園河山等書寄給他，他都加以品評和鼓勵，先後贈我幾首詩：

一、老來走筆記前痕，舊夢依稀似逝烟；
　　自傳多關今古事，《春秋》另體一新篇。
二、掩卷沉思笑靨開，娓娓筆調動靈台；
　　高年未減凌雲志，自學終成博士才。
三、編修唐史字如碑，鑒古諷今立論宜；
　　得失榮枯皆有自，貞觀千載頌明時。
四、六十年來作旅人，未嘗淡漠故園情；
　　生花妙筆任揮灑，點染鄉關更覺親。
五、少小離家闖海天，風高浪急任巔連；
　　遙知伉儷身猶健，紅袖添香寫大千。

以上的詩，我認爲是不事雕琢清新可讀的，但他談到詩卻說只是初學試寫，見笑方家，可見他很謙虛。謙虛是美德，也是進步的階梯。幾十年的交往，我知道他是一個正直忠誠長厚的人，他熱愛國家民族，不崇洋媚外，安於淡泊。記得抗日勝利以後，有朋友邀請他去香港旅遊，他不願去，原因是香港是英國的殖民地，一提起「南京條約」便很憤慨。他對社會上的貪污腐化、唯利自私、投機取巧和不仁不義的人，是很痛恨的。他不隨流合污，具有榮辱不驚，富貴無動的器度，這就是「壁立千仞，無慾則剛」的精神。他現在住在山鄉，雖然年老體衰，卻很樂意義務去做有利於國家民族和社會公益的事，得到人們的尊重。他來信曾說：人老了，受人尊重，視爲「紳士」，不足爲奇，但紳而至于劣，那才是可惡可悲的。又說：人要有崇高的精神世界和正確的追求，沒有追求，不算人生，追求貫穿在整個人生中，應該說人生的意義在奉獻，而不是單純追求享受。人生道路漫長，由於種種原因，難免會有逆境、曲折、煩惱和痛苦，但應該像倒揷的柳條，生機勃勃吐芽茁壯成林。人只要正直做人，殫其精力，終會得到人們的理解、支持和尊重……

我從他的這些話裡，知道他還有旺盛的事業心和生活的熱情。這熱情孕育出來的能耐，像燃燒的火炬，照耀著壯麗的人生；像鼓滿的風帆，破浪前進，永不休止；像濃香的美酒，增加生活的樂趣；也像冬天的陽光，給人以溫暖。我們談文論道，推心置腹、暢所欲言、毫無牽掛，眞有相違恨遠，不能朝夕聚會之憾！在老年人中像他這樣保持熱情，實在難能可貴。知人論世，他也難免有一些灰暗的失落感，正像李商隱的詩句：「夕陽無限好，只是近黃昏」，他曾自嘆不能補回過去失去的一切。但他對生老病死的自然現象，卻又有淸醒的認識，人老心不老，不斷地創造自我價値，正似龔自珍說的：「落紅不是無情物，化作春泥更護花。」

最近他來信說：「今年八十歲了，眞想不到像我這樣的人，竟也能夠這樣長壽，得以和台灣親友重逢、通信，也許還有親見兩岸統一的一天。」他曾寄來三首《八十述懷》律詩：

一、跌入狂潮滾打爬，未分黑白罵烏鴉；
捕風捉影加災禍，發配開荒種豆麻；
松歷冰霜知勁節，篁沾雨露綻新芽；
龍鍾老態心猶壯，感奮仍須報國家。

二、榮登八十接猪年，回首前塵似逝烟；
俗骨凡胎能利用，老牛駑馬可耕田；
原知衰朽難成器，且教兒孫勵志篇；
樂得堂前萊衣舞，春風共沐艷陽天。

三、不慕浮奢不慕洋，老來閑適住山鄉；
經年陶醉書刊里，終日神馳筆硯旁；
竊喜中華興國運，尚愁兩岸未直航；
分離兄弟多懷想，靜聽雞聲恨夜長！

從詩中可看出他有點淡淡的哀怨，卻又有點豁達樂觀，幽默風趣，依然心懷家國，眷念故人，豪情志氣不減，使我高興萬分。值此春光明媚，花開滿樹的吉祥日子，我衷心遙遠地祝賀他八十華誕，福躬康泰，鶴壽頻添，並用碎金紅紙寫上一個大壽字附詩一首，以志喜慶；

康寧鶴髮志彌堅，道德文章衆譽騰；
深信養和仁者壽，原知淡泊勝神仙；
兒孫繞膝承歡娛，戚族相呼赴綺筵；
周甲論交肝膽照，期頤再次拜華年。

載於實踐季刊

殘年衰朽學塗鴉

前言

我不是「作家」、「文學家」，而是一個臨老學吹笛，七十七歲殘年衰朽的老人。因爲晚年疾病纏身，打發百無聊賴的時間而學習塗鴉。十多年來雖曾三編老家的族譜，但這不算寫作，它只是要細心與考證和耐力來排編，與寫作的方式完全不同。七十母難日寫成的：「憶浮生」一書八十篇及新近幾年寫成的中、短篇四十餘萬字，仍是粗糙乏味的作品，但對我來說，已經是難能可貴了。且看我的底細就明白。

我不是「文盲」，也不是「目不識之無」。自八歲入私塾，至行年十三離鄉背井，做漂泊流浪的遊子，其間曾因患病輟學一年，也有五年在私塾的時間。幼小讀書除了牓上大人，孔曰已紅字，跟老師隨口白唸以外，不記得有什麼課本，至以寫在黑板上給學生抄的課文，然後由老師講解，那是三年以後的事了。

放牧耕稼的歲月

我生於民國十年十二月十六日，（西元一九二一年）八歲入塾。我嬰年祖父至爲疼我，但他在我入塾前一年秋天逝世了，我開始時衰命蹇，跟着陷入坎坷。入塾那年開始放牧一條大水牛，有時因牠牛脾氣發作拉牠不動而哭泣，有時牛頭一搖、角一擺，呼的一聲，也驚惶失措。春耕時在田裡送秧苗、肥料，夏天也如此，秋天參加耘田，種番薯，收花生等工作。以後逐年增加，割禾、打稻、汲水、煮飯、切菜、燒火、割牛草；傍晚放學回家，還得幫忙礱谷、踏米，我的工作量已超過一般兒童的能力負荷。我十歲那年冬天，政府開闢縣道公路，經過柯樹潭，徵用民工，我代表家中一員，參加挖石鋤泥，中午沒有人煮午餐，饑寒交迫，引致發生重病，停學一年在家休養。從時間算我讀了近六年的書，其實五年也不足，而且是在放牧、家事、農事中讀讀停停挨過的，我沒有享受過學子的春天。貧寒的小子，看到別的孩子在快樂玩耍，心中有多麼羨慕。所以在塾的時光，除了最後兩年，得到宗兄少琴的愛護，讓我晚飯後住在學校溫習功課。但鄉俗晚飯時間多在八點以後，天未亮又得趕回家割一擔或一籠牛草才吃早餐。雖勉力求學，在精神負擔上，常感力不從心。如今回想幼年所讀的書，除了「人手足刀尺，山水田狗牛羊」以外，全部記憶模糊，都還給老師了。很矛盾的是，讀的書還給了老師，但所經歷過的事，却歷歷如在眼前，好像在心中烙了印，刻了字。

少小離家老大回

我十三歲那年，在廣州一個建築公司當工程師的堂叔浪文，拔擢我於泥沼的環境中，帶我離開家園，到穗垣做學徒，那年我實際年齡才十一歲半，常在被窩中哭泣，想想這麼小的孩子，一般尚在母親跟前撒嬌，我竟然離鄉別井，拜別父母，到一個語言不通完全陌生的地方，那是多麼無奈，多麼可憐可悲啊！

一九三八年秋廣州市被日本軍隊攻陷，愴惶逃回家中小住一時，後又重新離家赴香港做工，再次遭受日軍無情的炮火洗禮，幾次差點成為日軍炸彈和砲火下的冤魂，被鐵蹄蹂躪，僥倖脫離鬼門關，逃回家鄉。仍是清風兩袖，一事無成，浪費掉寶貴光陰，辜負了父母期望。在那漫長的日子裡，因鄉村沒有電話，和父母連絡是靠書信，但我沒有親自執筆寫過一封家書，因為流浪生活、勞苦工作沒有看過書本，讀過報紙，以致自己對文字完全陌生。全是請親友或路邊擺代客寫信的先生代寫的。

一九四二年我已二十一歲，因為須服兵役，乃自動到稅警總團一個營部當一等兵。營部是借用一個很大的民宅，我分配到一個房間，還有一張四方桌，每天除了清潔辦公廳和送公文以外，空暇的時間尚多，為了自尊不敢再請人代寫書信，乃偷偷買了一本「白話尺牘」，躲在房裡偷看，寫家書時選用尺牘中和自己意思相近的句子併湊成一封家書，這是近十年流浪生涯，自己親手寫的第一封家書，從而激發了我讀書的興趣，除了每天看報紙，摘錄美好的句子，也常買書來看，勤奮努力，自覺思路心得頗有進步。一九四三年我任地方自衛隊的特務長，被選送至惠龍師管區幹部訓練班受訓，照例要寫一篇自傳，不知是教官看錯，還是我的文筆確有進步，居然被選去「貼堂」，給了我最大的鼓勵。

抗日勝利的翌年，我任職陸軍，那年冬隨軍北上長江、黃河流域，得以觀賞了各地風光，古蹟勝景，開拓了心胸。我沒有自信探索追求自己寫作的能力，或嚐試把遊踪撰成文字，但耳濡目染，記憶特強，也許是愛好和仰慕吧！把各地古蹟勝景的詩文、對聯等都札記下來，這對我以後寫「萬里萍踪憶浮生」一書，有很大的幫助。

罹患高血糖症

三十九年夏天，自海南島撤退來台，與原部隊失去聯絡因而失去軍職。結婚後爲養家而出賣勞力，勉強過了一段漫長而安定的生活，不幸於一九七四年我五十三歲時，被證實患了「高血糖」病症，此症是台灣十大死亡之一。醫生勸我多休息，注重飲食，乃賦閑家居，希望陪伴老婆、教育兒子多些時日。然而，我一生都在忙碌，一旦閑下來，感到百無聊賴，無法打發過多的閑暇時間，偶爾在舊紙堆中看到早年的札記，興起寫自己生平的記述，作爲六十母難日的獻禮。但因病症影響了心情煩亂，文學根基不好，又沒有寫作的經驗，寫完前段記述，「幼年歲月堪回味」時，引起回憶，心酸不已，再也寫不下去而擱筆。

「根」的啟示

美國電影「根」，描述非洲黑人被歐洲人擄賣至美洲爲奴，後來雖獲得解放，成爲自由人。但根源何處？祖宗何人？均有無從查考的悲哀！觸景傷情，聯想到自己的後代和許多宗人在外地生活，也將步非洲黑人的後塵，成爲沒有祖籍沒有祖先的悲哀。乃以一九八一年着手整理我五華宗族，撰編完整的族史。經三年細心考查，堅毅耐力而完成，得到族人的肯定和自己的信心，燃起重寫自己生平的意願。我妻鄺氏群珍熱衷鼓勵，要我不理雜務，專心一志，以編族譜時的細心、毅力、清靜的心情，來完成初衷。因此，乃以嚐試的心情，埋首在書桌上，花了將近四年的時間，寫成八十篇，經反覆查考校正，總有段落不明顯，語句不順暢，內容枯澀乏味的感覺，難以定稿，直至我七十母難日的前夕，已不容瞻顧徘徊，猶疑不決。妻亦認爲這是記述自己的生平，母難的獻禮，留給兒子和至親友好，一點雪泥鴻爪，不是公諸於世的文章，可以大膽付印。得到妻的支持和鼓勵，乃付印了一百本。

各方親友及我妻閱後的反應盡是讚美佳言，這是中華民族人們自古以來的禮貌，我聽後沒有喜悅和興奮的感覺。因爲我深知這本書的內容枯澀，寫作技巧笨拙，尚未構成令人讚美的程度，而我希望的是眞實至誠的批評和鼓勵。

尹有琪的摯誠

尹有琪先生是湖南人，學識深博，交遊廣濶，出版「入深齋雜組」乙書，厚達四百頁，初印一千、繼印五百、再印五百本，才滿足親友的需索，我承贈一本，亦還奉拙作一本，一周後打來電話表示讚賞，亦很誠摯的批評：是一本實話實說，未經雕琢的渾金璞玉，可讀性高的書。當時我認爲是禮貌性的應酬話，並不在意，只以平常心看待。然而，他連續四周，每周打來電話，是重讀整本內容以後，論及書中某頁、某段，那一句該如何寫，那一個字錯了等等，由此可以知道他說的不是一般的普通敷衍話，確實看完每一篇段，而指正書中的錯誤。所謂「渾金璞玉」，雖是讚美的話，亦是粗糙的代名詞。不管如何，他能在一個月內看完四次，指出錯誤，確確實實振奮了我的心志，也感激他的眞誠愛護和鼓勵。

魏彥才的勉勵

魏彥才先生，是同鄉和一甲子的老朋友，老作家。舊新文學廣博精湛，年未三十爲中校組長，繼掌高中校長。大陸易幟，爲「莫須有」發配邊疆，勞改十七年，飽受苦難磨折而心灰意冷，息影家園，時有「杯弓蛇影」的驚恐，擱筆停寫，不再爲文久矣，誠恐因文字而惹來不必要的痲煩。他收到我寄給他的拙作，賦詩五首祝賀：（載於上篇遙遠的祝福文內）

他深知我少小失學，根基很差的情形下，有勇氣寫成整本的書，姑不論內容距水平尚遠，已非常難得，自後每次來信，均詳加指導勵勉。他的信箋是用打字紙印的，內容全是關懷鼓勵和文學上的研討，新近整理來信，裝訂成冊，厚達寸餘（三本），本身就是一篇可讀性很高的信。這幾年我在文字上有點成績，其指導勉勵有肯定的功勞。他也因我不成熟的作品，敢印單行本面世，引發、燃燒起他潛藏已久的寫作天才，振奮心志。自此各地的約稿不斷，整理舊稿，新寫文章，短短五年先後出版了「春暉園詩文選」三輯，內容精緻流暢，見解獨到，令我敬佩，現又印行「閑情記舊」一書，由台灣文史哲出版社發行，深獲讀者喜愛。他在台灣所投稿件，均由我校對，這很自然給予我觀摩學習的機會。我以拋磚引玉的方法，把他在低落悲觀的情緒中，激發原有的潛能，寫出奇文妙句，發出璀璨光芒，彼此都獲益不淺。

陳史恆的情誼

陳史恒先生，半世紀的摯友，彼此都有忠誠正直信義立世，作為對人對事的基本態度，故結交以來，情誼至為深篤。他的學養根基深厚，台灣新生詩苑，常有他的詩詞外，其他報章偶有投稿，必定精湛流暢，甚得讀者喜愛。他曾以毛筆字正楷書寫「史恆詩鈔」和「寧城雜咏」兩大本，膾炙人口。他的故鄉廣東興寧的文史、詩社、風采，常有他特約佳作，舉凡人物傳記，文學報導，楹聯讚頌、竹枝詞、客家山歌等，深受故鄉人士的鍾愛；尤以他的寧城雜咏，被譽為可補縣志歷史的不足。其詩章清新脫俗，書法渾勁雄偉，揚名東瀛，一九八

七、八八、八九，連續三年參加日本主辦的中日書法大展，均獲特選獎殊榮。

他的詩詞書法深獲時人讚譽；又其該縣現收錄他的書聯一副，將使千百年後的鄉親，仍可瞻睹他的墨蹟，並想見其爲人，常引爲自慰。最近以香港「九七」回歸有感而成「失兒歸」一篇，國內外均認爲是力作。我初學塗鴉時，常送請校正。他除細心校正外，認爲各人的寫法不同，意念也不同，無須拘泥於別人的格局，「文以示意」只要表達了自己內心的意念就好。我沒有學過音韻，平仄注音符號，客家人的口音，讀國語文亦稍有訛誤，這些我都誠心誠意，請教於他。因此，人前人後，稱他老師而不名。

周伯乃的愛護

周伯乃先生，是我五華縣在台灣享有盛名的「作家」、「文學家」、「文藝家」，他原在政界有寬廣的前途，因淡泊名利，酷愛文學，現已花甲之年，三十餘歲即享譽台灣，各報副刊、月刊、雜誌，常看到他精湛的作品，視野廣濶，文思流暢敏捷，著有近四十部文學、文藝、散文、新詩、翻譯等類書面世，台灣暢銷書之列。新著「夢廻長樂」，更是超水準之作；他離鄉已近半紀，而字裡行間充滿懷鄉思親，故國河山時在夢中的依戀，在凝煉豐美的文采中流露出來，和眞實感情的豪放，信手拈來的哲理，使人感到淸新典雅和出自天籟的濃郁芬芳……。他是中國新詩學會副會長、中華詩歌藝術學會副會長、中國文化經濟發展協會副會長、中國文藝協會常務理事，世界論壇報副社長兼副刊編輯、以及乾坤詩社社長等。他的著作獲得中外一致肯定，中華民國現代名人錄、台灣新文學辭典、中華民國作家作品名人錄、台灣當代文學理論批評家選、台、港、澳暨海外華文新詩大辭典、英國劍橋名人傳記、美國ABI (American Biographical Institute Inc.)世界名人傳記名錄等書，記錄在書中，成爲世界級的作家名人。這是他個人的光榮，亦是我五華人的光榮……。

我寫的「萬里萍踪憶浮生」致送他一本，是基於彼此都是同鄉會的理事，否則不成熟而又粗糙的作品，實在沒有膽量送他觀看，也沒有奢望他會觀看或有所批評，事實也很久很久沒有消息，像石沉大海。可是有一天他送給我實踐月刊、季刊和世界論壇報副刊，分別刊載了我書中的遊記數篇，還贈送了一筆可觀的稿費。這種以行動的鼓勵和肯定，使我興奮感激而流下眼淚。人說感激的淚珠比黑珍珠還昂貴，我深深體驗到它的眞理。我妻在欣慰之餘鼓勵的說：你的爛文章能登大雅之堂，今後應該摒除雜務，清靜心緒，好好用功，多讀、多寫，來答謝愛護你的朋友！

自此之後，周先生常以至誠的愛護，鼓勵我多讀書多寫作；也常送給我新書，要我大膽落筆的寫和細心的審核，他會爲我設法刊載。「馬一鞭而奮蹄，人受勉而勵志」。雖然我明白自己的文學根底很差，文筆更是笨拙，不可能寫出好的成績，亦勉力塗鴉，文稿也獲得刊載。奇怪的是：他從不修改我的稿件，除非我至誠的請求，才在重要關鍵的地方，增刪幾個字。他的意思是：要我自己在多讀多寫中追求進步。這使我在落筆之時必定再三再四思維，檢核全篇然後才敢定稿。新近我的稿件，他已不再先核看，叫我直接送到報社去打字，他認爲現在寫的比以前成熟多了，這又是一次給我很大的信心和鼓勵。

結語

從上面可以瞭解，我確確實實是在殘年老朽的晚景中，得到上述諸君的不斷鼓勵，尤其周先生以行動事實來鼓勵，才認認眞眞淨心一志執筆凝思，學習塗鴉。從學習中追求進步，進步中提起興趣，鼓起勇氣。現在有時感到對寫作產生感情，也很執着，全神凝注，樂在爬格子的生活中。然而好事多磨，我不幸於兩年前因口腔癌兩次手術，更不幸我妻亦因「靜脈曲張」手術，病變成爲「植物人」，使我悲痛至極，意志崩潰，情緒消沉，已至谷底。幸賴諸君的關懷鼓勵，使我晚年飽受嚴重打擊之後，仍能奮發向上，藉讀書寫作排除哀傷悲痛，逃出愁城，也深深了解讀書和寫作，是貴在能夠自覺，是爲着實用，不是擺門面，裝腔作勢，附庸風雅，因此，我放下愁思，豁達樂觀，堅毅勇敢，面對現實人生，走向未來。

載於世界論壇副刊

吃魚翻身的故事

一九四九年國民政府撤離大陸來到台灣，在時代巨輪下，多少人曾經擁有權勢、地位、金錢、榮華和富貴，一旦遭逢巨變，轉眼成空。如今，收拾起利慾薰心，崇高尊貴，爲生存團結一致，腳踏實地，爲整個中國最後的一塊自由地——台灣，而努力奮發。大家深深覺醒，心中明白，保有這塊自由地，才留得住生命和財產，才有奮發圖強的空間，退一步即無死所，因而國人自然而然興起同舟共濟的意識。這意識使大家產生：團結奮發精神和信念，使大家有安身立命之地。由此，社會秩序漸漸安定，經濟、工業慢慢活絡，各種建設，以爲開始。公元一九五四年，我到廣隆工作就是在這個期間。

廣隆印書局的老闆羅××，祖先是廣東省嘉應州遷客，有客家人勤儉、克苦、耐勞的精神，精明能幹，商業長才。任用我時有：一、試用三個月，期限內供給食宿，每月零用金六〇〇元，不得有其他任何要求，如續聘用最少每月薪金一二〇〇元。二、三個月內要辦妥三件事，1.申請美援貸款，購買新式自動快速印刷機。2.辦妥廠房土地過戶登記。3.辦妥他出國考察業務的手續。

三個月辦妥這三件事，不單我沒有把握，連老闆自己也沒有信心。因爲：美援貸款開放給民間工廠，是頭一次，貸額有限，爭取者衆，可謂粥少僧多，其難可知。現有工廠的土地早已買妥，但未完成登記的手續，而買賣契約已經遺失，仍屬地下工廠，必須再取得買賣證件，始能登記。但原出讓人，死亡已久，其後代行蹤不明，無法取得原有買賣資料，幾年來雖曾不斷請代書、議員去辦，均無功而返。工廠沒有土地權，就不能登記，更沒有申請美援的資格，貸款不成，出國考察，也失去意義和名目。因此整個重心在於取得購買土地的資料，至於出國，那時管制很嚴，非有特別因素、人事關係，很難獲准。

我瞭解全盤狀況後，先塡具申請表，向往來銀行提出申請美援貸款，欠缺工廠證明部份，基於平素往來情感請求後補，先穩定銀行不要退件。繼向地政處申請辦理土地過戶登記。這一關明知不會通過，只是投石問路，藉此查出原賣地人的資料，據以向戶政單位追查。得知原出賣人已遷往基隆市，但沒有詳細地址。只好到基隆市各區戶政單位，用抽絲剝繭的方法地毯式尋找，最後在山上住宅區找到賣主的兒子，請求將有關出讓資料借用，俾便證明辦理過戶。雖獲得欣然同意，然因時間相隔過久，且多次搬遷，置放何處？有否保存？都成問題。幾次尋找，均無所獲，而銀行追補證件甚急，爲爭取時效，決定由地政處證明併補繳各種巨額稅款方式，來彌補欠缺證件，俾妥辦土地登記。我爲不使老闆損失過大，接連數日往基隆賣主家中協助尋找，終獲原始證件。妥辦土地過戶登記，工廠登記，美援貸款獲准，足足花掉兩個月的時間。至於申請出國，比較幸運，因爲同鄉溫轟將軍，時任警備總司令部政治部主任，出國業務由其負責，面謁並說明實情，知道關係到我以後的工作，慨然以特殊個案核准。

三個月試用，完成了三個艱難的任務，老闆很滿意而繼續任用，薪資則不聞不問，不予調整，原六〇〇元零用金尚不及工人待遇，經查問說：「我不想給你調薪，以每月在外面同業競標時分紅所得—即今之「搓湯圓或圍標」，給你百分之四十，絕對比薪金為多」。他旋為印刷事業出國去日本考察，廠務交給我暫時負責。一個月後他回來，我將在外投標分紅所得五萬多元全部面交給他。按約定他要給我兩萬多元，不單不給。薪金也不加，在此情形下，我只好求去，可是他堅不答應。他食言分紅之事，改踐前言加薪到一二〇〇元。他失信欠義，加薪乃因我自己請辭而加，很感難堪！

美援貸款所購印刷機，於一年後才運到，我盡心盡力為老闆解決很多他自己認為無法解決的事情，大多不是從正常管道可以解決，必須從很多特別管道以及人際關係來協助。解決了這些難題，就賺進很多鈔票。可是老闆對我和一般職員、工人沒有差別，食宿仍和工人在一起。

從各種事實證明老闆，對待員工非常刻薄，規定下午五時半下班，經常做到晚上十一點不給加班費，只給一碗陽春麵做點心，每餐配飯的葷菜，只一碗肥豬肉或一碟爛肚魚，青菜以「空心菜」來說，是菜類中最賤價者，還將菜心摘下，自己和家人食用，梗和老葉用滾水燙熟，淋醬油給員工吃，連炒菜的油都省。我代表大家建議，他說：「鄉下只用鹽水，我用醬油好多了」。天啊！用鹽和醬油比好壞，眞令人啼笑皆非。

以前有一個故事：「一個少年到一家商店當學徒，老闆吃飯，站立侍候，待老闆吃完，再吃賸餘的菜飯。一天飯後他不幹了，要回家去。老闆自忖平素對他很好，爲何不幹，要回家去？加以詢問，回說：他來時父親曾叮囑：「老闆吃飯把魚翻轉身來吃的時候就要回家，今天老闆食魚翻身，所以我要回家了。」老闆不明其中道理，親自去見他父親。他父親說：「學徒吃老闆賸餘的菜，什麼菜都可以隨便吃光，只有魚要翻身才能吃光，老闆連魚都要翻身來吃，這表示根本沒有想到他人還等著吃賸餘，夥計跟著他，還有什麼前途？」眞是一門很深奧的哲理。現在我就是跟著只顧自己，不顧旁人的老闆，前途好壞可想而知。適逢朋友開設貿易公司，邀我協助，乃請求離職。然而幾次相談，堅留不放，而我決心要走，相持很久。有一天原介紹人劉君，和一位好友李君來找我，相約到新陶芳吃飯，老闆以巧遇姿態出現參加，原來是他們事先約好。酒醉飯飽後，再次請我留下，並以新機器即到，另設一廠由我負責。表現一片至誠，劉、李兩君又從旁力勸，情迫無奈！我說：「已三次請求離職，不讓我走，到什麼時候，才准我離開」。他說：「有我在，永遠不讓你離開」。

新式自動快速印刷機到來，另設一廠。名義上由我負責，責任加重，工作也加重，辛苦忙碌自不在話下，但因老闆有「永遠不讓你離開」的一句話，在心理上深知自己前途事業，雖不敢有過多侈望，而生活已漸趨安定，自己年歲漸大，乃決定和鄭氏群珍締結良緣。

載於世界論壇副刊

婚姻狀況從頭說

我小時候，母親收養一個失去母親的女嬰張運添，說長大後給我做老婆，俗稱「童養媳」。雖然同住一個屋簷下，在守舊的社會裡，不單玩不到一起，連說話也怕人笑，感情更談不到。一九四一年我從香港回到家中，已是二十一歲的青年，張氏也已十七歲了，除夕夜，鄉俗說大團圓的好日子，是不用看曆書的，給我們圓房。我不知道是否好日子，以結果來說，卻是敗日，我們的婚姻，只僅僅維持了四年。

張氏祖籍五華城北河坑裡，曾祖以次都在做官，可說官宦世家。父親兄弟七人，都是將校軍官。其父排行第五，抗日戰爭時任兵站上校站長，有姨娘。她出生不久，失去親娘，才送給我母親撫養。雖自小在我家過農村樸實生活長大，亦常回娘家探望父親和姨娘、親堂姐妹相聚，生活習慣以及婦女權力擴張等等，和我家鄉截然不同，差距很大，或多或少沾染了官家習性。更因我跟她二、四伯父做事三年，因此自視甚高，養成自大短視驕狂。我們圓房時，抗日戰爭正殷，我是適齡役男，要服兵役，地方人士對於當兵有害怕的心理，經她二伯之介紹，入稅警總團當兵；後又得她四伯提攜，任龍川縣自衛隊特務長，參加惠龍師管區幹部訓練班受訓後，派貝嶺鄉鄉隊附，又調蕉嶺縣自衛大隊部副官。

三十四年夏，因監督建造蕉嶺飛機場，感染疾病，回家休養，未幾日本投降。自初次離家至今，已十有二年，很少回家，近幾年在梅縣、龍川，離鄉較近，雖常有回家，總感漂泊無依，心情落寞。此次患病，來勢洶洶，深感不如歸去！做田舍農夫。未料翌年新春，在村中兄弟家中玩牌，張氏竟穿着不整前來攪局，沒禮沒貌、粗聲粗氣，連哭帶鬧，令屋主討厭，令我十分難堪，顏面盡失；深夜回家，五處外門關閉，除祖母外，可以呼叫的房門，均被反鎖，房中人明知我在叫門，無法出來，後來驚動祖母才得進門。一肚怒火燃燒胸中，不是祖母、父母親強行阻止，恐怕非打她一頓難消心中怒氣。由是夫妻失和，同床異夢，彼此年輕氣盛、固執，難有轉圜餘地。且結褵四年沒有生男育女，我乃再次離鄉背井，重赴穗垣。一九四九年我在海南島獲知她已離家，彼此婚姻關係，在自然環境中結束。

民國四十六年農曆十二月六日（公元一九五七年元月十四日）與鄭氏群珍在台北市地方法院公證結婚。鄭氏祖先自嘉應州遷來台灣省苗栗縣，是台灣各族中的客族人。生於民國二十年農曆四月二十六日，身體健美，沉靜溫婉，雖學識不深，但有客家人傳統美德；克苦耐勞、勤儉誠樸，仁心義行，與人相處，謙和忍讓。我倆相處，互信互諒、互敬互愛，從此過着融和快樂的生活。

民國四十八年農曆二月二十四日丑時（公元一九五九年四月一日）我兒大昌誕生，因胎兒碩大，剖腹生產，且手術不良，刀口發炎，衍生輸卵管部份阻塞，致爾後兩次子宮外受孕開刀。生一個兒子而受三次手術，珍何命苦？上蒼何其不仁！

我存古老思想，做丈夫應該負責家庭生活，養育妻兒，婚後不讓珍外出工作，獨負家計。孩子誕生，住院用掉不少錢，生活負擔加重，因此辭掉廣隆工作，自己經營印刷業務。

珍確實能表現客族勤勞儉樸的精神，家庭用費，盡量樽節，不奢侈，不浪費，不抽煙，不打牌，不吃零嘴，衣著樸素。沒有沾染城市婦女一些愛慕虛榮，貪圖享受的習性。惜物維艱，不暴殄天物，每餐存餘，雖一點點必留第二餐，衣物殘舊，不忍丟棄。她持家唯儉精神，才能維持安定和樂家庭，無虞飢寒。

夫妻相處之道，相敬如賓，忍讓敬愛，互策互勵，由於彼此知道，相處以誠的道理，家和萬事興的認知，雖偶有爭執，均能忍讓互諒，適可而止，絕無打鬧之爭。我自患高血糖病以後，均賴她特別維護、注意飲食和一切生活。每天早上四點半起床到公園運動，七點回家煮茶敬祖，看報、喝牛奶，中午吃含澱粉少的雜糧，只有晚飯才夫妻共餐。二十多年來健康情況仍佳，皆得力於珍的悉心照顧。

珍自生昌兒和接連幾次手術，影響健康，至深且鉅，且曾罹患支氣管破裂，體能外強中乾，毛病不斷；除早上到公園運動外，性喜清靜、看書報、電視，補習英文、跳土風舞，偶爾伴我爬指南宮、陽明山，藉此增進健康，怡情養性，幸福快樂。

昌兒夫妻遠赴美國讀書，家中僅夫妻二人，只有彼此扶持照顧，相依為命，冀享遐齡。

萬想不到，一九九五年四月十九日珍因「靜脈曲張」，在榮民總醫院手術，於二十二日發生病變，成爲「植物人」，至今已兩周年。我除了隔一天去醫院爲她洗澡外，沒有別的方法可以爲她做了。而我自己因此日處愁城，孤獨淒涼，永遠在悲傷痛苦中，苟延殘喘！

載於世界論壇報副刊

香港、深圳紀行

一九九三年十月六日，乘坐日本亞細亞航空班機赴香港，十日轉赴深圳，十五日重回香港，二十三日返回台灣，前後共十七天。此行並非旅遊，是探候居住香港，八四高齡堂兄晉祥，深圳會晤胞兄樞祥，爲胞侄濟昌的工作等赴深圳。日亞航機票往返只要七千六百餘元。而中華則需九千六百元，相差幾達二千元。

晉祥兄，雖耄耋之年，仍精神矍鑠，步履穩健。眠食如常，滿面紅光，笑談樂觀，毫無龍鍾老態，悲觀感慨之語；年高而不老邁，健康之佳，猶似七十。畢生以仁爲懷，以義爲理。至今仍諄諄勗勉青壯後人，爲善最樂的道理。

自古仁者壽河山，並日月，樂觀推論，必享期頤之壽，爲百年人瑞，至感欣慰。

樞祥胞兄，現年七十五歲，雖眠食如常，慢步仍能行三兩小時，然久困鄉中，營養心境，均不理想，影響健康，反應遲滯，老態畢露，令我憂戚！惟爲鄉中老人福利會募捐，建會所工作，積極參與，祖嘗等綜理，熱心不減，亦足讚佩欣慰。

濟昌胞侄，原在五華縣潭下市工作，故鄉窮困，難有發展，三年前請居住深圳宗親烱聲設法調用，曠日久持，尚未實現，此次獲特別幫忙，完成胞兄父子的願望，至深感慰！

香港，位於零仃洋中一個小島，我曾經居住及多次遊覽之地。清朝道光二十二年（一八四二）雅片戰爭，割讓給英國，幷先後租借九龍半島，總面積僅八十二平方公里，經英人悉心經營，成爲繁華商埠，有東方之珠的盛譽。

張榮華兄，蕉嶺人現年八十歲，是我在軍中時的直屬長官，爲人熱忱坦率。對我關愛信任，七十九年返鄉探親，不辭辛勞，親送至深圳。此次，更協助辦理一切證件、購物，攜帶笨重行李過深圳關卡檢驗，又親自伴遊港九，作竟日之旅，並知我有回味往昔情懷，不辭辛勞，捨棄舒適的汽車、地鐵，改搭佐敦道渡輪過海，經中環步行至山腰坐纜車上太平山，然後坐車瀏覽各地市街。

輪渡，原是瑪麗海峽兩岸居民和車輛主要的交通工具。九龍方面牛池灣、紅磡、尖沙咀、油麻地、佐敦道、旺角、深水涉、荔枝灣等地，約有十條輪渡航線，航向中環的統一碼頭。各航線輪渡和現在的一樣，下層載車輛，乘客坐位有頭、二、三等之分。每次船一靠岸，三等艙乘客，爭先恐後，推擠搶先，爭坐位。車輛則按先後進船，多須排長龍等候，很少有隨到隨上船的機會，尤其假日年節，等上一二小時，是常有的事。自海底隧道築成後，人車往來方便快捷，輪渡只剩佐敦道航線。乘客稀落，小販叫賣聲也沒有了。車輛很少也不用排隊，收入銳減，不知還能維持多久？

中環，是香港九龍最繁華熱鬧的商業區，滙豐、渣打兩發行港幣的銀行，總行及很多銀行、大貿易商、酒店、公司、行號、百貨公司，多設在此區，歷來執財、經的牛耳。邇來沿海倉庫，全部拆除，改建商業大樓，益顯繁華、亮麗、整潔。馬路限於地形，無法拓寬，但沿海幾條大道，爲行人安全，車行流暢，精心設計在兩側大廈的二樓，闢建寬廣行人道。可以觀賞街景，瀏覽橱窗，既安全又舒適。行道通往前後街的馬路行人陸橋；橋有頂蓬，潔淨美觀，佇足小立，眺望車如流水，燈景人潮，令人有怡然感受。

自第二次世界大戰後，中共佔據大陸，逃難者不斷擁入，人口急速增加。彈丸之地原僅數十萬居民，劇增至現在六百多萬，人口密度，居世界之冠。爲解決居住問題，除移山塡海造陸外，並向高空伸展，成爲高樓密集奇觀。在纜車上環顧，太平山上眺望，平地、山頭櫛比鱗次，盡是高樓大廈。新建住宅，多是三十層以上。商業大樓，五十層以上者，難以計數。中共的財經大樓，建築在太平山山腰，七十二層最爲高聳，外觀造形，尤爲突出。

海底汽車、地鐵隧道，建築完成通車後，港九往來非常方便快捷。地鐵可直達港、九各主要商業、住宅區—香港：中環、上環、西營盤、灣仔、銅鑼灣、筲箕灣、鯉魚門等地。九龍：尖沙咀、紅磡、油麻地、旺角、深水涉、荔枝灣、荃灣、黃大仙、官塘等地。現在又爲新機場築一條專用快速鐵路、東涌輔助鐵路。爲居民的交通帶來快捷便利，舒適安全，無塞車之慮，趕時間之急。兩地道路，除沿海各大道及郊區新築道路，較長較直外，多爲彎曲、斜坡、短仄居多。經道路專家精心設計完善高架道路，成爲直達快速單行、雙行、或上下行車道；加上駕駛人員合作、守秩序，車輛行駛，非常安全順暢，少有阻塞。汽車禁止排放黑煙，完全用無鉛汽油，車輛雖多，空氣不會污濁。車輛除規定停車場，不得任意停放，即廉價住宅，也有公共停車場。計程車上下客人，須在規定的地方，自己家門前也不例外。

香港水域縱橫，清澈潔淨，無垃圾浮物，無難聞臭味，無蚊蚋困擾；有潮聲如訴，海輪往來，汽笛相聞，漁船風帆，海鷗逐浪，藍天碧海，水波粼粼，燈光水影，景色如畫。商業區固然看不到狗隻，住宅區也少見到，偶有，必由主人牽行，並提膠袋準備隨時淸除狗糞。行人禁丟煙蒂、吐痰。馬路潔淨，像經過洗滌一樣。因此，行到任何地方，都感到淸潔舒適，空氣淸新。

香港是著名世界各國貨物供銷中心，普通物品，價格便宜，而精美商品，價格雖昂貴，較之台北，又不盡然。以居民每天飲茶而論，中、上設備餐廳一般點心，如牛肉丸、叉燒包、燒賣等，每蝶售價九—十元，折算台幣約四十元。而台灣少者四十五元（另小費）多者六十元，價差可謂不小。

港、九巴士、地鐵、火車、輪船，凡是老人均半價優待，十六座巴士則需全票。海洋公園是旅遊勝地，居民年滿六十歲，免費遊賞，外地遊客，不單不能免費，半票也沒有。我臨門不入，不是爲一百三十元門票，是感到不平和歧視。

深圳市，是中國大陸和九龍僅一水之隔的新興城市。自中共想搞活經濟，成立特區，十多年來，由小城市發展爲工商重鎭，日益熱鬧繁華。高樓大廈，到處林立，建築中也盡是數十層高樓，馬路寬大且直。國貿大樓，高五十三層，第四十九層設旋轉餐廳，供人觀賞吃飯；純觀賞門票三十元，連吃飯八十元，是最低消費額。因緩慢旋轉，吃飯時，在不知不覺中眺望到全深圳市景、九龍粉嶺等地區。人口兩百萬，有當地籍者僅六十萬人。大陸戶籍分城、市鎮、鄉。鄉村戶口想遷入城市鎮，非常困難，縱因工作、讀書等獲准遷入，也需繳交高額的增容費。以深圳而論，就需繳交兩萬人民幣。

大陸農產品物價很便宜，但因制度及心態因素，售價有本地人與外來旅客之分，產生很多糾紛；如：錦繡中華、民俗文化村門票，本地人二十、二十五元人民幣，台灣、香港遊客要六十元港幣（約六十七元人民幣）。中共當局，視台灣、香港為中國人，為何待遇不同？因此很多遊客不滿，引起爭執。該兩遊覽區，地域遼闊，僅一牆之隔，亭台樓閣，假山橋水、花卉林木，景物造形、人像塑造，維妙維肖，整體佈局，匠心獨運，巧奪天工，遊目騁懷，賞心樂事，值得一遊。

錦繡中華附設電影院，門票一律人民幣五元，放影時間二十分鐘。院呈八角形，每角有銀幕，放映時各銀幕有不同映像，各個方向可以看到。坐位則為階梯式，一律向前。不知道是設備或音響效果，放映時好像坐位以及整座映院都在震動，像輕舟在汪洋大海中，遇到狂風暴雨，澎湃浪潮，洶湧逼來，搖晃起伏；又好像乘船自長江東下三峽，朝著急流險灘，峭壁懸崖，直衝而去，聲音呼嘯，光如閃電，其逼真，使人戰凜驚悸，經歷險境感受，實前所未見。高級飯店酒樓，公開以港幣標價。港幣一、〇〇〇元換人民，公定匯價一、〇八〇元，黑市價則爲一、一二〇元，如用人民幣付賬，則一、〇〇〇元港幣標價，要付人民幣一、二〇〇元，這一變，又多付人民幣八十元。一市兩幣和一國兩制，不知有否關聯？

晉祥兄爲會晤自家鄉南來深圳的胞弟蘭祥，十一日在竹園賓館餐廳設宴，邀請二十人，預訂兩席，每席菜價港幣一、八〇〇元，結賬時竟達港幣七、二〇〇元，折合人民幣八、六四〇元。如以中共官價一元兌台幣五元，則需台幣四五、〇〇〇元，每席二二、五〇〇元。台灣物價昂貴，世界著名，尚無如此高價格，而且只是普通菜餚，既未飲酒，也無特別節目；審視賬單所列：每席花生米、蒜頭各兩小碟、各港幣五〇〇元，易開罐飲料每人五〇元，自己帶去的釀豆腐加熱費三〇〇元等等，不知這些成本，如何計算出來？吳烱聲原是被請客人，因他居住當地，爲盡地主之誼而搶著付賬。酒店老闆發現付賬人不是外地客，而是深圳有名望的企業家，第二天親自登門道歉認錯，只需港幣五、〇〇〇元。明眼人不說也清楚，這是對外地遊客，特別「關愛照顧」。

當晚餐敍，全是吳姓宗親，晉兄夫婦和我，來自香港、台灣，樞祥兄、蘭祥弟、漢模、煥彬來自大陸，烱聲和近十位宗親居住深圳。大家對此次難得聚會機緣，非常高興，戲稱：「三地大結合」。我因漢模、煥彬是大陸千萬以上身價的個體戶，蘭祥弟也似東昇旭日，霞光既顯，生意興隆，成功在望；烱聲族侄，自中級軍官退休，在深圳從零起家，如今是：深圳西湖企業公司董事長兼總經理，掌控四十多家各種投資公司。晉祥兄輩份高，年齡大，事業成功在前，大家除祝福他高壽健康，更尊他爲龍頭老大。我說：「吳家工商界菁英大集合」。大家都知台灣吳德清之長子思源、次子思鍾、三子思漢，在工商界頗有成就，惜未能參加此次盛會，深以爲憾！要我寄語他們，以後往返大陸，經過深圳時，可稍作停留，和烱聲聯絡。大家都是吳家企業家，共同攜手開創各自事業高峰。

烱聲族侄所投資的西湖企業發展公司，在五華城北廣梅鐵路車站附近，初次投資人民幣六、三〇〇萬元，興建西湖溫泉大酒店、西湖別墅村、游泳池、西湖商業城一二六〇間，三層樓店鋪，其中吳姓已認購三十六間，奉准其中一條街名爲「青塘街」。於九月間邀請毛澤東的媳婦、毛岸青之妻邵華女士，自北京專程南下主持破土典禮，並於十月十六日正式開工，配合廣梅鐵路明年底客運通車時完工。（現在西湖投資建設和鐵路均已完工）。

吳漢模、煥彬、蘭祥等，對家鄉修橋築路、建學校、老人福利、會所等等，貢獻財力、物力、心力，慷慨捐輸，不遺餘力。現在烱聲開發五華壯舉，實令人欣慰讚佩。落後窮困的五華，由此帶動蓬勃朝氣，導引各姓海外遊子，人人同心，爲故鄉貢獻心力，回饋故鄉，造福故鄉。以前我多次爲文，對晉祥兄熱心公益，爲台灣、香港社團；爲家鄉建造轉市大橋、風雨亭、鄉村道路、學校、祠宇、墓地等，無不貢獻心力，踴躍領導捐輸，成就至鉅，說過：「吾鄉前無古人，但願後有來者」。從文中所述各人熱心鄉邑，貢獻心力，「後有來者」既躍然昭顯，如我之願，後繼有人，深深感到欣慰和慶幸；更希望很多後人，踏著前人腳步前進。

總結此次香港、深圳之行，雖未能盡遊兩地風景，有遺珠之憾！深圳宗親歡聚盛會，畢生難忘，惜無全體攝影留念。晉祥兄健康之佳，出乎意料之外，相聚暢談，至爲歡愉。惟雲海阻隔，難期朝夕與共，閒話家常，慰解晨昏，深以爲憾！與胞兄一家歡聚，得償宿願；但胞兄健康情形，未盡理想，老態畢露，相聚短短，分離久長，時光流逝，人事無常，此別，關山萬里，相聚何時？難禁百感交集，五內感懷：「但願人常在，千里共嬋娟」。因此，返台前夕，離情萬端，別緒依依，竟令我整夜轉側，難以入夢。

此行經歷感想很多，難以一一誌述，僅以此篇紀行，以留永念。再次感謝晉祥兄、李容嫂、金聲、烱聲侄等熱心招待，張榮華兄熱忱愛護、謹以至誠至敬，祝福文中所提親友及其他我所敬愛的親朋，健康快樂，事業興隆。

一九九三年載於五華同鄉會年刊

跨世紀的西湖苑

深圳和九龍半島僅一條小河之隔，原是最靠近九龍租借地的荒涼漁村。但自八〇年代開放以後，成爲特區。工商業發展，一日千里，市區重劃，轄地遼濶，建築事業的發達，大有凌駕香港之勢。數十層的高樓大廈，櫛比鱗次，舉目皆是。五十三層的大樓，在四十九層設旋轉餐廳，供人民用餐、觀賞市區景色，遠眺香港、九龍粉嶺的全貌。八十三層的大樓，近日即將完工，爲東南亞最高的大樓。國際貿易商場，設備完整，貨色繁多，台灣百貨公司，難望其項背。市區馬路大而且直，車流迅速，台北市、香港更瞠乎其後。休憩遊樂之所，如錦鏽中華，中國民俗文化村，集中華民族各地主要精華和各地民間習俗，濃縮於一地。設備完善，維妙維肖，使人身入其境，可以知道整個中華民族的概況。在遼濶的地方，景點之設計，樓台亭閣，花樹流泉，山海湖泊，每一景點，均使人流連忘返。

「世界之窗」毗鄰「錦繡中華」和「中國民俗文化村」，佔地四十八萬平方咪，集全球各國之景觀，歷史遺跡、古今名勝、自然風光、居民、雕塑、繪畫及民俗風情的精華，縮影製成，集中於此地。不論巴黎鐵塔、意大利斜塔、埃及金字塔、尼加拉加瀑布，均模仿製成維妙維肖，使人有置身世界各地之感。但地區過於遼濶，遊覽觀賞旅客，若要仔細觀賞每一景點，需要很長的時間。乃設高架單軌環遊車，繞行於空中，雖說行車看景，仍需花三十分鐘時間，才能在園區繞行一周。遠眺近觀，一眼看盡世界美景，遊目騁懷，極觀賞之樂事。尙有遊覽汽車、古代歐式馬車，供旅客漫遊每一景點，看美麗風光，聽蹄聲達達，又是另一感受。交通費用雖昂貴，却可節省時間和減少疲勞。

「野生動物園」一般人稱「虎山」，是將數個小山規劃連結在一起，佔地一二〇萬平方咪。雖說是虎山實則有各種動物飛禽走獸爬蟲，共三百多種，近萬頭動物，均區隔在每一地方，無虞騷擾侵犯。進入園區以後，可以自由行動觀賞，亦有專設遊覽車。車分一般觀賞和進入猛獸區兩種，而後者門窗均極嚴密。進入區內之鐵閘門，均用電腦控制，而且雙重防護；進入第一道門，爲緩衝區，先停車觀察有無異狀，才能再進區內，安全上可說非常嚴密完善。倘若遊客不想進入猛獸區，可登上山頂高塔，或兩山之間的高架橋，遠眺近視或租用望遠鏡，可看到各類動物活動實際狀況。

深圳特區發展之快速，恐怕世界各地難有可以比擬。以前的漁村地域，早已不敷開發之用，乃將境外的寶安縣屬地，逐漸蠶食鯨呑，新近將龍崗區坪地併入版圖，就是一例。而坪地原是荒涼小鎭，被列入深圳特區，可說一登龍門，聲價百倍，像小烏鴉飛上枝頭變爲鳳凰。商人銳利的目光和心思敏捷，競將資金投入各項事業，價値觀已顯狂飆情形。

深圳市西湖企業發展公司之子公司—深圳市房地產開發有限公司，以遠大銳利之目光，投注龐大的資金，在該地丁山河流域開發深圳市最大，佔地二百五十多萬平方公尺，而風景秀麗的「西湖苑」社區。

「西湖苑」依丁山河兩岸及河中島嶼，興建各式各樣錯落有緻八種不同型式的商店別墅群。從一四四九至四一四〇平方公尺大小不等，另有八層和十二層集體式的高級公寓住宅。各型均按實際需要設計成外觀高尚、內部典雅寬敞舒適，任意選擇。身居其境，遠離塵囂，可說是凡塵中的樂土，世外的桃源。

「西湖苑」北端，丁山河一分爲二，水從東西分道南行，中有一島名丁山島。島南端築紅橋連接東西兩岸，成爲一整體。島上樹木扶疏，綠草如茵，繁花似錦，美景天成。兩岸河堤築成整齊劃一，加護欄，植楊柳，有休閑坐椅。河水清澈，游魚可數，泛舟垂釣、怡情養性，成爲寧靜別緻的公園。區內康樂設施齊全，動靜皆宜。除滙都大酒店，有供給區內住客專用會所外。有停車場、網球場、籃球場、游泳池、慢跑道、綠草地，加上河堤和島上的風景，可說很難有如此完善美麗的社區，何況尚有保安警衛二十四小時巡查，有專人清理和保管物業美好完整。生活所需如銀行、購物商場、學校設施，一應俱全，均近在咫尺，無使住客煩心。

「西湖苑」距深圳市區僅三十分鐘車程，惠州和深圳線車輛川流不息，穿過該地。另有大小公車經過之外，更有住客的專車，每日來往深圳，在一級公路上奔馳，清風送爽，亦是人生一大享受。每日亦有從西湖苑滙都大酒店，直達香港的專車。

深圳特區的戶口，是整個中國大陸最難遷入的地區之一，擁有西湖苑房屋，即有國內任何地區的家屬或其他親人三—四人可以遷入，領取深圳市公安機關發給的藍印戶口證，與深圳市民享有同等權益—上學、就業、出入境等……。

深圳市西湖企業發展公司，是國家二級企業，擁有八億元固定資產，近四千員工，一千二百輛以上各類型出租汽車及公共小巴士，是深圳國營企業中經濟效益最好的單位之一。近年該企業不斷擴展業務，成績斐然。主要業務除交通運輸之外，其他投資包括汽車維修，商業貿易，科技開發等四十多個經濟實體。「西湖苑」是繼五華縣扶困救貧開發區之後，更是該公司在房地產投資上的一個重要發展項目，預祝其成功。

載於世界論壇副刊

治事循法做人難

做事 規矩—是老祖宗留下的最好典範，從而定出方圓—做事遵守規範、道理。道理是衆人遵行，處理事務的法則：

一、符合國家社會的利益，服從上級的指導，這是負責的表現；服從上級的計劃和決定，服從長上的禮節。禮節，爲治事之本，也就是做事要有條理，愼始愼終，以底以成。

二、應以多數人的善爲善，惡爲惡，多數人的利益福祉爲目的，也必須兼顧少數人的利益。

三、要有誠意、正心、忠於國家社會給予的職責，忠於人民的付託，奉公守法，剛毅不屈，光明磊落，無私無我的志節，秉着此一理念去做，必能無忝賦予的職責。

做人 自古以來，不因金錢而全義者，管仲和鮑叔牙。知音難再，斷琴酬知己者，俞伯牙和鍾子期。生死全交者，羊角哀、左伯桃。舉世滔滔以至誠、至仁、至義全交者，寧有幾人？所以談到做人的基本原則，應以忠誠仁義做基礎，心中存仁，行爲以義，這是交結朋友應有的精神。

我二十二歲時，在惠龍師管區幹部訓練班受訓。張文先生是梅縣人，司令張光前的長兄，時任中央委員，巡視廣東，和我們開了一次坐談會，由學員提出問題，他即時解答。當時我深深感到對人難以做到恰當，而提出如何做人的方法？他當時認爲這是人生兩大問題之一——做事與做人。他誠懇的表示：做人的因素很複雜，考慮以後再書面答覆。兩天後他返回重慶，留給我簡短的幾句話：「做人是很深、很難的學問，無法做到恰切，更無法詳細說明，只有自己多讀書，從書本中獲得道理，從社會中多體驗，權衡孰重、孰輕去運用。」他兄弟三人均是將官，兒、侄有四個校官，五個大學生，家世，地位，如此尊隆。而學識與才能爲當道所倚重，對做人尚且無法詳述，可知其難了。

幾十年來，以我膚淺的認知，做人最重要：心中要存「誠」，存誠心中就不會有虛僞。誠者物之終始。古人說：天地之所以不息，國之所以立，聖賢之德業可大可久，皆「誠」致之。我們若能做到「誠」，事理必然明白，誠於中，形於外，至誠而不被感動者，未之有也。所以大學格物致知，首先就是「誠意正心」，然後才談修身齊家治國平天下。蓋意不誠心就不正，根本不能面對四維八德治國做人的道理。這道理大家都懂，還要能靈活運用，不能固執成見，以偏概全。現在舉幾個例子來加以說明：

父親和國家　如果父親做出不容於國家社會的事，這關連「忠」和「孝」的問題，做兒子的就很爲難。「循私」，則不忠於國家民族。「檢舉」，對義理和勇氣，表現自己的剛正無私，對國家的忠貞。可是這樣會傷害到親情。父子親情爲五倫之首，違背孝道，就是不仁、不義、不孝的人。所以必須用一切方法來勸導阻止，眞的沒有效果，甚至可以用自己的死來勸阻，這樣全忠全孝的人，古今多有。

父親和朋友　對朋友固然要以忠誠、仁義相交。如因父親和朋友雙方有衝突時，父親方面不是絕對理虧，經調解無效時，必須站在父親的這邊。因爲彼此的關係不同，俗話說「父母由天定，朋友自己挑」，父子的關係是天倫，即使聲明斷絕關係，也無法實質作廢，和朋友的關係，恰恰相反，不聲明也能作廢。

兄弟和夫妻　均是五倫中人。鄉俗說：「兄弟如手足，老婆如衣服」。因爲兄弟爲分形連氣的人，同胞共乳，如手如足般的親密關係，死了不能再有，斷了手、斷了腳永遠無法恢復。而老婆則是他形他氣的人，死了、離了，還可以再娶，如衣服舊了、破了，可以重換，故有此比喩。然而自大陸來台的人，兄弟分離數十年，如手足般運用的親情，根本已經失落，親情雖然仍在，感情已經稀薄。而老婆則數十年朝夕相處，雖形氣分開，實甘苦共嚐，禍福與共，生死的關連，比兄弟重要多多。有岳婿因利益涉訟，只要身爲女兒、老婆說明誰比較親，就決定勝負。在兩難中她說：「穿衣見父、赤身見夫」。連父親都沒有丈夫親，何況兄弟？

朋友和妻　有一次朋友來訪，我不在家中，當時妻因身體不適，又是孤男寡女，不便相邀進屋，只在門口講話，沒有請來人進屋奉茶招待，後來那位朋友打電話給我，表示不滿。

我平素待人以誠以禮，這事令我很苦惱。後來另一位朋友，知道此事，對我說：「你無須為這件事煩惱，朋友和老婆之間，不是自己的老婆絕對理虧，都應該站在老婆這一邊，朋友能見諒很好，否則，沒有氣度的朋友，少一個又何妨」！

朋友相處　秉諸對人的熱誠和關愛，應該而且必須以熱誠坦白對待，但不能完完全全沒有距離。因為彼此的言語、思想、習慣、行事，絕不可能完全相符合，一旦發生重大的事故，往往會牽扯不清，造成彼此的傷害。我曾說過：「朋友間的距離用照像的原理最為恰切，多一分太過，少一分不足，要拿捏得很準確」。

眞誠的友情　像完美無瑕亮麗的瓷器，不論觀賞和實用，都有其價值，若一旦打破，縱然由最好的鑲工修好，仍有實用觀賞的價值，但裂痕永遠存在。所以結交一位眞心誠意的好朋友不容易，要失去卻很快，有時一句話、一件事，或一點小誤會，都可以把畢生的交情，斷絕於頃刻，寧不謹愼小心？言語溫婉，態度謙恭、愼思而行，切忌輕浮衝動，是保持永無裂痕的方法。

朋友做錯事　應該誠心誠意提醒他，試著協助他反省改正，如果他不接受，已表示了自己對他的關懷和愛護，情誼會更深篤。絕不能勉強，更不能嚴厲責備，傷害他的自尊，也會傷害到原有的情誼。如果勸不回頭，過失小能包容就包容，過失大只有疏遠一途。

朋友交往　秉助人為快樂之本，尤其精神方面，多給予鼓勵和支持，關懷和愛護。如果傳聞朋友，有語言或行為侵害到自己，必須冷靜思考，絕不能聽信一面之間，或表面行為的認定。須多方觀察與深入了解，以免誤會，影響到彼此的情誼。自己更應該從生活反省有無過失，以別人的行為表現為借鏡，以免陷入人云亦云的盲從處境。

正人君子的朋友　應該肯定他的善行，批評他的惡行，由此也可匡正自己的行為。支持好人，有時只是舉手之勞，甚至只需口角春風，使他能感覺到自己的行為，獲得別人的肯定，讚揚，勇於再接再勵去做有益的事。

朋友有通財之義　民國五十一年，我有存款二十四萬多元，以今天評估那時的價值很難說，以當時永和市地區巷內，百坪土地連三十坪洋房，約可買到四間。因自己待人坦白，誠懇，沒有隱蔽，有五個朋友做生意要週轉，乃傾囊相助，他們彼此原不認識，後來因我之故，他們彼此也成了好朋友，經濟上互相支持。後來其中一人倒帳，發生骨牌式連鎖反應，全部失去，否定了古老的說法。清末中興名臣曾文正公國藩名言：「不要借錢給朋友，除非你立心不要他還，否則，錢沒有了，友情也沒有了。」這眞是至理名言。

做事可以循法則規矩來執行，做人則沒有一條明明白白的鐵則，處在紛亂複雜的世界社會中，除了以忠誠去面對，實在沒有完整的方法。

載於世界論壇副刊

人生三害煙賭嫖

古訓說：「沾了煙、賭、嫖、酒四大症的人，一生的禍害無窮。」我認爲前三種的禍害，自古至今，鐵的事實，無可置疑，絕不是危言聳聽。而第四種古訓是怕酒後亂性，貽誤事情傷身和花錢。以現在的社會，它的禍害，似乎言過其實，我不是酒徒，却認爲時代不同，社會也不同，飲酒已是人們的常態，只要有君子風度的啜飲，有節制，不過量，對身體健康和交際應酬，均有其益處，這是公認的事實。若豪飲無度，不單失去飲酒的品德，也會造成害人害己，如誤事尚屬小焉者，若酒後駕車，發生車禍，輕則受傷，重則車毀人亡，禍及他人，則非古訓的預言了。現在略述煙、賭、嫖之害。

煙　不是普通的香煙，是鴉片煙或嗎啡等毒品。民國二十四年黃埔建港時，我在那裡工作了幾個月，每晚和幾個工作同事飲茶，偶爾和他們到鴉片煙館抽鴉片煙。煙有提神的功效，他們因日間的工作很辛勞，間中吸食，藉以消除疲勞。我跟著他們走進煙館，坐在床邊，那股濃郁的香味，吞雲吐霧，悠閑自在的情形，很吸引人，但我從未吸過。因爲我想到家鄉的人，凡沾染了煙癮，就弄得貧窮不堪，形神消瘦。因此，只看著、聞著。以前一些有錢人，怕兒孫賭博、嫖妓、惹事生非，引致傾家蕩產，爲羈絆兒孫的身心，不惜以「飲鴆止渴」的方法，使兒孫吸食鴉片煙。一榻横陳，一燈一槍（煙槍）呑雲吐霧，不知白天夜晚，外間天地，消磨一生的歲月，大好的前途事業，喪失雄心壯志，失落生命的眞義，多麼可憐！多麼悲哀！林則徐說：「煙不禁絕，十年之後，不但無可用之財，且無可用之兵。」語重心長，見解獨到。記得故鄉有兩首詩勸人戒煙：

一、一枝竹管握胸前，二位敲吹共盞燈，
三月青苗先抵押，四鄰鄙視賣良田；
五更雞唱晨昏倒，六脈神衰百病纏，
七竅穢行形似鬼，八方無助只悽然。

二、勸君切勿食洋煙，一食洋煙累百年，
日月半從燈下過，功夫因爲癮來捐：
銷精灼髓形先瘦，蕩產傾家病久延，
莫到兒孫皆學樣，好將戒絶贖前愆。

賭　很多人爲它而傾家蕩產，身敗名裂，我有空時，有閑錢，偶爾和熟知親友或生意往來應酬，打打小麻將牌連絡感情以外，其他如：番攤，天九、三公、梭哈，從不敢接近。蓋自已明白自己非具「上智」，有定力、有定性，而是心浮氣燥，容易衝動的人，身處其中，難以自我把持，稍一不愼，不良的後果難免發生。鄉中有「賭博好不好，問過吳三寶，自造萬勝街，經手賣到了」。這是說吳某因賭番攤，偶然中了三次巨額孤番（一賠三），成了富翁，在興寧縣城做了整條街，命名「萬勝街」。然而心猶未足，不肯洗手，繼續沉迷，卒至傾家蕩產。這予我啓示，警惕！永遠牢記在心，終生難忘。

嫖　較之煙賭，戕害身心，也許略輕，若非逢場作戲，而沉迷其中，消耗金錢，戕害身心，破壞家庭幸福，影響個人的名譽，其禍害也很深。三十六年，我爲營單位的軍需，主管財務，部隊住在青島外圍，我留駐青島，負責後方的一切事務。全營校尉軍官七十二人，每天總有幾個人，輪休到青島市度假；下午六點前後有火車到達青島，準定來找我去吃晚飯、洗澡，然後去平康里。青島的平康里，上海叫長三堂，徐州叫金谷里，是妓女戶集中的地方。青島有平康一至十里，每里有一兩百戶和三四百戶不等，每戶三—十位年輕漂亮的姑娘，設備幽雅堂皇，毫無俗氣，身處其中，而不被迷者幾稀？尙有鎭海樓，建在約五萬平方呎土地上，成口字形，中間是空地，第一層爲商場，第二—五層，全是妓女戶。一樓比一樓設備好，姑娘年輕貌美，五樓爲最，均係選自各樓最優秀的充任。設備豪華，不亞觀光飯店，而價格連姑娘的夜度資，不會比酒店的房價高，多便宜的事。因此多捨酒店而就妓館。從二樓繞圈而上，可以看到環肥燕瘦，綺麗妍媚的姑娘，眞如劉佬佬入大觀園，讚嘆不已。我那時才二十七歲，年輕，衣飾較前方歸來的同事整潔，又經管全營官兵的薪餉、經費。他們要錢，就向我預借薪俸，且有人利用人性的弱點，當著姑娘的面開口，無形拱托我有錢。

姑娘那個不愛錢?年輕、整潔、有錢，構成她們追逐的目標，投懷送抱，不知凡幾?人是血肉之軀，我正少年，豈無探勝尋幽，逢場作戲之心?但警惕自己管理金錢，工作的責任重大，癡迷其中，其害實深。因此，落花有意，流水無情，每晚在調笑、喝茶、吃糖、吃瓜子，所謂「打茶圍」之後，回返宿舍。如此的生活，有八個月之久，未被迷戀陷身。也許我從小所受道德的薰陶，不重視玩樂。我生長舊社會農村，意識中總認爲:秦樓楚館，花街柳巷，爲低賤的地方。有戒色詩一首，足爲好色者戒。

二八佳人體似酥，腰間仗劍斬凡夫，
雖然不見人頭落，暗裡教君骨髓枯。

載於世界論壇副刊

漫談佛教、耶穌與儒家

整個世界的教派很多，難以詳述。現在只談我自己比較知道而仍嫌膚淺的：佛教、耶穌、儒家。

我祖母和父母親，都是虔誠信奉佛教—釋迦牟尼、觀世音菩薩。常到寺廟去膜拜，企求神靈保佑家人平安。蘭嬌胞妹一家，卻信奉基督教—耶穌。我初到台灣，失掉職位，生活困頓，心情落寞的時候，偶爾也到寺廟，教堂聽經聆道，在莊嚴肅穆清靜氣氛的環境裡，心中有一種安詳寧靜的感覺。

對宗教，我沒有成見，無可諱言，佛、聖經均能啓迪人性，我認爲心性靈泉是精神的依寄，心中有佛就有佛，心中有上帝就有上帝，心靈重於形式。佛家偈語：「菩提本無樹，明鏡亦非台。」就是這個意思。

佛教　創始者爲印度加比盧王太子釋迦牟尼，教義以超凡入淨普渡衆生爲主，信徒均出家剃髮爲僧，也有在家的，叫帶髮修行。東漢明帝時，始由西域傳入中國，唐貞觀時最爲盛行。以戒殺生，積德行善，輪迴果報，勸人誦經禮佛，潛修來世。標示：「善行帶來善福，惡行帶來災禍」「善惡到頭終有報，只爭來早與來遲」。所以城隍廟的門聯：

爲善必昌。爲善不昌，祖宗必有餘殃，殃盡自然昌；

爲惡必滅。爲惡不滅，祖宗必有餘德，德盡自然滅。

是說明自己作惡，會禍延子孫後代，因果相循的道理，來警惕世人。到寺廟燒香膜拜者，有兩種人：一爲滿足自己的物慾，家人平安，身體健康，事業順利，財源廣進等等。次爲經不起人生道路的坎坷，艱困生活的磨練，事業愛情的失意，體認命運不好，前途沒有希望，乃遁跡空門，遠離塵囂世界，長齋禮佛，冀求來世的美好。佛經：以因果善惡，修行，爲道德的規範，警世勸善的道理，是人們日常奉行的至高道德準則。只是它是人們心目中至高的神，見不到，摸不著，仰之彌高的神。人們不面對現實，努力奮發去追求和創造，妄求神靈的保佑，賜福降澤，實在是幻想。至於長齋禮佛，冀求來生，應是現社會悲觀失敗的人，逃避爲人應盡的天職者。

基督教 是世界三大的教派之一，猶太人耶穌所創，教會分新舊兩派，舊派爲天主教，新派爲耶穌教。現在是西方最大教派，近世紀才傳入亞洲，立救世救人的宏旨。常說：信主就得救，獲永生。人們做了壞事，犯了罪，只要向主禱告讖悔，就獲得赦免，永生。十誡告訴人們，什麼可以做，什麼不可以做，可說是上帝禁令。其中有什一捐規定，就是教衆獲得的金錢，要奉獻什一給主。這與寺廟捐獻香油錢，可說一樣的道理—因爲僧尼、神父也要吃飯。教規十誡，陳義高深，與現世人們行爲，有很大的差異。人們犯了罪惡，向天主讖悔，請求赦免，就能赦免得救。犯者會誤認自己得到上帝的赦免已經無罪，其實仍必須受國家的法律公評審判。什一捐，既要向政府納稅，又要向天主按規奉獻，負擔必然加重。然其救世救人的宏旨，及教堂中寧靜、安祥、莊嚴、肅穆的氣氛，有改善人們暴戾不良習性的效果。

儒家　以「禮義廉恥、忠孝仁愛信義和平」稱：四維八德。人們可以從日常生活中去實踐，從讀書中去體認。自堯、舜、禹、湯、文、武、周公、孔、孟，都是此一道統的執行者，實踐者。其立德、立言、立功永垂萬世而不會湮滅。自唐初以後，讀書人便以孔子爲儒家宗主，以四維八德標示人們，爲做人、做事的準則，也證實這一準則：歷古以來，四維張，國乃強，四維不張，國乃滅亡，可知它對國家社會的重要。它是人們做人做事，治國安邦的要素，實行的準則，不誇張、不虛幻，可以看得見，摸得到的實體；它的哲理，既博大精深又淺顯易懂，放乎四海而皆準，萬世道統不澆漓。

大學、中庸、論語、孟子四部書，是儒家提供人們立身行事，待人接物的準則，可以陶冶心情，俾益個人和家國。親炙明訓、知仁明理，守禮尙義。自古以來，能施行儒家所揭示的道理，必能收倫理道德的秩序之功，表彰忠孝節義的精神，人與人之間和諧幸福的快樂。

嚴格說來，儒家所昭示，只是文化教育，個人立身處世的法則，和佛教基督完全不同。它不用膜拜、禱告、買供品、獻什一捐。釋迦牟尼是教主，耶穌是救主。它們宗教意義超過文化意義，出世的啓示，多於入世。而儒家正視人生，開啓文化。雖哲理博大精深，難窺堂奧。但從書本中和生活體驗可以獲得。四維八德是連貫的，也可以用一個字一個字來解釋。現在以我自己膚淺的認知，對四維八德作淺簡的分析。

禮 是規規矩矩的態度，治事之本。合乎義理的禮，合乎廉恥的理，眞正能做到禮，一定講道理，一定有廉恥，也就能做到：孝悌忠信，實踐禮義廉恥，做到：忠孝仁愛信義和平。所以能夠重禮，必定能夠尙義，能夠尙義必能明廉，能明廉必能知恥，所以禮是治事做人的基本要素。

義 是正正當當的行爲，立業接物的根本。義者宜也，行而宜之謂義，捨己爲他，獻身奉公，互助行爲謂之義。義勇、義俠、義務，是行爲的表現。捨己利他，利他的心是由仁而發生，所以仁和義是一體，存乎心謂之仁，施於事謂之義。

廉 就是智，有智識就能辨別公私是非，愼於取捨。有智的人，一定能夠廉。眞正具有大智大慧的人，一定能夠將是非和善惡、公私義利的界限分得清清楚楚，榮辱得失看得明明白白，才能做到公正廉明、臨財不苟，得失取予，都能夠合乎至理，就能夠做到廉。

恥 就是勇。知恥近乎勇，有羞恥感的人，會有恥不若人的覺悟，然後產生刻苦奮鬥的勇氣，犧牲的決心，有所爲，有所不爲，激發天良，循其純善的良知、良能、奮鬥不已。勇敢邁進，不作違背良心道德和喪盡天良的事。

在上面幾段論述中，曾談到智仁勇三個字，這三個字是世界童子軍的標的，它的意思是三達德。簡單說：喜愛研究學問，就接近「智」，能努力行善就接近「仁」，知道什麼是羞恥，就接近「勇」。知道這三樣就可以身修，用於陶冶少年學子，也是是最好的方法。

忠 盡己之謂忠就是忠於國家，忠於社會，忠於事。能盡忠，必俱有犧牲的決心和勇氣，有勇氣才能產生無畏無懼的精神，才能見義勇爲，忠和勇是相連的。

孝 爲事親之本。父母生我育我，以至於成立。父母之恩，昊天罔極？永遠報答不完，所以對父母一定要孝順，對父母不孝順，對人不會有愛，對國家不會有忠。孝悌爲仁之本，要行仁道於天下，必先行孝悌以事父母兄長。「不得乎親，不可以爲人，不順乎親，不得以爲子」。這就是孝順事親的道理，而且要有必誠必敬的行爲。近世紀以來，工業社會興盛，兒子與父母分隔居住，已成爲近代生活的必然趨勢，往昔晨昏定省的孝心，早已不復存在，身爲兒子者，認爲對父母的生活所需、供養無缺，就盡了孝道，其實大謬不然。孝者能養，還要誠敬。如果能養而無誠敬的心，「養豬、養狗也是養，」那就有違孝順父母的道理了。

仁愛 待人接物，應有博愛的精神。仁就是愛，眞心關懷別人，以自己的心比別人的心，就是仁民愛物、民胞物與的基本道理。仁者有其所愛及其所不愛，都是待人接物的道理。

信義 是誠的表面，成功立業之本。所謂本立則道生，不是投機取巧可以成功的，一定要以誠信道義做基礎。信義昭著的時候，就能表現俯仰無愧，方能取信於他人，然後才能得到人家的幫助。民無信不立，可知誠信的重要。惟有誠信，才能集義養氣，能夠集義養氣，必能誠實守信。信義既彰現，人格則卓立，事業的基礎，才獲得確立。

和平　是處世的根本，人們進化與福利，在於「人人爲我，我爲人人」，互助合作的現在社會，必須要和平相處，發揮互助合作的德性，才能收到效果。對他人能如兄弟姐妹般相親相愛，不要有爭鬥妒忌，互相打擊和摧殘的行爲。要謙遜禮讓，克己利人，立己立人，和平以處衆，寬恕以待人，才能達到和氣致祥的境界。

四維八德的眞義，本是深奧的哲理，限於篇幅，難以詳述。現以日常生活來補充說明。孩童早上起來，看到人說早安。走在路上碰到認識的人，招手點頭，都是禮的基本精神。任何人做錯事，說錯話，衣履不整等等，一經發覺，自然而然會臉紅，這就是知恥。沒有讀過書的農夫俗子，知道孝順父母，愛他的家人，不做作，不矯情，完全是與生俱來的自然表現。四維八德，每一個字的含義，人們在日常生活中可以做到，體驗到，從人性本能中自然反應出來。讀書人更能深知其爲救國救民，治國安邦的大道理。范仲淹在考中秀才時，就深知儒家的要旨，立「先天下之憂而憂，後天下之樂而樂」的宏志，身體力行，終生不渝，卒能做到立德、立言、立功的三不朽，垂名千古。所以禮義廉恥、忠孝仁愛信義和平，每個字可以單獨，也可以連貫去做。從禮開始，點點滴滴堆積起來，不知不覺中在實行，行之有恆，就能廉潔，奉公守法、不循私舞弊，做事就能光明磊落，剛毅不屈，對世間名利權勢，也會以達觀心境泰然處之。心中已有定見，自然不會受外物的引誘，情勢的左右，清楚認識人生首要的目標，依照人性本善的要求，走上禮信仁義的道途，圓滿實現道德的理想。

載於世界論壇副刊

財神爺過門不入

吾兒大昌於四十八年新曆四月一日誕生，因胎兒碩大，剖腹生產，費用龐大，由老闆墊借一、五〇〇元，正巧是我一個月的薪金。按例每月初一十六，兩次發放薪金，老闆全部扣除，一文不發。其時我妻手術刀口仍在發炎，嬰兒又感染皮膚病，每天要治療及生活費用，薪金中斷，難以維持，乃面告老闆自己目前的情形。其妻說：「你朋友多，不要緊。」天啊！我是他的職員，有困難，他不支持，要我的朋友來幫忙，這是那裡來的道理？老闆接著問我對今後的工作有什麼計畫？我毫不考慮說：「有」，現在就向你辭職。我有滿腔難言的不滿和憤怒，三年多來努力工作，解決許許多多的困難，賺進、挽回將失去而未失去難以計數的鈔票。這是我工作上應盡的義務，沒有特別照顧，沒有話說：但現在我有了困難，竟落得要朋友來幫忙。這樣毫無情義的老闆，正是「吃魚翻身的故事」，自私自利，罔顧道義的一個板本嗎？他聽我說現在就辭職，態度馬上轉變，亟口要我救救他，千萬不要辭職，其他好商量。我吃了秤錘鐵了心，毫不客氣地說：我救得了你，救不了自己，第二天，我不再上班。但他堅持不放行，一直拖到七月底；才以不許我帶走以前一個客戶爲條件放行。

他這樣對我沒有一點情義，除生性尖酸刻薄以外，可能有兩個因素。一、我婚後一年多，對工作比沒有結婚時那樣專注投入，任何一個人，自然有此現象，他以此來衡量我工作情況，或許心裡已有不滿。二、劉君利用挽留我之功，曾要他在財務上支持－標會和擔保。當時老闆曾問我的意見。我說：你是我的老闆，他是我的朋友，你認識他在先，認識我在後，你們的事，不要問我。這事我進廣隆時，就害怕會發生，所以堅決表明自己的立場。最後老闆吃了很大的虧，雖不能怨我、怪我，但此事因我而起，內心一定很不高興。

離開廣隆後，一時無法獲得適當的工作，只好仍做印刷生意。但自己沒有資金設立工廠，只好做掮客賺取蠅頭微利，來維持家人的生活。爲遵守誠信，不和以往固定的客戶來往，謀生的道路，大大受到影響，只好走以往不固定的機關學校。由於自己的人面廣，生性又誠樸，忠厚信實，大多知道我的處境後，將以往不確定的生意，設法轉爲固定。自己選定生意較少的工廠合作，他賺工資，我賺利潤，生意很多，異常忙碌，經常晚上九點以後才回家吃晚飯。工作雖然辛苦，但內心很愉快，孩子逐漸長大，討人歡喜，生意每月有存餘，五十年除夕結存，已有二十多萬元，（其價值在治事循法做人難文中談及，）我和珍都充滿着希望和快樂。

五十一年春，獲悉故宮博物院將蓋在士林區外雙溪，乃以十多萬元買進五三〇坪空地，每坪地價二五〇元，付了五千元訂金，滿心歡喜回家。然而我妻珍相信命理，說北方不利，那地段以我現住地正屬北方，因此放棄。積蓄曝光，被五個做生意的朋友分別借用，他們彼此原來不相識，因我之故竟成為熱絡的好友，經濟上也互通有無，兩年後，其中一人的生意倒閉，受到連鎖反應，全被倒光，尚賠償背書支票三萬多元。不幸在這時間，生意每況愈下，因各機關學校為保密很多自設工廠，眞是福無雙至，壞運疊來。

五十五年故宮博物院，開始興建，鄰近的地價暴漲，每坪一萬兩千多元，相距之大，難以令人置信。現在該地公價每坪有二十萬元者，民間買賣已倍數。土地沒有買，錢被倒掉了。在短短的時間中，發生巨大的變化，且影響以後投資的方向。如果土地買成，錢就不會被倒掉，投資必然沿着此途徑進行，則今日的財富，必然很可觀，何至貧窮潦倒，終其一生。古人常說：好運氣、好機會一生難遇；我遇到了，卻讓財神爺過門不入，輕輕溜走。人們常說：「小富由儉，大富由命」，難道這是命不該富？人算不如天算？時耶！命耶！夫復何言！

珍常希望能夠積蓄多一點錢，在大馬路買一間店面。現在希望已落空，上蒼已厚待我們，給予機會，自己不會把握，還能說什麼？我自始至今沒有怨天，沒有尤人，反而常和妻開窮玩笑說：幸好財神爺過門不入，否則財富多了，天天忙碌，天天應酬，酒家和舞廳，享齊人之福，那能像現在安安靜靜天天守著妳，看著妳，過著窮措大的和諧、安祥、幸福、愉快的家庭生活！這才是上蒼特別賜給我的至寶、至福。每言及此，必相互以歡欣微笑而自侃。

載於世界論壇副刊

創業維艱

——追憶當年各鄉賢創立同鄉會之種種

我服務同鄉會整整經歷了二十個年頭，老一輩同鄉長者，已逐漸凋零，爲了做一點點傳承的工作，現在我將同鄉會成立以及人事的大致情形，公諸文字，留給旅居台灣的同鄉後人，一絲絲痕跡。

台北市五華同鄉會，創立於民國四十三年，其時旅台同鄉多爲軍人，軍人是不准參加任何民間社團的組織。工商界尚無一人，在政、學、黨服務參加者亦不多。因此，當時同鄉會的會員，寥寥無幾。成立後，推舉張輔邦先生爲理事長，李大超先生爲常務監事，陳槃、繆任仁、繆任樑、古煥謨、張民權、張宗良、李興民、劉芳遠、鍾裕廷、鍾正君、藍育輝等爲理、監事，其他因年代久遠不復記憶，亦無文件可資查考。當時台灣的經濟，尚在克難時期，同鄉會雖設立，既無會所，亦無經費，每年集會一次，並沒有會務可談。實際是數十位較年長的同鄉聚在一起，喝茶、聊天，大家見見面，連絡感情而已。所需的費用，全由張理事長獨自負擔。此情形持續到他於六十一年六月二十四日逝世。

張輔邦先生 是一個至情至性的孝子，奉母而居，每餐必奉母先餐而後自己才吃，晨昏定省，朝夕問安，出門稟報，回家先探望，深得孝養必具誠敬之心的道理。謙恭坦率，待人誠懇，濟人急難，推衣衣人、推食食人的仁懷義行的君子、長者。家中客常滿，位居將軍，三綰縣符，不論貧賤富貴，見面必定招呼問好，客人要走，必親自送至庭院門口。境外歸來的親友，迎迓接風。有困難者，必盡心盡力設法解決，絕不會虛假敷衍。晚年經營蘆筍、洋菇罐頭工廠，投入巨資，受地方勢力的控制，不能外銷，以致宣告破產。經濟困難至極時，仍秉急人之急，一次看見不認識的退伍老兵，攜成本僅十元之鉛筆，以五十元兜售，實際是打秋風。先生身上僅有百元鈔一張，毫不猶豫交給老兵說：「我現在是窮光蛋，你我各五十元，鉛筆還給你，找給我五十元，做爲吃中飯和回家車費」。這種慷慨坦然，仁義心胸，是平日的素行，非偶然表現。

魏崇良先生 畢業於黃埔軍校六期及中央航空學校一期，國防大學二期，國防研究院四期，留學英國，文韜武略，學淵術精。歷任空軍聯隊長、署長、供應司令，參謀大學校長，訓練司令、總政戰部中將主任，國防部副參謀總長。五十六年，以上將退休，轉任退除役官兵輔導委員會副主任委員。於六十一年當選本會第二屆理事長，其時退役軍人漸多，工商界也逐漸有人。魏老接任後，揭示三大目標：一、建會所，二、築墓園，三、設獎學金。以當時情形，要達成目標，非常困難，然謀事在人，在其積極策劃下，不數年竟先後完成，且爲整個大陸各縣，在台灣設有同鄉會，最具規模者。茲就三事分述如下：

會所籌購　魏理事長接任伊始，看中和平東路三段六十四之二號正在建築中的樓房，以四十萬元新台幣，訂購二樓爲會所。此項資金，以當時旅台同鄉的經濟能力，恐難以募足。而香港工商業已蓬勃發展，經濟繁榮。旅港同鄉的事業、經濟，均甚良好，如獲支持，募款應無問題。當時我尚非理、監事或職員，不意魏老打來電話，邀我同往新定購的會址參觀。然後單獨與我詳談，擬向香港募捐伍拾萬元。我私下忖度，晉祥兄與沐先姪在香港事業有成，人緣極佳，且素重鄉情，熱心公益，想必樂於支持，爲香港方面最佳的發起人選；繼又忖及，單有會所，而沒有經常費用，也難以推展會務，不如募集目標提高爲一百萬元。當即向魏老表白，獲欣然接納，並囑速向晉祥兄先行溝通，亦獲得慷慨允諾。且自費宴請同鄉，即席捐得港幣壹拾肆萬餘元，折合台幣近壹佰壹拾萬元。魏老與各同鄉得到消息，大喜過望。受此鼓舞，開會決議擴大計劃，買下整棟四層，命名「五華大樓」，以二樓爲會所，其餘出租，租金所得作爲經常費用。總價款一百六十萬元，與會人員即席捐得二十多萬元，不足之數，由魏老與各常務理事，親赴台灣各地向旅台同鄉募足。

五華墓園籌設　位於台北縣觀音山麓的山坡地，面向淡水河，格局完美，總面積六千多平方公尺，價款兩佰餘萬元，簽約付了定金後，餘款無法籌足。爲解燃眉之急，不得已將「五華大樓」向銀行抵押借款。適逢晉祥兄來台度假，知道這一消息，返回香港後和沐先侄，旅港同鄉，再次協商募捐，才獲得解決。墓園於六十九年規劃完成。園內另建一間各姓祖祠（忠烈祠），供放各姓祖宗和忠烈神位。正堂第一排右方第二位，供有我吳姓列祖列宗的牌位，左側供有我祖父杞漢公的神位。祠宇建築費，大部份由李振魂先生捐獻。

獎學基金籌設　除了旅台同鄉熱烈捐獻外，獲晉祥兄和沐先姪暨旅港同鄉的支持，已有良好的基礎。每年獎勵大專院校暨高中、高職、高工、品學優良的同鄉子弟；後李振魂先生以其個人名義設立兩佰萬元基金，獎勵大專院校品學兼優的學生。

同鄉會現有資產，銀行存款孳息一千餘萬元，五華大樓改建爲十二層商業大樓，價值無法估算，總在兩參億元以上。五華墓園，無法估計，以各地墓園時價，每平方公尺二—三萬元，則總值已超過億元。這是魏老領導台、港同鄉熱心公益的成果，造福同鄉。總計向旅港同鄉募捐四次，兩次晉祥兄直接主持，一次古煥謨、李興民兩先生，最後一次魏老親自前往勸募。就捐款過程而言，晉祥兄捐款最多，貢獻心力也多；因此公議：魏老領導成績輝煌，晉祥兄捐款多而熱心，李振魂先生捐獻建宗祠經費暨設獎學基金，均塑像紀念。

台北市五華同鄉會，依社團組織法，凡籍設台北市者爲會員，各縣市者爲贊助會員（會員和贊助會員，有所區分，頗不合理，惟礙於政府規定，不得不如此），設理、監事會，由會員大會票選：理事十五人，候補五人，監事五人，候補一人；再由全體理事票選五人爲常務理事，再在五人中選出一人爲理事長。監事五人推舉一人爲常務監事，任期均爲三年。然而，第一屆因會員少，沒有會所、經費，長達十八年沒有改選。第二屆於六十一年選出，第三屆應於六十四年改選，第四屆應於六十七年改選。均因籌建會所，墓園及募捐獎學金等工作，尙未完成，沒有依期改選。直至六十六、七十一年因理監事多人逝世，始分別改選。改選結果，仍由魏老連任，繼續領導。未料第四屆改選不久，魏老不幸於是年九月八日謝世，享壽八十。由理事會推舉常務理事古煥謨先生繼任。第五、六屆，於七十四、七十七年冬改選，均由李本坤先生當選理事長，應於八十年年底任滿，不幸於十一月四日病逝，距任滿不到兩個月。第七屆改選，由張賀源先生，當選理事長。先生正值盛年，希望在他領導下，再創新猷。（按：第八屆仍由張賀年繼任。第九屆由鍾志成中將出任）

古煥謨先生繼任第四屆理事長，我曾建議：建立資料檔案，會計制度，補以前因創業繁忙，未能實施之不足。籌建五華大樓時，曾有以捐款最多前四名，以大樓各層命名爲「某某廳」，以感謝捐款最多者。前四名分別是：吳晉祥、吳沐先、鍾泉、李肇輝四位先生。但晉祥兄認爲自己所捐雖稍多，仍不足買一層之數，不能掠他人之美，表示不宜接受，其他三人亦同樣表示而作罷。籌建各姓祖祠，沿用此規定，建成以後，李振魂先生捐款最多，即以「振魂廳」刻扁懸掛正廳，後又自動取下，待開光入火安放好各姓祖牌後，又想將其父名刻扁懸掛。開會討論時，我認爲祖祠不是樓宇，祖宗的牌位，絕不能放在他人的廳中，全體理、監事認爲是正論，改在廳側泐石紀念。

古煥謨先生歷任縣長、少將督察專員中央黨部總幹事，爲人正直剛毅，學識淵博，處事有方，身體健康，第五屆選舉，仍高票當選爲常務理事第一位。後因近年李振魂先生崛起香港，建築祖祠捐款較多，又在同鄉會設立獎學基金，挾其雄厚資金，聲言支持甫由保警第二總隊長退休的李本坤先生爲理事長（理事第九位），社團離不開財團，古先生爲顧全大局，欣然退讓。古先生已於一九九七年一月二日逝世。

李本坤先生 連任五、六兩屆理事長，是守成之局，任內亦曾募捐經常費基金壹百萬元孳息，卻未經理、監事會議討論，自行規定理事長每月支五千元爲車馬費，開以往義務的慣例。又主持會議將李振魂獎學基金兩百萬元，交還李振魂本人投資，違反章程「不得做私人貸款或轉投資」的規定，以致該款沒有歸還，頗受大衆批評。所幸在第六屆第二年，將實行多年新春團拜摸彩後即散會，改爲免費聚餐，使新年的氣氛，熱烈濃郁；淸明節五華墓園拜祖後，收費聚餐改爲免費。這是家鄉上燈、掃墓的良好風氣，同鄉會的經費能夠負擔，錢來自同鄉用於同鄉，大家認爲非常有意義。

陳槃先生 畢業於中山大學文學系，五十一年膺選爲中央研究院院士，歷任國立台灣大學文學系兼任教授，論著：「春秋大事表，列國爵姓及存滅表譔異」等不朽巨著，是我華邑著名文學、歷史家。中央研究院院士，是文學、史學、科學等學者，夢寐追求的最高榮譽。五十七年先生領導設立「文獻委員會」，被推爲主任委員，最後受旅台同鄉愛戴，舉爲「五華同鄉會會長」，數十年來，對會務、文獻，督導推行，成績斐然。於一九九九年六月七日逝世，享壽九十六歲。

繆任仁先生 歷任大陸及瓊州十縣市首長，自同鄉會成立，即任理事，三十年來，開會必到，事必躬親，公正嚴明。七十二年我因事去香港，理、監事聯席開會時通過：「凡捐款在三百萬元以上者，塑像紀念」。後一次會議有人提議：「李振魂先生捐款，已超三百萬元，依規定應鑄像紀念」。我即席表示：規定應在事前訂立，如一百萬、五百萬、一千萬以上，不能因某人捐款之數而設定。李先生含獎學基金，比吳晉祥先生為多，自是事實，但基金則少，這是因人而設，不合理「規定」。先生立即發言：「對同鄉會而言，魏理事長以外，吳晉祥先生的功勞最大，草創之初，沒有他的熱心支持，慷慨捐獻，就沒有今天的局面，以價值言，李先生現在再捐三百萬元也抵不上，所以鑄像紀念吳先生才應該。」先生德高望重，一言九鼎，乃修改規定為一百萬元以上。先生在理事任內後期，已年老體衰，行動困難。但開會暨上山祭祀，雖然需要有人扶持，亦必參加，對會務非常關心，每次見面都對我說：「你晉祥兄，沐先侄對同鄉會的貢獻很大，你要多費心看顧。」經常打電話給我，諄諄叮嚀，注意同鄉會會務，一談就是半小時以上，直到他於七十四年十一月九日，高壽八十八逝世前，仍是如此。眞是關懷同鄉會事務和同鄉福利，至死不渝。

鍾裕廷先生 服務醫療機構主任數十年，歷任監事，對會務貢獻良多，退休後，每天到同鄉會義務工作，不論內外，甚而廚廁清潔，廳堂打掃，桌椅抹拭，郵件投遞等雜務，均樂意為之。其服務的熱誠，足為後人楷模。同鄉會刻銅牌表彰。於七十三年十一月二十九日逝世，享壽七十三歲。

周伯乃先生 是同鄉在台灣的菁英俊彥。為人熱情豪爽，處事精幹、學識廣博，著作豐富，是中青代佼佼者。五華文獻會成立，年未三十，即為五華耆宿中央研究院院士陳槃先生羅致為委員，負責編審五華文獻資料。會內現有文獻典籍，珍藏豐富，先生之功匪淺，青史留名，萬年不朽。理事會自第二屆起膺任理事、常務理事，迄今極富衆望。自文獻會成立三十餘年暨至今爲同鄉服務，從未間斷，對會務的推行，不遺餘力，深獲大家讚賞。先生雖正値盛年，但已是目今爲同鄉服務時間最久的一位元老，瞻望未來實是泰山北斗人物，祝福他健康長壽。

吳晉祥先生　自五十五年第一次來台，適逢張輔邦先生經營工廠最困難的時候，常伸援手。六十年工廠瀕臨破產邊緣，曾商借數十萬元周轉。乃和張夫人王慧琴女士深談說：「錢我可以借，但必須先知道我的錢，能否挽救危機，徹底改善；如果不能挽救，就不要拖我下水，希望夫人一言決定」。張夫人毫不考慮說：「不能」。彼此都誠懇坦白。同鄉會向香港募捐四次，每次魏老均要我先行向晉祥兄商議，每次也慷慨答允，圓滿達成。一次古煥謨和李興民兩先生，聯袂前往勸募，卻發生小波折，緣古先生爲人正直剛烈，在勸募時，有人說了目前經濟困難和已不止一次募捐的話。先生剛正的說：「是同鄉會的事，就是大家的事，不是我個人的事，捐不捐不要勉強」，以致不歡而散。消息傳來，魏老立即要我電請晉祥兄化解，得以圓滿解決。魏老曾親自去香港募捐，行前我在電話中對晉祥兄說：「魏老是我五華第一位上將，名望地位崇隆，不要由他說出「募捐」兩字，在致歡迎詞時，即希望大家自動捐獻。他說：「一定讓他滿意回去」；又說「此地已將『歡迎魏上將崇良先生蒞港』的紅布條也做好了」。我說：「香港是敏感地區，上將二字，最好不要用」。晉祥兄堅辭同鄉會要將五華大樓一層，命名「晉祥廳」泐石紀念，上面已說過。

至李振魂先生自己出錢鑄像放在同鄉會做紀念，有人希望他也自己出錢，要我轉達。他說：「我不單不能出錢鑄自己的像放在同鄉會來紀念，最好不要鑄像。」待同鄉會出錢鑄好像，他又不願同鄉會爲他花錢，只好另捐一筆錢補償，揭幕時，也不肯親自參加。我陪他參觀五華墓園，他看到「晉祥路」做得陡峭狹小，容易滑跌，隨即拿出拾萬元修建，現已成坦道。從以上點滴，可知晉祥兄是：誠信正直，義利分明，熱心慷慨，仁義爲懷，謙恭坦率的君子。

同鄉會現有的成就，除了上述的鄉賢熱心愛護貢獻了各自的心力，亦是台灣、香港全體同鄉心力凝聚所致。李大超、張民權、李興民等列列前輩，均是創業元老。而李興民先生有更多的犧牲奉獻精神實堪爲後人效法致敬。

我自六十一年起，參加同鄉會活動，第二屆理、監事會雖沒有參與，但已實際參加籌建會所、規劃墓園，募獎學基金等工作。第三屆爲候補理事，第四、五、六屆爲理事，第七屆改選，曾請求不再參選，而提名小組暨理、監事會，均不同意，摰誠挽留，繼續參選，結果以高票當選爲常務理事，深感鄉親的熱愛，仔肩加重。

回顧第三至第七屆，得同鄉厚愛，得以有連續服務的機會，爲答謝鄉親厚愛，每逢開會必到，派工作必做，熱心服務，是非分明，正直剛毅，凡不合情理的規定，侵害或有益同鄉會和同鄉福利的事，必直言力爭，毫不畏縮徇情，熱心誠懇，獲大家肯定。此皆：張輔邦、魏崇良、陳橥、繆任仁、鍾裕廷等諸前輩的行誼，周伯乃先生、晉祥兄以及許多鄉賢的高風亮節，給予我啓示和效法，有所遵循。時至今日，爲同鄉會服務已歷二十個年頭自己癡長已七十有四，應該讓出席位，由年青人去服務，因此退休。往事歷歷，先賢創業維艱，而我後人，應予發揚光大，俾爲同鄉創造更多的福澤，最少亦應守成不墜，以免辜負先輩的付託。爲此：時時縈懷，刻刻掛心，特草述同鄉會經過大畧，以誌後人。

載於五華同鄉會年刊

香港回歸感言

前言

西元一九九七年七月一日，是中華民族和世紀的偉大日子。它代表強權的沒落，正義的復興。是我國一百五十多年來的恥辱，得以洗淨。將在不平等條約壓迫下割讓的香港以及九龍半島回歸祖國。兩年後澳門亦回歸祖國，中華民族的版圖，逐漸完整無缺了。兩岸三地和海外同胞，無不熱烈歡迎失離的土地和六百五十萬的同胞，重歸祖國的欣慰。雖然目前海峽兩岸的政制不同，但不論在誰的手裡收回，都足以慶幸，最具意義的日子到來。

香港位於廣東省珠江口伶仃洋上的一個小島，於一八四二年因鴉片戰爭失敗被迫簽訂「江寧條約」割讓給英國。一八六〇年天津條約割讓九龍半島一部份，即尖沙咀界限街於南。一八九八年，租借深圳河為界的九龍半島全部，稱為新界。這次是香港連九龍半島全部一次收回。

東印度公司

回憶十八世紀，歐洲人既虎視眈眈，窺伺亞東地區，南洋群島，尤對我國的土地和財物，用盡一切卑劣的手段和方法，來達到侵略的目的。

十七世紀葡萄牙、荷蘭、英、法等國，藉海運發達成立船隊。並以艦隊護航，設東印度公司於印度，和印度洋各國通商。實則遂行經濟侵略的策略，逐漸達到以經濟爲手段侵吞土地的目的。

一八五八年英國滅了印度，荷蘭統治了印尼、葡、法也各自在印度洋或太平洋地區佔領了殖民地或勢力範圍，乃又向東方尋找通商口岸。中國地大物博，人口衆多，自然是他們理想的目標。當時印度盛產鴉片，乃以通商方式運銷中國，作爲治病的藥用，與政府約定「不得私售。」但因私售利潤甚厚，乃不顧道義，浮濫推銷。以致危害人體深重，和金錢糜費無窮，政府乃下令禁煙。

鴉片煙的禍害

鴉片煙是一種植物名叫罌粟，取其果實未成熟時割破果皮流出的汁液製煉而成，呈深黑色無味，美其名曰：「阿芙蓉膏。」現在的嗎啡、白粉、海洛因等毒品，均是從鴉片提煉濃縮而成的口服製品。

鴉片有麻醉止痛及其他一些疾病的療效。自唐、宋以來，已有用於醫療的紀錄。清朝中葉，英國自印度販運來我國銷售，與政府約定爲醫療之用，不得出售給民間。但鴉片有提神醒腦，消除疲勞和壯陽等效果，逐漸爲人民吸食，當時因係禁品，售價極高，利益豐厚。英人見利忘義，背信負約，勾結不肖之徒，暗中蠆售。初僅冀獲暴利爲目的，後則居心叵測，利用人民喜好，轉爲暗施毒化滅國政策。使我國人民逐漸損害健康及金錢流失而達到徹底控制。初時僅在海口地區，迅速擴展至內陸。

鴉片之爲害，吸食時確有提神醒腦等的功效，久而久之，必定銷精灼髓，終成爲痼疾。一旦成癮，就一日不可或缺，很難戒絕。每天當癮發時，四肢無力，一身軟麻癱瘓，涕淚呵欠連連，力氣頽散，委靡不振。縱然是靑壯少年，老翁小孩，輕易可以將他擊倒。癮者爲了恢復精神體力，非得繼續吸食不可；爲了獲得鴉片煙，不怕三更半夜，狂風暴雨，鬼窩墳地，會毫不畏懼，勇敢前往。身爲父母或妻子，爲了買鴉片煙而典賣殆盡，常以晚餐的米，拿去換煙，以解親人的痛苦，以致弄得民窮財盡，家散人亡。

吸食鴉片煙的方法，通常吸食者，橫躺在床上，床中央擺着一盞有罩的玻璃油燈，一具小竹管做的煙槍，竹管中段有煙斗，將熬製成膏的鴉片，用五寸長的鐵針挑出小許煙膏，放在油燈玻璃罩上，滾炙成像黃豆大的小粒，放在煙斗中間一個小孔上吸食，在外工作者將製成小粒帶在身上，癮發時用茶呑服每天煙癮定時發作，每次吸食多少，看各自煙癮大小和經濟能力。吸食後頓感舒暢，精神倍於平時，工作時亦得心應手。惟煙癮發作時，依舊是廢人一個。不少勞動階級，誤認一天吸煙費一元，精神煥發時可賺兩元。殊不知工作可以一天不做，煙則一天不能不吸。長久下來，終淪爲盜匪，如陷泥足不能自拔，人品變爲低落。

鴉片煙的禍害，多少人癡迷於一榻橫陳，呑雲吐霧，不知白天夜晚，外間天地，弄得家貧如洗，親人無法生活，消磨一生壯志和大好前途事業，喪失了雄心壯志，失落了生命的眞義，多麼可憐！多麼可悲！凡吸食鴉片的人，富者變窮，窮者更窮，甚而賣兒鬻女，慘不忍睹。禁煙名臣林則徐說：「煙不禁，國益窮，民益弱，數十年後，非獨無可籌之餉，且無可用之兵」。

林則徐字少穆，卒謚文忠，清朝道光年重臣，爲兩廣總督，忠貞幹練力主嚴禁鴉片，乃奉旨執行，查抄英屬東印度公司，將違法販賣的鴉片四萬箱，集中在珠江口虎門焚燒，引致與英國發生戰爭。

鴉片戰爭概況

英國爲保護不法商人而忽視我國法律，違禁販賣鴉片，成爲毒品之藪。及被充公焚毀，又不甘心損失，蠻橫無理，仗持船堅砲利，大興問罪之師。初則僅以軍艦兩艘，侵擾威脅廣東。迨守軍還擊，則退回大海，向英政府疏間救援。於一八四〇年五月封鎖珠江口，擬向廣東進攻。兩廣總督林則徐除在虎門橫檔嶼設鐵鍊、木筏暗樁，並募海濱梟徒蜓戶壯丁五千人，於黑夜乘風偷襲，燒毀英艦多艘，重賞殺敵有功軍民。英軍知道在廣東難有獲勝的機會，乃改擾定海。

英軍於六月卅日向舟山群島定海進攻。定海在錢塘江對面，屬舟山群島，是中國南北海上交通的要道。定海縣令和守將在毫無戒備下，結果鎮台張朝發戰死，英軍輕易進佔。初時對人民尚平靜，俟砲台築成後，有恃無恐，遂搶奪財物，姦淫蹂躪，以致民不聊生。

英軍既佔定海，欲在該地設通商根據地，像葡萄牙租借澳門。惟清廷以定海在海洋中途扼要重地，而予拒絕。

英軍遭拒絕後，乃西向錢塘江進攻乍浦。於攻陷後，只搶奪財物，搬運他去，另攻寧波未果。同年九月又攻入白河口，且將進迫北京。並向直隸總督提出六條件。大意償還鴉片貨款，開廣州、廈門、福州、定海、上海爲通商口岸，兩國交往用平等禮，賠償軍費，不得以密賣鴉片商累及無辜英商，盡裁洋行浮費等。清廷毫無良策可以應付，乃聽信中堂重臣琦善、伊里布所奏，以鴉片戰爭的失敗，歸罪於兩廣總督林則徐，爲平英人之怒，竟遭免職，而以中堂琦善替代。林則徐雄才大略，忠貞愛國，力禦外侮，爲英人所畏懼，必欲去之而後快，今果如所願。

琦善爲兩廣總督，盡改林則徐的防務，撤水師，解散壯丁，廢除一切守備，藉釋英人的猜嫌。英人與之相談，即允賠償煙價七百萬元。英人見琦善易欺，要求更多，除天津所提的條件以外，再提割讓香港的要求，琦善拒之。但英軍見廣東毫無守備，遂於同年十二月五日突襲虎門外的沙角、大角兩砲台。至是琦善乃同意賠償煙價外，還開放廣州，割讓香港。但不敢向朝廷呈奉，願與英人密商，浙江釋放英軍俘虜換回定海，歸還沙角、大角砲台。旋因琦善欺瞞朝廷，遭革職拿問，家產查抄入官，和英人的協議，自然作罷。

英軍受騙之後，乘琦善遭拿問而攻下砲台，引致宣宗憤怒，下令「煙價一毫不給，土地一寸不給。」爲申張國威，痛殲醜虜，曾有「御駕親征」之議。廷臣力諫，改派皇弟綿瑾爲統帥，靖逆將軍皇姪奕山爲先鋒，率領京畿精銳五萬人及湖南兵一萬共計六萬人，向廣東出發，立意進剿，不存絲毫轉圜餘地。當英軍知道此一消息，瞭解到和琦善的密約，必定遭到否決，乃先發制人，於道光二十一年二月初五進犯虎門。雖提督關天培擊沉英艦一艘，但英船連續進迫，衆寡懸殊，不敵潰敗，關天培自刎。各關隘所有大砲三百餘門及林則徐新購的洋砲二百餘門，皆爲英人所奪。英人遂乘潮漲風順，長驅直入，進迫廣州。兵臨城下，參贊楊芳又復乞和。英人恐蹈以前覆轍，不加理會更加進迫，及城將陷，皇侄靖逆將軍奕山，參將楊芳大驚，決計主和，俯首謝罪，乃訂城下的休戰條約。

然而盟約雖然訂了，須等待皇帝御批，才能確定。英軍在等待時間，四出掠奪財物，奸淫婦女。省內人民，本來憤怨清廷將帥無能，官兵怯懦，今又遭肆虐，偵知英軍將侵擾佛山，取道泥城，經蕭關三元里，乃號召各鄉鎮兵勇，揭竿而起者一〇三鄉，集衆數萬，四面截擊，英軍被困，竟日不得出重圍，死者兩百餘人，並殺其將帥伯麥月霞畢，獲其兵符黃金劍、雙頭手槍。英軍元帥義律急速馳援，復遭重重包圍。義律乃遣人突出重圍，向省垣告急。奕山恐敗和議，馳往解圍。總計各鄉擊殺英兵數百，擄獲大砲槍械甚多，且在虎門燒毀英艦，趕出虎門。

英人知道粵省人民富愛鄉愛國，驍勇善戰驃悍的精神，從此不敢有再犯粵境的意圖。清廷聞知亦譴責將帥無能，兵多將廣，反不如鄉民的勇毅。三元里殺敵成果，登載史籍，永耀鄉邦。

英軍遭此挫折，一時不敢再犯粵境，決定如流寇式再擾沿海，並以北京為目標。乃於一八四一年八月二十五日，集合大小軍艦數十艘，沿海北上至廈門，經激戰後被攻陷，金銀穀物，被掠奪一空。在四出掠奪時，陳姓鄉民義憤塡膺，以五百之衆，抗拒英兵五千，殺死英兵百餘，傷千餘，使英兵抱頭鼠竄，狼狽不堪。鄉民勇毅驃悍的精神，可與廣東三元里抗敵的英勇史跡，永耀史冊。

英軍離開廈門北上，再陷定海、寧波，所到之處，勢如破竹，雖守軍努力抵抗，亦難抗拒快速火輪和砲火利害。至此浙東門戶大開，任由英軍自由航行，人心惶惶，已到極點。朝廷除了飭江浙督撫鑄造大砲，募集民勇以外，毫無妥善計劃。

英軍以定海、寧波為根據地，然後四出遊擊侵擾各地，皆獲全勝。擊破浙東大軍以後，又攻陷乍浦，繼而陷吳淞、上海，勇將陳化成戰死，楊慶恩投身黃埔江。江浙民謠曰：「一戰甬江口，督臣死，提臣走，再戰吳淞口，提臣死，督臣走。」

英軍原先的意圖，是直攻天津河口，迫使清廷議和，簽訂通商條約。不意順利攻陷浙東各地，認為攻長江以扼南北交通，更為有利。初不明長江虛實，乃以上海為根據地，組舢板小舟侵擾崇明島、江陰、無錫等水域，探查江水深淺，沙線曲直，內地駐守情形，並劫沙船導航。探知蘆圍險要，皆無兵力防守，乃以七十三艘艦隊，乘風破浪溯揚子江而上，攻克沿江各地，於道光二十二年六月八日到達鎮江水域，先下瓜州再取鎮江。雖曾發生激戰，但英軍兵分三路，其一攻佔北固山，即在山上設砲台俯攻城內，守軍多壯烈犧牲，且很多軍官先將妻兒縊死，而後自刎。

鎮江是南京的門戶，被英軍攻陷，門戶洞開。英艦直駛觀音門，下關，烽火照耀城中。英軍進犯長江的消息，傳到北京，宣宗大驚，人心更爲不安，乃起用在廣州時與英軍議和被革職的伊里布南下議和。英人已於七月初六在南京登陸，至此清廷毫無選擇，只有訂城下之盟。

江寧條約的影響

從一八三九年禁煙與英人糾紛，而引起戰爭，歷經近三年訂立江寧（南京）條約才結束。這是清廷和外國人訂立的第一條不平等條約，最主要爲：割讓香港外，廣州、廈門、福州、寧波、上海等五處爲通商港口，賠償二千一百萬銀元、領事裁判權、內河航行權、優惠權等等。訂了這一條約，開中華民族五千年未有的奇恥大辱，滿清皇朝的虛實，給外國人完完全全明白，自信可以予取予求，達到他自己想要的目的。

條約有「最惠國條款」的解釋，對簽約國非常優厚，引起列強的羨慕，想分一杯羹。首先美國於道光二十四年要求簽訂：望廈友好通商條約，法國接踵簽訂：「中法黃埔條約」，內容均與英約大致相同。二十七年和瑞典、挪威訂立條約三十三款，條文全從美約的演譯。咸豐八年英法聯軍陷大沽，訂立天津條約。自此，列強認為中國可欺，不平等條約被迫簽訂更多，迨甲午中日戰爭失敗，訂立馬關條約，割讓台灣。這時和中國簽約的國家已達十六國之多，內容大多以南京、天津條約為範本，均屬不平等的性質，足以妨害中國的發展，既深且遠。爾後數十年中國未能脫離列強的束縛，即受此等不平等條約限制有關。

條約中有「最惠國條款」，可說無理至極。「最惠國」應以雙方在經濟、航運、關稅的互惠，所訂條約是我國給他們「最惠」，他們根本沒有什麼可以對我國「最惠」，可笑的是：從經濟以致政治、軍事等等均可適用；而一八九八年中日議定書更明白限制中國，「不得惠及本國的人民。」一個國家受到如此不平等的待遇，還能自主富強，不被滅亡嗎？

鴉片戰爭前，各國只希望對我國能夠通商無礙，即為滿足。戰後情勢大變，竟以殖民地視中國，以遂掠奪的野心。深知中國空有地大物博，人口衆多，而武力不足畏。乃不惜用武力為後盾，遂行經濟、土地侵略，同時進行殖民政策。著者如法國併吞越南，英國併吞緬甸，日本併吞高麗、琉球，此皆原是我的屬國。香港被割讓於英國，台灣被割讓於日本，一八八七年澳門割讓給葡萄牙，一八五八年瑷琿條約將烏蘇里江為中蘇的國界，以東屬蘇聯。其後日本侵佔我東北三省莫不以「殖民」為目的。

中國沿海口岸，多為列強租借或劃為勢力範圍。一八六〇年英國以天津條約再割九龍半島南端部份，即現在的尖沙咀至界限街以南；一八九八年，租借深圳河以南九龍全部，稱爲新界。一八六三年中丹條約，一八六六年中意條約，一八九七年德國強借膠州灣、青島。翌年俄國租借旅順、大連。英國租借威海衛。一九〇一年八國聯軍攻陷北京，訂辛丑條約，更被列強侵奪了無窮無盡的利益。

至於口岸通商，英國開了「五口通商」的例以後，短短七十年間至一九一〇年清朝專制皇朝被推翻爲止，陸續開放的商埠，竟達一百多處。列強的貨物源源進來，載走了我國的黃金、白銀和貴重物資；本國的工業完全失去競爭的力量。如此情形，人民安得不日窮，國家安得不日弱。若非美國堅持「門戶開放」政策，國土早被列強瓜分了。還不知要簽訂多少不平等條約。不過我們要充分了解，所謂門戶開放，是列強各國不再劃地自有，有好處大家分享而已。

中華民族的人民，終於覺醒，非團結奮起，國家終必滅亡，在孫中山先生領導下，乃推翻滿清專制皇朝，建立中華民國，積極建設，努力圖強，逐漸收回膠州灣、青島、威海衛；第二次世界大戰後，成爲世界五強之一，滿清皇朝與世界各國所簽訂的不平等條約，全部無條件廢除。割讓的三處，現在香港又已回歸，澳門已訂於一九九九年回歸，台灣已隨日本第二次大戰戰敗收回，眞正的成爲完整的獨立國。

回顧與感言

中華民族五千年來漢、唐盛世與元朝忽必烈大帝的英武雄風，被滿清皇朝昏庸腐敗，官吏無能，以致割地賠款，喪權辱國，開大漢天威的恥辱，雖有廣大的土地，無窮的寶藏，佔世界五分之一的人口，被列強視爲低等民族，紙做的老虎。

滿清的鎖國政策，自鴉片戰爭以後，門戶洞開，一味軟弱懷柔，順從列強的要求，給予優厚的條件，任令予取予奪，不想振衰起疲來挽救危亡。即以列強的大砲砲彈所用的火藥，艦船所用的羅盤，皆我國所發明，自己敝帚自珍，却爲他人精益求精，反被利用來欺凌我國。

滿清的鎖國政策，引致不明世界情勢，用老舊的武器對抗敵人的新式武器，失敗已見端倪。但謀事在人，林則徐的忠貞，深謀遠慮，予敵痛擊，難越雷池，就是例證。提督關天培、陳化成、總兵祥福、江繼芸、段永福、鄭國鴻、王錫鵬等精忠爲國力戰至死；縣令姚公鎭投城，葛雲飛投水殉國和無數忠貞壯烈殉難，均是可以捍衛國土的長城，還有無數忠勇之士立志殺敵。然而奸佞當道，琦善等妒忌進讒誣陷，有功不賞、殉難不獎，反遭撤職污抹，影響以後民心士氣，至爲重大。琦善接掌，竟改弦易轍，撤防以安撫敵人，予敵人可乘之機，訂城下條約而又失信。皇弟綿瑾、皇侄奕山，統率六萬大軍，未戰而逃，竟不如四鄉人民，痛殲英軍。朝廷所用大多文官，未見忠貞骨梗之臣，而武將又受制於文官而不能作主。

江寧條約竟在瞞騙朝廷說：「敵人已在紫金山架設大砲向城中射擊。」危言聳聽，迫朝廷簽訂城下的不平等條約。

過去的歷史，已無法改變，我們拋開民族意識而說現實。無可諱言，列強給予我們的凌迫恥辱，是烙印在中華民族炎黃子孫每一個人的心上。但列強有些事確實比我們積極而有效率。如青島原是漁村，德國人僅花了二十多年，闢建成優良的軍港、商埠，建成膠濟鐵路。威海衛和廣州灣，分別租給英、法兩國，短時間即規劃成優良軍港和商埠。

台灣割讓給日本，五十年的時光，建成良好的工業基礎，使中華民國在既有基礎上能夠工業發達，逐漸建立民主體制。使二千一百多萬人民享受民主、自由、富裕，成爲亞洲四小龍之一。在大陸文革時不虞被迫害，開放探親觀光時，予親人很大的經濟支助，以及投資設廠，幫助大陸的經濟建設，盡了很大的心力。

香港在這一百五十多年來，由荒涼漁村建設成民主自由富庶的繁華商埠，亞洲四小龍之一，更獲世界稱譽爲「東方之珠。」五十年來收容不少被迫害的自由人士，使六百五十萬中華族裔，過着自由、民主、安定富裕的生活，幫助大陸家人解決很多衣食的問題。對大陸的經濟建設，有不可埋沒的貢獻。正如香港末代總督彭定康說的：「很多人開始時都難免視英國所爲是對當年中國王朝的一大恥辱，這是可以理解的。站在民族主義立場，英國的殖民主義讓人難以接受，那怕是無心之失，就以現在來說，恐怕也沒有人會爲當年的鴉片戰爭的貿易辯護。但希望世人認眞看看現在的香港，英國人對香港的貢獻，知道在這成功的中國城市中，費過一番心血，希望歷史能評價香港是一個成功而富有英國特色的城市」。

結語

香港今天浴火重生，不管在任何政制主政者收回，都是一個莊嚴的日子，也是一個激勵人心的時刻，中華民族將洗刷一百五十年的恥辱。每一個中國人，每一位炎黃子孫，無論居於兩岸或世界那一角落，都將凝視着這一個偉大的日子，也許我們每一人的心中會燃起一股難以抑制的自尊和自豪。我們要珍惜自尊，保持自豪，散發出中華民族固有的「恕道」不記仇恨。往事如煙只提取教訓和經驗。自勵自強昂首挺胸，以五千年文明歷史的中華民族特有的勤勞、勇毅、智慧薰陶出來的一股強大不屈不撓的無畏精神，浩然正氣，豪邁地跨入下一個世紀，迎接新世紀的挑戰，創造輝煌燦爛的歷史！

載於世界論壇副刊

蓬島飄零賸一身

張岳公活到近百歲，一生爲黨國貢獻心力至鉅至大，他有一句名言：「人生七十才開始。」他認爲一個人到了七十歲，思想最成熟，經驗最豐富，正是創造功業報效國家最好的時期。我現在是七一高齡老人，照說仍是人生才開始。然而，天地運行，時序循環的定律，一個人到了這一年紀，大多體力已衰退，思想已遲滯，一切一切和青壯時代，已經完全顯現差異。無可諱言，已到達油盡燈枯的最後的論點——「蓋棺論定」的時候了。這句話本意是一個人的一生功過，是非成敗，死後棺材蓋上了釘，才可以確定。以我來說：此生歷經太多磨折變故，依目前的情況，用不到「蓋棺」，已可以確實「論定」了。

我的一生，平淡至極，從青、壯而至老年，對國家、對社會毫無貢獻。道德、文章、事業毫無建樹，一生飄零勞碌，清風兩袖，孑然一身的凡夫俗子，最普通的百姓、丈夫、父親。但我亦可以自傲，在漫長人生中曾經歷少小失學的打擊，但沒有喪失奮鬥的意志；青壯時期，在時代大溶爐，大染缸裡打滾了幾十年，而能持清保白，沒有受到污染，這些在人生旅途中隨時隨地能使人失志陷溺，使自己的人格污損，道德墜落的事情，內心在天人交戰，幾次瀕臨崩潰。而我能堅持意志，奮鬥不已，同流而不合污，潔身自愛，沒有沾染惡習和不良行爲，在處惡劣環境時能夠屹立不墜。

人生道路是多方面的，對於生活，自小生長農村，客家民族習性勤勞儉樸，節衣縮食的傳統優良習慣。過慣了粗茶淡飯，衣著樸素，不事浮華的生活。對人誠實無欺，信義持心。處世和平忍讓、謙恭和善。做事勤奮篤實，認眞不苟。這是父母身教言教，給予我至珍至寶，做人立世處事的寶典。我將這寶典箴言，和兒子談話中一點一滴傳承給他，讓他在立身處世行事中有所遵循。

當我知道自己的生命中，僅有一個兒子時，心中時時在吶喊，反省著，我夫妻的體質，都可說很健康，爲何上蒼那麼慳吝，只賜給我倆一個孩子呢？而且我妻爲了這個彌足珍貴的一個孩子，而受了三次手術痛苦的折磨呢！我非佛教徒，但因果報應在社會傳統中流行極廣，深植人心，我也深信不疑。所以在人生旅途中，時時警惕，提醒自己，絕不能做傷天害理的事。我曾多次深深仔細回想過去是否曾經犯下錯誤而不自知，致遭受上蒼的譴責。但我沒有，確確實實沒有。我曾自豪地對我兒子說：「我畢生誠信待人，沒有侵犯親友的經濟和幸福。克守規律，沒有違紀到過警察局。誠實奉公，沒有逃漏稅捐到過稅捐單位。遵守法令，沒有作奸犯科遭受審判。」我家庭經濟並不富有，僅能粗茶淡飯，衣食不缺，卻能和樂融融，幸福快樂。人生旅途中，曾經歷坎坷嶇崎和無情打擊，能立堅定之志，奮鬥不懈。我可以說，除因海峽阻隔，對父母缺少孝道以外，可以俯仰無愧！上蒼只給我一個兒子，卻使我妻受那麼多痛苦，無語問蒼天！

我自二十年前罹患「高血糖」疾病以後，放棄了一切工作，靜心休養，希望多照顧妻兒些時，使我妻能安靜地生活，孩子安心地讀書。自己空暇時間較多，有讀書的機會，從書本中學習和體認知道：儒家學識的道理，做人處事的心法，誠信及禮義廉恥的精神。在日常生活中認知（我在宗教篇有所簡述），經讀書明理，然後實現道德觀念和理想。新近把生命的重心由外在轉移至內在，避開各種慾望與苦惱，經由內省漸漸自我滿足感，自得其樂境界。

我已屆垂暮之年，兒子媳婦遠適美國，日夕僅和珍夫妻相依爲命。回顧一生，身歷坎坷，滄桑多變，流離顚沛，蹉跎素願，事業無成，湖海飄零，賸此一身，留此雪泥鴻爪，聊資紀念。

上面這段話，是我在一九九一年說的。然而世事滄桑多變，難以逆料，只短短幾年，我曾經兩次口腔癌手術，兩次眼睛白內障手術，已經夠不幸了，然而，更不幸的災禍降臨在我妻身上，一九九五年四月十九日因右脚「靜脈曲張」手術病變而成爲「植物人」，至今三年多仍住在醫院，以致我獨自幽居，孤單寂寞淒冷，過老人的生活，如今眞正是：「蓬島飄零賸一身」，難道以前寫此文時的「題目」竟是一語成讖。

一九九八年載於世界論壇報副刊

親情

祖父母剛毅賢淑

祖父杞漢公號財記，生於清朝咸、同年間（無詳細記載）歿於民國十六年初秋。是生活在清朝末年專制政權，官僚腐敗，民初軍閥割據，戰爭混亂。以致政令不張，公權力薄弱，民間土豪劣紳，惡霸橫行，大房欺凌小房，弱肉強食，法紀蕩然，政權交替的時代。據祖母盧太夫人口述，和故老傳言，綜述祖父一生概略：

祖居廣東省五華縣轉水鎮青塘、和安塘，是青塘吳族的中央。祖父幼年，親房春廷公、光廷公、雲乾公（順記）各家頗爲富有，尤其順記發跡香港。各家及後人都建有大白屋，那時，鄉村的大白屋，是代表富有的象徵。但和安塘屬於小房，人丁較少。鄉人中有文化低落者，每持強凌辱，常常要錢要米，稍有不順遂，便生事打人。還用些：拔菜苗、掘薯芋、割禾尾等卑劣手段；尚有不顧廉耻，調戲婦女之事，囂張跋扈，迫我房低聲下氣，屈辱不堪。祖父稍長，智識漸開，認爲此種惡劣環境，不能長久下去，爲了生存，必須團結力量，共同抗禦。時我村雖有很多文人和文官，但難應付目無法紀的強梁惡霸。乃決定團結起來，強力制暴。乃集資敦聘著名武師孔新春，教授村人學習武藝，俾能抗禦強霸。自後十數年，不時抵抗，才得安定生活。

祖父武功頗得眞傳，曾見表演：用竹竿抵住喉骨，任數壯漢用力撐頂，不退半步；舞獅擎獅頭，跳過兩張方桌。我六歲時，祖父在自己家中浩德樓設館授徒，免費教授村中少小，我也曾亦步亦趨，只是如今都還給他老人家了。祖父常誡人：「習武爲強身保身，若逞強鬥狠，便非學武宗旨。」

我姓位於曾、鍾、鄧姓的中央，是轉水鎭四大姓之一。專制時代，政令不張，文化落伍，思想保守，重視宗族利益，彼此之間，常因事爭執，且造成械鬥。

鍾姓人口，比我姓多三分之一，位居下流，以往沒有水利，靠天雨耕作。我吳性開族之初，祖祠前的大段，爲沼澤地，水由眠牛山從南向北繞東再向南至鴨痲湖山東出馬河壩—五華河。後因河床沙積比河岸還高，水自然形成流向下游。鍾村平時獲得灌溉之利，當然沒有話說。但若遇濠雨，亦有淹浸之害。爲此，恃強在鴨痲湖和流下凹山間，築一條橫壆，設一座水閘，天旱缺水時，打開水閘，水全部向下流，上面沒有存水。天下大雨，洪水爲患，閘門放下，上面汪洋一片，禾田淹沒，下面不受影響。此種自私自利，罔顧他人災害的行爲，再四交涉沒有效果。告狀縣衙，雖獲得勝訴，但當時公權力不張，仍無法改善。迫於無奈，在洪水爲患時，族人集衆鋤開橫壆，乃引致雙方械鬥，地點在流下凹和泉水塘。

鄧姓在我村內和行公派爭墳地，在轉水鎭門毆引起。這次鄧姓失掉天時地利；墳在我村內，可以用很多方法把它毀掉：如天下大雨，在墳地附近挖洞注水自然流毀，毫無跡象。相距十里之遙，勞師遠征，一切不便；且集結在柯樹潭殺人凹，猶豫瞻顧，徘徊不前，失去一股作勢之機。我方以逸待勞，在眠牛神山上設指揮中心，架設當時戰鬥利器—十數門抬槍，口徑兩吋、射程數千尺，沿河邊集結青壯人員。有天黑夜，我祖父和數人潛至鄧營附近，準備襲擊。惟事前未通知指揮中心，爲瞭望人員發現，疑係鄧姓的人有所蠢動，乃點燃過山龍抬鎗，未料三次不響，深感奇怪而拍打砲身，再次點燃，轟隆巨響，彈落鄧姓營地，夢中驚醒，倉惶失措，祖父等乘勢追擊，河邊族人亦蜂湧而上，追趕至轉水鎮，結束此次相爭。

曾姓侵佔原屬我姓草猛岡地方，我姓祖墳很多在那裡，雙方遠近相若，因此相爭動武，地方雖然爭回來，如今由政府劃歸曾姓，徒令人唏噓！

綜觀三次械鬥，除和曾姓爭地，是屬全吳族之事，鍾、鄧二姓之爭，和我村毫無利害關連。祖父領導全村青年參加，是爲團結宗族，以全姓利益爲利益，以公利冒險赴義的仁懷爲基礎，不計個人恩怨、不計個人利害，大處著想，獲得全族讚佩，也贏得各地對我青塘村團結勇敢之讚譽。所謂德不孤，必有鄰，祖父的仁懷義舉，是肯定的事實。

根據族中長老傳言：我吳族和鍾、鄧、曾姓械鬥，除團結一致對外，及有很多武功高強的攻擊力，尚有銳利的武器抬槍十餘門，其中一門過山龍，是清朝初年受封吳姓鐵王所造，按例，砲成要祭拜天地，當他跪下燒香叩拜時，竟痛哭流淚說：「祖叔江山保住了，我將不久於人世」。因爲在鑄造過程，異常完美，每一細則，完全達到最高意境，毫無瑕疵：如重量、長短、大小，均一次成功。以往用人工，不是現在用機器，是不可能的事。且深知平時射擊，砲口只有一個彩圈飛出，有警訊兩個，若事情無法轉圜，必須戰鬥，會出顯三個。三次械鬥已證實，可謂奪天地造化之功！

祖父上有兄長，下有幼弟，分家析產，鄉俗：長多尾好。因此自己分得不多也不好，憑自己胼手胝足，克勤克儉，誠奮努力耕作，在井頭開設小店，漸有積蓄。乃於民國六年冬，做好起屋的牆基，準備好石灰、磚、瓦、桁角及其他做屋所需之物，預定翌年冬季雨少，農閒時行牆蓋瓦。不料禍生不測，變起突然，七年秋轉水鎮文成當舖，發生搶案，邏者聽信瘋子之言，誣攀多人，株連祖父入獄，且搜捕我家壯男，父親躲於堆疊泥磚夾縫中得免，後和叔父遠避廣州、佛山。其時政風腐敗，所謂：「衙門八字開，有理無錢莫進來」。只要涉案被捕，便得銀錢打點，否則保證你皮開肉綻；何況正準備起屋，定有油水，官差們對這門道最爲眼尖，那肯輕易放過？爲營救祖父，不到兩年，我家便典光賣盡，一家大小，陷入憂傷飢餓絕境，惶惶不知終日。

幸賴祖母堅強，又鄉人信念，添丁是喜事也是吉兆，兩年中我胞兄樞祥，堂兄麟祥相繼出生，母親又懷我將產，給祖母和家人帶來信心和希望。果然，民國十年臘月十六日子時，我出生。翌日，祖父冤情得雪，開釋回家。原來文成當是被偷而非被搶，原本損失很少，店東匿物虛報，賄官成案，企圖呑沒當物，謀取暴利，不料冤累無辜，越來越多，眞相也越來越多人知道，事爲李佑亭先生所聞，適李出掌五華縣長，到任稽實，冤獄得白。可是，我家還得繳白銀兩百兩做爲保結費，眞是：「三年淸知府，十萬雪花銀」。我必須提及的是，我宗人—尤其春亭公房宗親，援救幫助很多，即以「保結費」白銀兩佰兩，家中已典賣殆盡，無力籌措，得衆多親房，無條件將蒸嘗款支持，祖父才得早日出獄。這種大仁大義，永久銘感。該款後由景文伯父的姻親協助，證實原告誣陷，取回該保結費歸墊。

「居家戒訟，訟則終凶」是千古名言。祖父獲釋回家，目睹家園殘破，傷痛至極！然而看見嫡孫三人降臨，深爲喜慰，也必須爲後代而堅強，而努力，因此，決心重建家園。祖父原很受人尊崇信用，人緣很好，冤獄得雪，同情自多，首先起份大谷會，也參加他人的谷會，重標得來，先贖回典押田地，繼續建造浩德樓，但花了五年時間，只蓋好上中下三堂正屋，便無能力再做，以後逐年陸續興建，爲時十年才告完成。

說到鄉村谷會，依農穫一年兩次開標，每造一次，期間很長，通常都是十年以上。因此將一家生活拖累很多，信用也受人懷疑。一位堂叔祖就曾拿「石灰蘿」來比喩譏諷。石灰蘿每放一次，地上就有一個白印，意謂：凡祖父參加的谷會，就被標去，變成死會，是長久的債務人，將來是否能還淸，大有疑問？這種現實社會，自古至今如此，値得人們警惕！

祖父很重視傳統孝順思想，終身不渝。有兩件事可以證明：

曾祖父在恭公，葬在嶂下架上金盆穴，得來不易。附近村民姓鍾，祖父認識一位紳士，巴結和他結爲金蘭，旣是金蘭兄弟的父親，也是自己的父親，因此獲得協助，取得土地。每年八月十六日掃墓（現改在農曆正月十五日），必在墓前告誡子侄，這門親永遠要往來，以保障祖墳安全，免遭人破壞。父親和叔父也將祖父的遺訓，傳誡給我們。

凡村中男女，對父母、翁姑忤逆不敬，不論親疏，必予訓誡。每年正月十一至十五日，各祖堂、神社燈會，春分前後掃墓，夏冬兩次谷會，例有雞鴨豬魚肉豐盛餐宴，鄉人陋習，多有邊吃邊夾帶回家去。祖父看見，必會問帶回去給誰吃，若說父母、翁姑，便點頭稱好，說去廚房多拿些；若說給兒女，認爲這樣溺愛，會寵壞孩子，則予勸阻。

祖父於民國十六年初秋，到楊仲塘收租，晚飯後回家，途經連屋寨山下，在禾田裡打轉踩踏，傳說是和鬼魂纏鬥，感受風寒，回家後竟一病纏綿。醫治痊癒後，覺得飢餓難忍，暗囑添祥兄取炭爐、鴨蛋、糖，在浩德樓煮吃，病因此復發，不治而亡。

時我年七歲，從小由祖父照顧，共睡浩德樓下正間，那時尚未裝修、入火，記得半夜起床小便，銀漢叔祖之妻呂叔婆告訴我說：「阿卓，阿公死了」，我自己走到上廳和大家跪在一起，大家哭我也哭，其實我心中還不知道死別之痛。祖父原大葬於畲坑塘，是舅公盧仁山先代爲覓妥的生基，飛鵝扁眼形，現因造水利改在旱凹裡和祖母雙金合葬在樞祥兄屋側。

人說：祖父遇鬼纏鬥，我小時很害怕。稍長，思前想後，祖父歷經幼年持強凌弱，大房欺侮小房，政府腐敗的社會，以及冤獄傾家，起谷會建屋，受盡痛苦和冷諷。逝世那年，我四歲胞弟端祥，肚痛腹瀉，祖父拿鴉片煙渣餵食。煙渣原是治瀉良方，惟小孩食後容易暈迷，以致不能飲食，在碓間三日夜，祖父和母親輪流抱著夭亡。當時醫術不昌，以現在來說，送醫院洗胃打點滴，補充營養，便可安然無恙，何致發生慘事！祖父畢生歷經許多不如意的重擊，可能深受刺激，引致精神分裂。

祖母盧太夫人，江塘村人，慈祥和靄，賢淑端莊，克勤克儉，處事有方，有擔當，村人對她十分尊敬，家人更恭謹順從。村裡傳著一則佳話；村中人很多有兩個老婆，祖父也想納妾，且已找好對象，約定在某地見面。祖母知道後，以至情至理做了釜底抽薪，化解於無形。祖母坦然去見那女人，先表歡迎之意，繼說明兒女均已長大婚嫁，孫輩很多，相處頗難爲情。那女人便回絕了祖父，此事影響我家從此無人敢提納妾和爲人讚頌之事。

前面說過，我家因谷會拖累很久，一方面又年年逐步建築浩德樓，這個家要如何和睦努力，又如何去慳儉，可想而知，是一種很難處理的工作。祖父逝世後，更賴祖母領導渡過困難境況，以致逐漸富有。祖母是我家興旺的老太君，直到晚年，家中人手已多，不要她做事情，仍必親手餵雞鴨，親手試餵豬食的溫度，才能放心。三十七年八秩壽慶，我軍次青島，未克南返，僅請單位長官題字刻匾、買人蔘、阿膠祝壽。

祖母死後二十年，我才得到消息，而死亡時間和情形都不明瞭。只知道大陸解放後，家遭清算，趕出祖居浩德樓。父親奉祖母携帶家人徙居原是乞丐住的地方，三餐不飽，明天更難意料，以致憂愁飢餓而死。回想未解放時家中經濟，雖非大富，亦算小康之家，以太平盛世時代，祖母慈祥賢淑，壽年雖過八十，而精神矍鑠、人丁旺盛，享受兒孫、曾孫繞膝之樂，當可克享遐齡，不意世情劇變，以致飢餓而死，誠令我傷痛不已！

一九九五年載於世界論壇副刊

紹述父德

世人念念不忘的是「母親」十月懷胎和撫育的辛苦，恩深似海。很少人談及「父親」的血胤傳承的偉大，以及在舊社會時代的生活照顧和教育負擔等。對一個人的傳承和生活教育以至成長，其恩德同樣是天高地厚，爲人子者永遠報答不完的。

我父光文公，生於清朝丁酉（公元一八九五年）農曆十二月二十九日。一九八一年農曆六月二十六日逝世，享壽八十有五，今年是百年冥壽。母親節曾以「懷念母親」爲文紀述母親的嘉言懿德，今逢爸爸節，敬謹爲文紹述父親生平。

父親生長於大家庭，曾祖在恭公有三男十孫，在鄉中自建大屋，有很多不受天旱水澇的良田，是小富之家。堂兄弟中父親排行第八，親兄弟排行第三，我長次兩位伯父，均很年輕時候逝世，我不及見。父親讀了多少書，我不淸楚，僅知道詩書經典是非常熟悉的，藥物百草也有研究，由此窺知是讀了不少書。

祖父輩何時分家，我不知道，父母告知在我出生前三年，既整理好做上三下三左右兩橫的大屋基地，所需材料亦已準備齊全，擬於冬天農閒時動工興建。不幸的事情發生，秋天祖父被誣陷入獄，父親和叔父亦遭株連緝捕，被迫逃離家園，稍後獲准回鄉與叔父共同主持家政。爲營救祖父，將田地財物典賣殆盡，祖父才得平反獲釋回家。

父親爲人，我深切體認，很能謹守傳統「孝悌忠信」的眞義：明大義、重氣節，崇尙禮法，篤行誠敬，敦親睦鄰，和平忍讓的古訓，亦以此訓誨我輩。

父親是我家農作的主力，耕田種地，靠他擘劃，以往農村沒有水利，靠天耕種，若遇久旱不雨，常在半夜起來到水的源頭攔河堵圳，車水灌田，使田裡的作物不致缺水而乾枯。日出而作，日入而息，率領長工、家中男婦終年勞碌，沒有休息，沒有娛樂。從不怨天尤人，不疾言厲色，打罵子姪。

父親生性純孝，侍奉祖父的情形，我七歲祖父逝世，年紀幼小沒有印象。但祖父遭受寃獄時，父親才二十三歲的青年，能夠毅然典押田地，變賣財物，爲營救祖父，不計較破產後的一家困苦生活，可窺知對祖父的孝心。至於對祖母可說百依百順和悅恭敬。我自幼年而至壯年，這段漫長的時間，深切知道父親侍奉祖母的情形；每日從晨間起床先從問安開始，若祖母尙未起床或整粧尙未完畢，不便入房面請安好，會在房門口站立，隔簾問候起居以後才離開。日間有空閒時間，除了讀書，就常陪侍祖母談家務事或聊天，晚上侍奉祖母晚餐後，侍祖母回房才離開。上縣城赴市集，出門時必定稟報，回家告知辦事情形。家遭寃獄後，一家的生活極爲艱苦，但祖母的飲食和穿著，比一般鄉中老人豐厚得多。由此可知父親的孝順和至誠。

父親對叔父是以「悌」爲基本信念。叔父的體質較弱，乃將祖父創設的酒坊交由叔父常川管理店務，田間的工作，除春夏農忙請不到人幫忙蒔田時，才偶爾下田揷秧，其餘一切農務，由父親負責。叔父每日三餐，大多在店中煮食，喜好杯中物，每日午晚餐，各固定四兩燒酒；因此，家中有魚有肉時，父親必定叮嚀多送一點或留著給叔父佐酒。久而久之連時鮮小菜，亦由叔父嚐新後，父親和家人才有機會吃到。

父親生性平和又能忍讓，而叔父生性比較剛烈，若有語言頂撞或態度不敬，父親均能一忍二讓化解於無形，使數十口的大家庭，能夠保持和睦安詳融洽快樂。因此，父親和叔父對祖母的孝順和兄弟相親相愛的情形，獲得村人的讚許。

父親待人接物，忠誠守份，不會因利益和人爭執，且每多謙讓，臉上常帶著笑容，和和氣氣，老小同歡，獲得良好的人緣和信任。由於父親「孝悌忠信」的表現，才能因祖父冤獄家遭破產的經濟，在萬般困難的情形下，獲得大家的信任和叔父領導全家上下，一心一德，克苦勤儉，渡過難關。

父親在農事以外，閒時亦做鄉村豬隻買賣的中人。村人所飼養的豬，除了搭我家每季有一、二次豬船到梅縣外，大部份賣給鎭上的肉商，大家相信父親誠實公道，觀察豬的重量又準，買賣雙方都樂意邀請作爲中人。

父親對任何事物，都很細心觀察留意，對社會上各事各物的認識，非常廣雜：農事的常識，器具的修繕，架橋和造屋，紅白喜慶和祭天地祖先的繁瑣禮儀，均駕輕就熟以外，還會染紗牽經，織條紋或格子布疋。懂得製造爆竹，跟舅公盧仁山、江西名師吳龍池學過堪輿，跟堂姑丈朱冠君、朱雄中兩位縣內名醫學驗方醫術。

我幼年時鄉村沒有醫療設備，醫院是大城市才有，而鄉村的醫生，因交通不便，出診必須由病患家屬僱轎子去接，買肉殺雞好酒好菜招待，厚封診金，恭請上轎送回，農村窮困，輕易不敢招惹。因此，村人有風寒感冒，時熱時冷的普通病，父親察看後，自認可以治好，便親自到山野採集青草，煎熬服吃一、二次，或輔以古老角風括痧的方法，便能痊癒。魚骨梗住喉頭，雖小小魚刺，却令人痛苦難受，父親取一碗清水，對著水念念有詞，手指在水面寫字，將水服下，說也奇怪神化，頃刻之間，魚刺便沒有了。

牛是耕田的主力，豬是財源的積聚，兩者對農人是很重要的家畜。其時農村沒有獸醫，小城市也沒有。鄉人碰到牛、豬生病時徨急焦慮，是可以想像的事。通常牛在吃草時，會吃到一種在草中的小蟲，名叫「草蠍」，牛雖再三反芻，仍咬它不死，反而在胃裡作怪。使牛不飲不食暴燥不安，父親在山間採集青草榨汁灌食，不久「草蠍」蟲會隨大便瀉出，再技巧地在耳朵尾巴認清血脈，挑破放血，立竿見影，霍然而癒。豬在夏天常會中暑，不吃東西，俗稱「發痧」。同樣在耳朵尾巴放血，便會痊癒。雖然是簡單的治療，却是鄉村一種很重要的事。

古老鄉村的傳統習俗，婚喪喜慶，沿用繁複的禮儀，村中對各種禮儀全部嫻熟，父親是其中佼佼者。因此，父親是穿著完整的長衫，主持祭拜天地，朗誦祝文的先生、各種禮儀的執行者。

父親熱心公益，祖屋的重建，祖墳的修繕、修橋和造路，每一種工作都參予或負責執行。吾鄉在民初十數年以前，文風非常閉塞，僅有私塾，人數也不多，直至民國二十年後才有綜合小學，教授標準課程，亦僅一至四年級。而五六年級稱爲高小，設在鎮上。我十二歲時請求叔父給我去讀高小，沒有獲准，哭求父親，又以聽叔父的話勸慰，是爲求兄弟和睦，而忍心置兒子的學業於不顧。因此，我童年輟學離鄉背井漂泊流浪。其後我不知父親是否因此有所感觸，而熱心倡建惠民完全小學，認爲：「不事教育，難啓民智，」開風氣之先河，秉勵學助人的宏志，奔走呼號，出錢出力，親自主持募款和監督建築校舍事宜，篳路藍縷，艱難辛苦，於民國二十八年完成，是我村中學子的文化搖籃。從此村中子弟由此升學深造者日衆，爲我宗族紮實文化的基礎。

這些點點滴滴的事：爲人治病，爲家畜治療，興學校辦公益，在今天來說是很單純容易的事。但那時的農村可是很重大的問題。而且父親做任何事情，公正廉潔，亦不計較自己的利益，只求做得完善。因此，深獲大家的敬愛，公認是熱誠樂善的好好先生。

抗日戰爭勝利後的翌年，我再次離開家鄉和父母，未料從此一別，竟成永訣，再無重見天顏的機會。且河山易幟後成爲地主身份，被清算鬥爭，趕出自己親自建造的大屋，成爲黑五類。有了晚餐沒有明天，衣服破爛到不能縫補，原是被公認熱誠樂善的好好先生，變成大家怕政治株連，被人唾棄，避之惟恐不及的壞人。

我家原只是小康的家境，以父親兄弟四房劃分，各房所得實在有限。只因父親事母至孝，不忍八十多歲的高齡老母看到自己的子孫和曾孫，分家後各散西東，每天熱熱鬧鬧，變爲冷冷清清。雖大家庭人多話多意見多，想分家的聲音此起彼落，仍堅持祖母在不分家的決定。以致河山變色後，樹大招風，被列爲地主。祖母年老飽受驚嚇、精神凌迫、飢寒憂傷而死，萬萬想不到事情會到如此地步。被淸算鬥爭後的生活，艱難困苦，衆所皆知。其時兩岸禁止通信，我從間接知道情形，乃請香港親人每月代滙百元港幣，由其家人暗中轉交，竟被當地政府查知，警告不得與黑五類接觸，天羅地網，嚴密到沒有縫隙。身爲人子者知道父母親受難而不能援救，養兒防老的古訓，令我身在台灣過著豐衣足食的生活，而沒有辦法回饋父母的深恩、解救苦難，怎不教人肝腸寸斷，遺憾終生！

流徙在台北已四十年，每逢母難日，必定上陽明山健行，登「觀景亭」遙望西方白雲親舍，禱祝雙親福壽安康，於離家三十年和四十年賦詩誌念：

思親——一九七六年

海天西望路迢迢，日夜思親淚暗拋，
遙問白雲堂上榭，康寧鶴髮可安高；
卅年烽火痛飄離，欲卜歸期未敢期，
神州驛路暢通日，揚帆萬里拜慈暉。

懷念—一九八六年

浪跡江湖四十年，艱難華髮已盈巔，
幾多往事空搔首，未盡涓埃愧對天；
天倫夢斷雲泥遠，罔極昊天德未酬，
但望清平遊子願，碑前百拜表哀思。

父親生我育我，冀望能建功立業，光耀祖宗。奈何萍海飄零，虛耗寶貴光陰，一事無成，辜負生育深恩。母親逝世，毫不知情，父親逝世的翌日，即獲得消息。然而海峽浪高，無人能助哀傷斷腸的孤子，情天難補，人生最悲慘的事：對父母生不能晨昏定省，死不能送葬盡禮，養生和送死，兩者皆虧欠，每想及此事，心中的痛苦和愧疚，將伴隨我未來的歲月。

今逢八八節（爸爸節）除祝福天下父親健康快樂！謹將記憶所及紹述父親的嘉言德行，以爲紀念。

一九九六年載於世界論壇報副刊

緬懷母德

「慈母手中線，遊子身上衣，臨行密密縫，意恐遲遲歸，誰言寸草心，報得三春暉。」這首遊子吟，道盡母親對兒女的愛和做兒女的無法報答母親似海的深恩。

母親、母親，您是菩薩，您的心就是佛心，充滿慈善，充滿愛心，屎尿污穢不會厭惡，餓寒撫育不怕辛勞，您像三春的雨露，培育兒女蓬勃滋長。用您的精神體力甚至生命，以期換得兒女的平安，愉快成長；並盼望發展事業成功，出類拔萃，建功立業，受大衆的讚美與喝采，光耀門楣，就會感同身受。您的愛孕育出無數偉蹟，創造世界的文明。您的恩澤被及世人，光輝照耀寰宇，人們歌頌您，敬愛您，公定每年五月第二個禮拜日爲「母親節」，讓大家來祝福！歌頌！

我母親是典型的農村婦女，我家是四代同堂的大家庭。婦女是沒有地位，沒有主權，只有工作和生男育女。每天淩晨起來爲兒女餵食後即開始工作，耕田種地、紡紗織布，養豬種菜，礱谷椿米、洗衣煮飯，縫補衣服，辛苦備嚐，從來沒有一句怨言。

母親生性慈祥孝悌，溫馴和睦，從不與人爭長論短，不計較自己的利益，深得祖母的疼愛，村人的讚美。母親生我兄弟妹九人，劬育之勞，可想而知。和父親結婚時，承上代餘蔭，本是小康之家，正在進行建造三棟兩横的大屋。不幸禍從天降，祖父被誣陷入獄，「衙門八字開，有理無錢莫進來。」這是當時的風氣，爲應付不停的勒榨，把上代遺留的財產，典賣殆盡，每日三餐所吃的稀飯，薄到「風吹一層浪，吸氣一條巷」的程度。這時又是母親生育期，我哥哥出世，跟著我又誕生。在這樣窮困的環境，要做農事家務，撫育嬰兒，艱難辛勞，不言可知。我媽的體質不是很好，沒有奶汁餵我，我嬰兒時除了吃米羹以外，靠乞他人的奶汁長大。

我七歲那年，四歲的弟弟端祥，感冒腹瀉，祖父用鴉片煙楂餵食。此物給大人治瀉是良方，但因有強烈痲醉成份，小孩抵抗力弱，我弟食後暈迷不省人事，不會呑食。那時醫學尙未昌明到洗胃打點滴。祖父和母親輪流抱著在碓間三日夜，（那時迷信小孩不能死在屋裡），終日以淚洗面，悲痛幾絕。乃向神明求救，跪在觀音菩薩面前哀哀禱求，願將自己的生命，煥取兒子的淸醒。我看母親的悲痛，小心靈也知道痛苦，跟著流淚。母親爲兒子犧牲的至情、至性、至愛，深深烙印在我的心中，端弟卻長眠不醒。

我八歲讀私塾，和堂哥共一張書桌，各用一個抽斗，中間一把鐵鎖，鎖匙輪流保管，端午節我隨媽去外婆家，原擬住一個晚上。但午飯後發現鎖匙在我袋中，明天堂哥就不能上學，因此我吵著回家，媽因事得等到明天；幾經協商派人送我渡過五華河後自己回家，料想是通衢大道，不會有什麼意外。不料送我的人剛回去，媽看到門口池塘背大路，出現好多好多兵士，向著我回家的路行進。那時是軍閥時代，沒有紀律，常搶財物，擄賣幼童。這下把媽嚇壞了，匆急地走小路抄前沿路找尋，回到家中我尚未回來，媽驚恐後悔沒有和我同行，跪在地上呼天求救。當發現我從另一條路回來，跑過來擁抱著我流淚，那種悲喜的情形，至今仍在眼前。

我家鄉的孩子，那時是沒有零用錢，也沒有吃零嘴的習慣和權利。一次和媽在農地工作，有一位我叫阿娘的提著竹籃，盛著「發糕」來賣。媽知道我很想吃。但身上沒有錢，乃破例賒欠買給我吃，但吃後她很正經嚴肅告誡我說：「你長大後千萬別以爲『賒得到是食祿，借得到是財福』，立身社會，不能以賒借度日，要努力工作，節儉度日，不管收入微少，最多也只能用八成，留兩成積蓄起來，以備急時之用。」我一生照著媽的話做，度過很多困難。

我有一次在地上撿到一枚銅板，母親知道後告誡我說：「這個銅板不知道是誰的，也是極微小的事，但你必須記著，路上的東西不能據爲己有。」我用紙包好，寫上「路不拾遺」四個字，這是聽老師講述的故事，做爲「座右銘」。這使我以後做了一件很有意義的事，後文有所談及，也傳承給了我的兒子。

我十一歲那年冬，從學校回到家中已經天黑，媽還在菜地沒有回來。乃跑到菜地，看到媽正在摸黑種菜，還要到山下池塘挑水淋芥菜，我自告奮勇去挑水。兩大桶水的重量，我倒不爲難，只是大人用的鈎挽太長，我身高還不夠，挑著常碰觸地面而感到吃力，最後很自豪地告訴媽挑了十三擔水。也許是數目字不吉利，第二天我發高燒暈迷不省人事。媽又深深痛苦後悔不該讓我在寒風中下池塘挑水，求神拜佛是難免的，最後請來我叫姑丈的名醫朱冠君、朱雄中來會診。

十二歲時，老師將我抄併而成的「勤學論」送給叔父看，請他給我到高級小學校去讀書。叔父看後說：「讀了幾年，能寫如此文字夠用了，不能寫也不用讀了。」老師告訴我實情時，我像受了雷轟，我懷疑自己聽錯了。叔父是村中名望很高的老大，怎麼會說出這樣不合情理的話，這兩話判定我終生只能在家做農夫。我失望痛心無助下在母親懷中痛哭。媽在家中是沒有地位發言，看到兒子的失望傷痛而痛心憐憫，擁抱著我也流淚，當她的淚水流在我的面頰和我的淚水匯合在一起時，心中感到一股暖流和慰籍，母子的心連結在一起。媽鼓勵和安慰的說：「從正式的教育獲得智識是沒有希望了，世上靠自學成名或事業有成的人很多，只要自己立志向上，努力奮發，會有成功的希望。」我時時記著媽鼓勵的話和環境搏鬥，努力不懈。今天我能夠塗鴉，寫些不成熟的東西，固然有很多朋友的指導鼓勵，而母親勵勉的話，是我一生的「暮鼓晨鐘」。

翌年的冬天，任職廣州一家建築工程公司的浪文堂叔，帶我去廣州。此時我心中痛苦正深，但無知鄉童，從未想過離家外出的念頭，母親雖躭心年紀太小，不放心乳燕離巢，惟環顧情勢，只好忍痛讓我離開。當依依不捨離別時，千叮嚀、萬叮嚀，今後不在父母身邊，一切要自己小心謹慎，注意自己的身體，常寫信報平安，最後給了我一個小紅布袋，裡面裝了一個金戒指給我，說是外祖父母給她陪嫁的，現在交給我隨身帶著，以備急迫時需要，或者以後賣掉將錢寄回家中孝敬老祖母。母親這樣做固然是怕我要急用時沒有錢，也可見母親是孝順祖母的，也希望自己的兒子能在家人甚而村中是有出息，知道孝順的人，這樣她的顏面會感到光采。我將紅布袋上寫了：「慈母心」。

我到廣州做了兩年僮工，每月只有一塊錢毫劵—廣東幣，不捨得花用，存積起來爲家人買這買那，而金戒指我珍藏到廣州被日本侵佔後回家，原物交還給母親，這是她珍貴的東西。以後我在外做事，常常買東西孝敬祖母，是母親教導的。而對母親因爲大家庭的關係，從不敢明目張膽給母親什麼。在鄒縣做事時，特別請糕餅店的朋友，做了兩桶雞蛋烤餅，買了一斤高麗參，以後在山東買了二十斤阿膠孝敬祖母，媽雖然分得不多，而心中的高興和臉上的光采，比任何物質更爲可貴；尤其祖母八十大壽，我請服務單位的軍長題字刻扁祝賀，更是萬分高興。

我到廣州的第二年，一天黃昏在中山堂廣場上拾獲一隻小籐笈，裡面有近千元的毫劵和港幣、美金，還有外文寫的幾張帋，四野沒有人，我攜回住處交給浪文叔父，他看後說：「是從美國回來的中國人，辦理他家人移民去美國的，這麼多錢你如何處理？」我毫不遲疑的說：「母親叫我不能在路上撿拾東西，」還有移民好像是很重要的事，但我不知道如何處理？叔父說：「你能遵從母親立下如此好的操守，明天就到原地去等候失主，但你必須先記好裡面的東西和數量。」第二天我在原地鵠候至中午，失主才慌慌張張來到，說明裡面的東西數量符合，當面交還給他。他感激地拿了兩百元毫劵答謝我，我說：「路不拾遺」是人人該做的，我不能接受你的答謝。

母親也許是因端祥弟的夭亡，心靈痛苦和空虛，或者怕我長大後沒有錢娶老婆，經我一位堂姑婆的介紹，抱來一個女嬰，給我做童養媳。我家鄉此風很盛，我小時不會反對，長大後雖然在廣州、香港繁華地方住了很長時間，也曾經和女孩子交遊談情說愛，有過初戀的情人。香港淪陷後回到家鄉，順從媽的主意和童養媳圓了房。然而沒有愛情做基礎和彼此不了解的結合，很難維持長久，最後走上意見不和、性情互異而告仳離。這對媽來說是傷心痛苦也諒解我的痛苦。當我因此離開家鄉時，媽只希望讓童養媳留在家中，我在外面另娶一房，這在我家鄉是容許的。畢竟童養媳是媽親手撫養長大的，我諒解媽的苦心，無言以對。

祖母因祖父有納妾之心而爭持很久，卒獲勝利。從此我家無人敢言娶妾，也絕不准許。母親甘冒祖母的禁忌，不准娶妾的大不韙，打破在家中不發言的立場，向祖母進言，據理力爭，得到允許。由此可知媽爲了兒子的快樂幸福，什麼事情都願意去做。我幼承愛護，親眼見到媽的辛勞和犧牲，心中常存著「深感母恩要好好以至誠至敬的心意孝順母親，」自小至大沒有說過一句頂撞忤逆的話，竟因自己夫妻失和，傷了母親的心，遺憾終生！

母親自己節衣縮食，但待人卻仁慈寬厚，在家庭經濟困難時，家人每餐吃的可說只是粥水，而村中窮困乞兒到來，必定慢慢從鍋底杓起比較濃稠的給予，別村的是要錢要米，也一定給予。鄰居老婦和祖母聊天，殷勤招待，挽留吃飯。大姑媽家境貧窮兒女又多，趁赴市之便探望祖母，回去時媽會在袷袋中裝米給姑媽帶走。小姑媽家在三十里外，家境也不好，兒女眾多，每年四月荒常來向叔父要錢要米。有一年叔父不肯給予，在我媽房中痛哭，空手回去，固然面子難看，現實問題是孩子嗷嗷待哺。她需要的數目很大，媽沒有辦法暗中幫助，只好將珍藏的金戒指和我給她的零用錢湊集幫助姑媽。

母親沒有讀過書，不識一個字，不知道古聖先賢書中說的道理，但深深了解傳統立身做人處世的道理，用柔情細語，身體力行，潛移默化的方法來教導我們，使我在不知不覺中感受到至深的道理。從上面一些事實，使我感銘心中，自然而然遵循她的意思，身體力行，還能傳承給我的兒子。教化的功力，確有無形的巨大。

母親的心就是那麼善良慈祥，愛護兒女，愛護親鄰，只有付出，不求報償。我深深覺得：母親的心就是菩薩的心那樣溫煦，那樣慈愛！像寒冬的太陽，溫暖我的心，像三春的雨露，濕潤我茁壯，化育我的人生。我一生沒有建功立業，光耀門楣，辜負深恩；更因環境轉變，別離數十年，斷絕往來，開放前母親已離我而去。嗚呼哀哉！生不能晨昏定省，侍奉孝養，死不能送葬盡禮；養生送死，兩皆虧欠，每想及此，心中的愧疚！慘痛！筆墨豈能表達於萬一。

今逢一九九六年「母親節」除祝福天下母視健康快樂外，謹將記憶所及略述我母親的「懿德嘉言，」以茲紀念。

載於世界論壇報副刊、香港中國文化館「我的母親」第六輯

悼念胞兄

——附祭文

嗚呼！胞兄樞祥，不幸於一九九六年十月二十五日下午四時四十分猝逝，享壽七十有八。人生苦短，耄耋之年，兒孫滿堂，應是福壽全歸，人能至此，應無遺憾！然而，噩耗傳來，仍令我驚恐痛傷。家山遙望，霧暗雲愁，蒼天何忍，遽令我雁行折翅，人天永隔，見面不再。昨夜尚通電話，商談事務，遽爾永別，眞難以令人置信。

蘭祥堂弟，娶媳佳期，曾祖以下，在故鄉您是輩高年長，必須前往祝賀，主持禮儀。爲整潔儀容，清晨步行數公里路去理髮，然後赴蘭弟家早餐。適逢醫院派車到村中爲老人檢查健康，做心電圖，一切都很良好，雖時間已過九點，仍高高興興，急急忙忙前往。在饑餓和高溫下，到達門前池塘邊的小坡－不意小小斜坡，竟爲您帶來災禍，引致魂斷。當宗人鵠候庭前，歡迎高呼，來啦，來啦之時，亦發現您有體力不繼，搖搖欲墜現象，急速前往扶持，仍嫌太慢。您只步上兩階，竟爾滑跌，不省人事，延醫急救，難挽腦部重傷，回天乏術，魂斷無預警之中，魄飄太虛仙境。經一日夜搶救無效，溘然長逝。無半句遺言，無隻字留示，此情此景，在您減少往生前痛苦與折磨，是福緣深厚。惟您子女，則深恩未報，陡興風木之悲！子孫無依，兄弟斷情，悠悠來日，訴衷何人？言念及此，寧不教人痛徹肝腸，遺憾千秋！

猶憶您生於一九一九年農曆三月十五日。値祖父蒙冤，家貧如洗之時，母親懷您，飽受飢寒凌迫，生活艱難，缺乏營養，影響慈親健康。致令您先天不良，後天失調，幼年孱弱多病，不適農村勞動。父母憐憫，送塾就讀。您天資聰慧，好學不倦，成績優良，名列前茅；年僅十一歲之幼童，竟考入中學就讀，班中有比您大十歲者，人稱小學生。畢業後因家境貧窮，無力再讀高中，乃投名師專修國學，四年鑽研，學識深博，雖不敢誇學富五車，在村中已是佼佼者。年十八執教族校，人稱小老師，繼掌校政，作育英才，三年有成，退讓賢能。抗日軍興，物資缺乏，乃轉業從商，運籌決策，精於理財，生意興盛，商譽日隆。正當奮發宏圖，適世代交替，家遭清算，度日維艱。四十載炎涼時勢，備嚐人生艱苦，受盡無情煎熬。然而苦盡甘來，兒女長大，成家立業，建淵德樓，息影田園，含飴弄孫，悠度晚年。

正當孫輩多人，頭角崢嶸，奮勉力學，就讀高等學府，家學傳承有人，箕裘克紹，振我家聲之際；不幸，嫂罹「骨質增生症」，纏綿病榻，達數年之久。夫妻情深，關愛備至，延醫診療，難挽不治之疾，於九月七日溘然長逝。生老病死，人生必經，而六十載恩愛情深，豈能無慟於衷！情天莫補、恨海難塡，徒嘆奈何！您爲踐生盟死約，竟距五旬之期，追隨黃泉路上，您雖得償誓願，生者何堪疊擊?!

您自幼溫文儒雅，謹言愼行，彬彬有禮，承襲父親忠孝傳家，信義立世，和睦鄉鄰，熱心公益的遺風：修祖屋，營祖塋及設祭祖蒸嘗，使追遠永保不墜。創設老人互助會、老人康樂會，俾老人安養娛樂有所，遺睦愛於里鄰。頒學生獎金，幼有所教，獎掖後進，不遺餘力。族譜三版裏修，肩負修委主任，使族史永垂萬世。代我夫妻籌設福利會，垂裕範於奕世。皆爲宗族貢獻心力，踵父親當年心志，足與先人之德業前後映暉。

前晚電話中談論鄉事，認爲福利會的管理，應由年青人去負責，老年人只負責監督，俾薪火逐漸傳承。未料事未完成，您竟撒手不管，駕鶴西歸，天人永隔。今後鄉事、家事，誰與我相商？言念及此，我痛何如！

兩岸開放後，郵路暢通，綠衣人絡繹於途，旬日之間必獲手書，詳述家鄉近況，興革事項，討論人生—如何做人和做事，一樁樁，一件件，條分縷析，精闢獨到，令我讀之再四，不忍釋手。由此兄弟間親情，雖未能常相見面，藉書信連絡，亦能緊密融和，彌縫雲海遙阻，塡補見面難期的遺憾！

一九九〇年我返鄉探親，盤桓達半月之久，親情重叙，暢談離衷。深知您幼年健康不良，得父母愛心照拂，青年後體力轉佳，現已不輸同齡的健康。內心深處，非常喜慰，爲您慶幸，爲您祝福！然而，兩年後在深圳見面，您已顯老態龍鍾，步履蹣跚，行動遲緩，深憂每日行走村道，路小泥滑，有跌倒之虞。特在台灣買一枝內有雨傘的手杖，於新春返鄉時，親自敬獻。殷殷致意，今後行動，務必小心謹愼，以免滑跌。今竟因此致禍，豈冥冥之中自有定數耶?!

您每次電話和來信，叮嚀再三，諄諄勸勉，別因弟婦的受難而哀傷過甚，以致影響健康，凡事應豁達順變，愁城非長生之國，只要力保健康，其餘有天焉！自今而後，您已玉樓奉召，西天魂歸，或無遺憾！弟則堪憐，從此教我何人？聽不到叮嚀，看不到來信，念天人永隔，空憶音容笑貌，聽杜鵑啼泣，午夜枕畔錐心；望白雲西去、鴻飛冥冥，失落千秋，他生渺渺，人間天上相會於何時？一切都已失落，已成黃花。您放心安息吧！我會珍惜您的叮嚀，珍重自己的健康。

您關心的族譜，已初校完成，擬新年送返故鄉，做印製前校正。三版族譜，是您和大家共同努力所獲成果。未竟的工作，我會認眞去做，無負您為千秋意願；至於福利會，未完成編組，亦會督促弟姪努力完成，無負您遺愛人間的德意，絕不令您遺憾黃泉！

死者已矣，侄兒們應該節哀順變，體認你父親遺德、言行，照著去做，踏著先人腳印前進，才能使你父含笑於九泉！

弟身居台灣，雲海遙隔，不克親趨悼奠，海天淚灑，未盡朝朝暮暮，臨風遙拜，哀徹九原，情連天地，悼念胞兄，玉樓有知，鑒此微誠。

祭胞兄文

維

西元一九九六年十月三十日，謹以五牲鮮花果酌致祭於　樞祥胞兄靈前曰：

嗚呼！噩耗驚傳，遽報雁行折翼，家山遙望，何堪猝瘁庭荊。霧暗雲愁，傷懷滿目，蒼天何忍，竟爾永離！

憶同氣而悽愴，痛我情深手足；嗟榮枯之一本，悲此日之凋零。往昔家道中落，生小貧寒苦楚。艱難度日，念嚴慈予寄望無窮，憂患煎熬，凜親恩覺天高地厚。然涓埃未報，已興風木之悲；愴然無極，同爲不孝之人。每念及此，引將大憾！

蓋夫，信義立身，兄果苦其心志，蹈勵循規，冀承祖德遺緒。秉耀祖榮宗，身當不懈，素願初達，容堪告慰！誰意亂世遭逢，轉眼備嘗衝激，兄弟流離於四海，死生莫卜於天涯。惟幸雨過天晴，門廬重振，第次堂構重興，祖塋復營，籌集蒸嘗，獎掖後進；族譜三次襄修，垂裕範於族世，創設老人助會，遺睦愛於里鄰。

方期幸福駢臻，德業日著，拈鬚笑靨，晚景優遊。豈意世之禍福難料，人之修短有數。嫂罹惡疾之症，終成不治，兄距五旬之期，追隨而逝！踐生盟死約，恨海難填，情天莫補，徒喚奈何！兄雖得償誓願，但生者何堪重擊！

于今大素魂歸，其或無憾？而兄玉樓遽赴，弟則有憐！從此教我何人？叮嚀不再，人天永隔，空憶音容。聽午夜之鵑啼，摧心枕畔，睹白雲之西去，爪雪飛鴻；失落千秋，他生渺渺，人間天上，緣會何時？

今者，道範長存，永昭族里，仁風義舉，長沐鄉邦。孫輩峥嶸，奮勉力學，行看健翮鵬程，非凡成就，箕裘克紹，振我家聲。兄應含笑於天台，無負述志述德，提攜掬幼，當無愧於乃弟乃兄。

嗟呼！萬里重洋，不克親趨悼奠，海天淚灑，未盡暮暮朝朝。臨風遙拜，哀徹九原，兄嫂有知，鑒此微誠。情連天地，來格來嚐，悲哉！尚饗！

遙祭於台灣台北、載於世界論壇報副刊

親情

一

孩子，你外父自美國回來帶來你的信，傳來你有休學意願，我非常震驚難過。你求學已經決定，爲何又改變心意？幾天來我吃不好，睡不寧，心在滴血！想不到你竟如此令人失望，意志如此不堅定，生命裡最悲哀的事，莫過於喪志。

買車我不反對，只是你這次以「貸款」方式來買，感到不該如此。你說：很多人都「貸款」置產、增值。這和你買車，不能相提並論。你買車能算置產增値嗎？那是消耗品，貸款尙未還淸，車可能已報毀。車對你也許是日常必需用具，車壞了，急需買，爲什麼不來電話商量？錢是身外物，該用應該用。我心裡感到難過，是因爲你能向銀行借到錢，表現沾沾自喜，這種態度以你有高深學問修養的人，是不應有的表現。獎學金不是你固定的收入，而且只有五百元，能支應生活嗎？我不知道銀行憑什麼核借？我想絕對不是因爲有獎學金，大概正如你以前說過：「美國人認爲台灣留學生都有錢。」貸款發展事業是實用，買車是花費，能借到錢而沾沾自喜，是不該有的態度，今後你要牢牢記住：「借來的錢，不是財氣」。

我和你媽去美國居住的問題。先說我新近心境和看法，我十三歲離開家鄉做流浪兒，年年難過年年過，到處無家到處家過日子，生活上有時窮困，有時富裕，有時苦悶，有時快樂，這是流浪生涯的眞實寫照。做過工人，做過附屬軍官，做過日本人的俘虜、馬伕，幾乎死於日本人的大砲，中共的機槍，葬身南太平洋。天幸於三十九年來到台灣，雖仍顚沛流離在困難中過日子，但已逐漸趨於平靜、安定；而眞正平靜安定，是你媽肯和我這個大陸流浪漢結婚以後，三十多年來，過著安定幸福的生活。自你降生更是我人生幸福和全部希望所寄。如今我已七一高齡，生爲五華人，只居住過十二年，浪跡天涯十六年，台灣卻住了四十多年，比家鄉、流浪加起來還長久，以實際來說，台灣才是我們的家鄉。

前幾天去看德清，他的兒女均已長大，事業有成，均能上體親心，孝順和睦，和長子思源夫婦同居，更獲得周全照顧侍奉；且孫兒女衆多，繞膝承歡，享含飴弄孫之樂，該是人生中快樂之事。然而共患難幾十年的老婆，不幸早喪，常常感懷憂思，影響健康，以致行動維艱；俗話「七十不留宿，八十不留餐」說明年紀大了，隨時有離開人世的可能。他說：「前些時健康稍好，還一年望一年，現在只能一月望一月。張岳公說：「人生七十才開始」，那是鼓勵人的話，七十以上的老人，總似「油盡燈枯」時候。我和他同年，聽他這樣說，不禁黯然神傷！我不會像他那麼悲觀，健康情形也比他好，只是我不會去美國居住。至於你媽我會鼓勵她，但恐怕一時很難改變，居住了六十多年的台灣，鄉土情感很深，到了美國，人生地不熟，談天說地的人沒有一個，怎能住下去？

談到你的朋友回到台灣找不到工作，我深信是事實，因爲現在很多年輕人；尤其在國外讀書獲得學位或有專門技術的才俊，回來國內，心高氣傲，儼然有高人一等的心態和偏激心理，總是希望能一蹴獲得高位厚薪，不肯腳踏實地，忍耐一時，築好根基。我雖然沒有就業的經驗，從朋友談言中知道，凡有專長技術，都能容易獲得職位，待遇和環境，也許沒有美國那麼好，但台灣仍有發展空間，除就業，還有機會成爲小商人。萬丈高樓從底起，很多赤手空拳，沒有祖產的企業家，都是從篳路藍縷，艱辛困難中創造成果，成功不易，難有倖致。你僅憑一個朋友的話，斷定台灣難以立足。那麼現有成千上萬回國碩士、博士，都有很好的名位事業，他（她）們揚名立萬，怎樣獲得？美國既然就業機會多，有很多人同樣失業，找不到工作。凡事必須從多方面去看，不能以偏概全。

台灣的治安，也許比有些國家壞些。但據報導，美國也不好，幫派林立，毒梟氾濫，黑人橫行，同樣不是天堂。我爲何要捨棄生活習慣，熟悉環境、人事等等而投入一切陌生的異國呢？你不會讓我做公園老人，以你的天性純厚，我絕對相信。然而在台灣我有榮家的給養，還有我的食品、蔬菜、豆腐隨地可買，新鮮可口，何用開車才能買到？我喜歡隨處走走，公園、衡陽路、西門町、紀念堂、指南宮、陽明山等等，經常有我的足跡，在人生地不熟的美國，恐怕只有在住處打轉啊！

爲下一代設想。這句話的含意，記得你要出國讀書，問我好不好時，慨然允許後，你問：「我是獨子，爲什麼肯讓我出去？」記得當時我說了爲怕中共犯台，自己年老不要緊，怕你受到傷害而允許。想不到幾年前的往事，你重新提出來向我建議。難道這就是：「以子之矛，攻子之盾的詮釋，作繭自縛的範本」？在這大道理下，我能說什麼？

你出國後，有很多關愛我的親友，露骨而帶有責備口吻對我說：「你只有一個兒子，去美國以後不回來怎麼辦？」當時我回答大意說：「我從小離家，對父母沒有好好侍奉過，怎敢太過期望自己的兒子，長遠在身邊來侍奉呢？」這話可能已一語成「讖」。看來你爲居住、工作、環境以及難測的世局安全，不想回到台灣來；我因年老又不想安土重遷，垂暮的晚年，得不到兒孫繞膝承歡，享受含飴弄孫之樂，已經可以確定，以後賸餘的歲月，只能和你媽四眼相瞪，相依爲命了。我生平重視：「因果報應」，難道這就是我沒有侍奉父母的報應？上蒼已經如此安排，我還能說什麼呢？

多子多孫，是農業社會傳統世俗的觀念。我生長農村，對於傳統有濃烈的傾向，當我確定只有你一個孩子時，常奢望你能爲我生三個男孫、兩個女孫的心意非常殷切，縱然我勞碌辛苦，從含飴弄孫中，獲得補償，也心甘情願。記得小時在家，父親、叔父每從市場回來，會買點花生糖之類的小糖菓，由祖母分派給孫輩，每人幾個。人心總是貪而不知足，要了以後還要，直到祖母手中完完全全沒有爲止。祖母把手一攤，呵呵大笑說：「沒有了」，那一刻的快樂，沒有什麼東西可以替代。現在你表明生兒育女沒有興趣，結婚也是爲我能在你祖父母墳前告慰而提前。看來，我傳統的夢，在現社會，親情觀念被摒棄掉，早該醒覺，還做什麼白日夢呢？賈雨村的了了歌說明：妻財子祿的眞意，其中子篇說：

世人都說神仙好，惟有兒孫忘不了，

癡心父母古來多，孝順兒孫誰見了。

一九八〇年我到香港，你樞祥伯父和我通電話，告訴我你祖父年老多病，時常盼望能見我一面，要我偷偷回去一趟，以慰老父懷念之苦。我因你尚在求學，怕受到影響而不敢回去。此次返鄉，知道老父臨走前仍在盼望我、懷念我，心中的愧疚，難以言宣，在掃墓那天，跪在墓前，心中不停念著「樹欲止而風不息，子欲養而親不待」。生時未盡奉養之責，死後懷念哀弔，又有什麼用呢？回來台灣已經半年，你祖父臨走盼望的情形，常在腦際浮顯；加上曾和你說及游伯伯臨死前盼望他兒子的痛苦，無奈！你讀博士還要幾年？做事又幾年？才能拿得到綠卡？才能自由來去？這幾年，那幾年，不能確定？我賸餘時日有多久？自己不知道，老天也不可能告知。一般來說，七十歲以後的日子，難以樂觀去設定，萬一在你不能回來時，上帝召喚我，又是你祖父、你游伯的情形，想到這情形心中就害怕。爲避免那種情形發生在自己身上，決定把我倆的父子情，希望逐漸疏遠淡薄，從此不再和你通電話。但你媽認爲，這樣會給你很大壓力，乃改爲單月接你電話，相互問好，雙月電話只有你媽和你談了。天下父母沒有不愛自己兒子，我這樣做，是對人生看得開，想得透，過未來平靜的生活。你可以減少牽掛懷思，專心學業。

從報章電視知道，久病纏綿垂死在病床拖時日的人，他自己和親人都很痛苦，我對你媽表示意見，極力主張「安樂死」，爲清潔主張「火葬」。這意指我自己萬一不幸，就照此去做，所以我除了感情，沒有可怕的事。你已而立之年，且已結婚，有高深學識，絕不能因我的決定，而懷憂喪志，甚而要更堅定你自己認定的理想道路前進，勇敢的前進。父子情，也許剪不斷，揮不走，天下的筵席總會散，只是早點晚點而已。以其曲終人散後，感到蒼涼冷清，不如預先作好心理準備。陸放翁詩：

一死元知萬事空，但悲九州不相同，
王師北定中原日，家祭毋忘告乃翁。

前一句像我目前對人世一切看法，好像帶點禪理，後一句是希望你學成以後，不要忘記祖先的墳墓。做「追遠」的行爲。

媽生性有客族濃厚的傳統，忠厚老實，節儉克苦，整體來說，她很適合我所處的環境，也是客族女性的典型。對於現社會世風日下，奸詐虛僞，浮華浪費，是跟不上時代，就連你不珍惜金錢、物品，也常感不滿。你遠居彼岸，聽不到，看不見，沒有什麼可說，若到美國去住，母、子、媳生活在一起，思想觀點會有很多差異；就以吃來說，媽絕不是愛享受，慕豪華，美食主義者，只是過於惜物維艱的心態，一切節省著眼，喜歡自己動手，做得也美味可口，但必需花較多時間去選購、去做。在台灣生於斯、長於斯，地理環境熟悉，隨時隨地均可選購。在美國一周集中採購一次，吃不慣漢堡牛排食品，看不懂電視，聽不懂ABC，不能自由行動，這種生活，必須先好好溝通，做好心理準備。你更須先做：凡事「順從」的心理準備，否則一旦成爲事實，發生一些不和諧，不合適，那時彼此都會痛苦。但環顧情勢，媽早慢都要和你們團聚，你不回來，只好媽去，希望她能早日前去，不要因照顧我而延擱，這樣對我今後的生活，也許會寂寞孤冷些。你知道我是會安排自己的生活，對事對物，拿得起，放得下，不會有太大的困難。反而因媽能和你們團聚，可以放心過自己膝下的日子。我會婉言勸你媽，你更要改變以往媽不喜歡的習性，迎合媽的心意，做孝順事親的乖兒子，但願你的希望能早日實現。

孩子，這封信是用三天凌晨往公園運動前，點點滴滴隨意寫成，細讀內容，好像有點蒼涼消極、悲觀，其實我心中很平靜，寫出心中想法和希望，沒有激憤，沒有怨尤，倒覺得自己有如此情懷、胸襟而自傲！希望你能了解我的心意，爲學業前途，家庭和諧幸福而奮勵珍重。

二

孩子，我近來心情很平靜、舒暢、愉快！早上四點半去公園，七時許回家，煮茶上香敬祖、看報紙，約八時喝牛奶，在椅上小憩一小時，起來看書、寫字、寫寫書信和文章，十一點半做自己吃的午餐，下午去國家圖書館讀書查資料，六時回到家；或一時午睡，二時起床，四點去公園，六點前回家，祖堂上香，七時吃晚飯後看電視至九時，洗澡睡覺。日復一日，周而復始，是標準老人生活。自探親返台，天氣漸熱，我家門迎晨曦，陽光充足，前後門對流也很涼快，看書時間較多，太陽大怕晒，很少出門，打牌更沒有了。雙十節後氣溫較涼，室內逐漸呈陰暗，陽光不充足，看書比較吃力，午後偶爾出門打牌，也只是四圈、八圈，固然興趣缺缺，坐久了雙膝會有僵硬的感覺，寧願早點回家，看書或到公園運動踩石頭，對健康較為有益。

媽早上跳土風舞，回來吃早餐、做完家事，讀ABC，執筆做功課，偶爾會到證券行做點零星的買賣。了解情況，增長智識，和同好吹牛談天，心情也樂在其中。只要她快樂，有益健康，我都贊成，她快樂，她心情好，我的心情也更平靜愉快，家也更融和。

四日是當月第一個周日，和你約定通電話的時間，昨晚媽特別提醒我，平靜已久的心湖，激起絲絲漣漪。當日上午十一時關掉樓上的分機電話，開始盼望，時間一分一分過去，你的電話沒有來，午後一時，我仍然甜然入夢，二點起來看了點書後去公園運動，回來媽說你已來過電話。我覺得奇怪，午後你那兒已是深夜，為何等到三更半夜?媽說：嘉禧的手指因小毛病曾經開刀。現在可好?代我問好。孩子，錯過這次相約的電話，要到明年元月，雖只短短兩個月，隔了年份，意識上好久，好久!這樣也許更能使我的心湖平靜。今後你想和我講電話，要牢記單月第一個周日，上午十一時至十三時，以外的時間，就難把握。

你對媽說：所需費用已詳列上次信中。你所列共需九佰元，除獎學金，尚需四佰元。現在每月給你八佰元，每兩月寄一次，有特別需要，來信告知，會設法籌寄給你。此次預定月中匯去，以後逢單月結匯，直到你不讀為止。此款基本來源：每月榮家給養，四樓租金和一些存款利息。納稅、人情、雜支、零用，均由三種來源支應，給你讀書不會有問題。三樓房租給媽做伙食、零用，我和媽習慣粗茶淡飯儉樸成性，目前伙食費用很少，存餘是屬媽的私房錢，我沒有要媽把私房錢拿出來，夫妻本來一體，沒有什麼好計較，分什麼「私房」？但我認為媽有私房錢，讓她月月有餘存，心理比較快樂少煩憂，只要她快樂健康就好。年前媽給你十萬做費用，意義深遠，不知你能否領悟？

關於你讀書事，你意志不堅，搖擺不定，深感不以為然。但你讀大學時我曾對你說過：「你已長大，學歷比我高，智慧比我好，今後一切你自己經過深思熟慮後慎審決定。我年紀大社會經驗比你多，會提供一些給你做參考。」回想過去十年來，確實做到一切由你自行決定；出國念書，是你自己決定，去年休學，謀事不成要繼續攻讀，現在又想休學，你意志不堅定，我能說什麼呢？自己決定吧！但你必須先獲得嘉禧的同意，她是你人生的伴侶，一切事情要相互協商尊重，才可決定。如果她同意，還要經由她向你外父母解釋並得到同意後方可，絕不能你倆決定而不顧你外父母的意見，千萬千萬不可以。也許我處世的道德觀念和態度，比較嚴謹誠實厚道吧！

最近曾寫信給你三叔，是他的長子新昌，原就讀高商，畢業聯考成績優良，出類拔萃，保送師範大學，一切免費。但他學優志高，自願參加大學聯考，又獲高分，選讀四川西南交通大學，學雜等費自己負擔。該校有八十年的歷史，師資、設備均極優良，選讀「訊息」，如果成績優良，四年時間可縮短爲三年，免費攻讀碩士、博士。除祝福和期許外，並提醒你三叔，父母愛子女，就像放「風箏」一樣，總希望放得高、放得遠。高了，遠了，意外線斷了，怎麼辦?兒子有了高深學識，必須爲所獲的智識，選擇最理想的環境求發展，大陸這麼大，世界這麼大，將後因工作不能長相團聚，甚而很難見面，是大有可能，心理上必須先有準備。

孩子，也許我希望你讀博士，是錯誤，是幻想，你自小對事常大而化之，是外向型性格，不屬於研究型，知子莫若父，我應該了解。你第一次從美回來自己說：「我根本不是讀博士的料」，憑良心說，當時我很不以爲然，王雲五、愛迪生，都是小學生，而先者成爲博士中的博士，後者爲最有名的科學發明家，締造現代文明進化，造福人類。以你學識和聰慧，只要沉潛專心一致，必能成功；現在你若不能一氣呵成，將來我不敢寄以希望，這得靠你自己的決心和意志，以及嘉禧的鼓勵。今後不再談你讀書的事，我一生中以前曾希望過什麼?已不復記憶，在你出國時和你談及的四個希望——博士、結婚、第三代、返故鄉探親，如今已實現二四兩個，人生不如意事十常八九，我晚年的希望已獲得一半，應該滿足無憾!何況希望仍在繼續。

去年四月，爲你買了「五十萬元人壽保險」，一年繳納兩次，每次兩萬兩仟多元，從明年起，你生日時，有五千元生日賀禮，滿二十年停止繳納，轉領壽險健康金，每年五萬元，領到百歲千歲。原以爲代你納幾年後，你回來接續納下去，現在你已決定不回台灣，將後誰來納呢？一旦停納，以前所納，要回很難，縱然收回，也七折八扣，減少很多。現在納了三期，納也難，不納就損失定了。

孩子，你和嘉禧婚後，雖有近二十天才赴美國，但在家相聚時日卻很短，很多話、很多話都未和你們談及，去年我給你小叔寫了：「做事守時，做人守份，待人誠懇，處世和平」條幅，這次回去，看到他掛在廳中，現在我要你倆：「互敬以德，互愛以誠，互諒以恕，互勉以勤，克己復禮，敦品勵行，仁愛忠信，修齊治平，夫婦模範，家庭典型，百年好合，幸福永恆」。待後會以條幅寫給你倆做紀念。

你和嘉禧出國我寫了餞別詩：

燕爾新婚喜正濃，驪歌聲慢祝情融；
酒宜歡飲休貪醉，明日天涯路萬重。
萬里他鄉非故鄉，故鄉風物切毋忘；
清明祭拜勿嫌遠，至德家聲世代揚。
佳兒賢媳渡重洋，雙燕含泥且作樑，
客地遊踪宜互勉，故園唯望重安康；
無涯學海休荒嬉，有志名揚應可期，

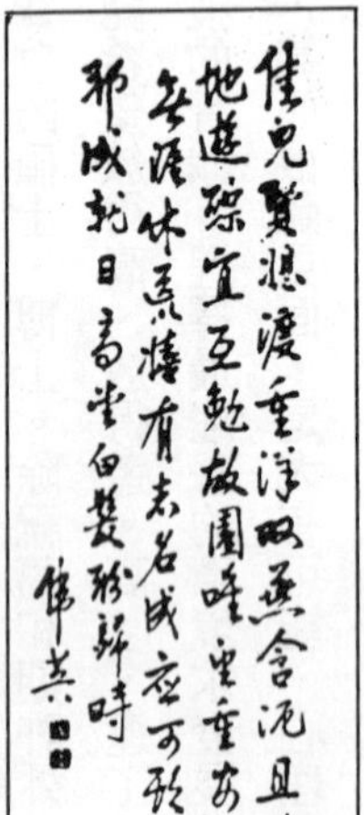

負笈他邦成就日，高堂白髮盼歸時。

孩子，你倆一再要我和媽去美國住住看，我自己年華已老，長途跋涉視爲畏途，恐怕很難成行，今後無需再勸。至於你媽，如果你們決定領綠卡，早晚必須要去，我會勸她早些去熟悉環境，能否說服她沒有把握。上次電話中她向你們說：「嘉蕎生孩子時會去照顧，」我想這因由做婆婆的就不能不去。

三

嘉蕎、答復妳來信幾個問題之前，首先談一些我過去的事，①大昌小學六年，國中三年，九年家長會我都親自參加，和老師只談品德而不談學業，因爲我深深感覺到。現社會品德比學業重要。②十多年前在觀音山五華墓園買好自己的墓地，深知昌兒身爲獨子，很難維護照顧我百年以後的事務，不如交由同鄉會去管理。③我於六十四年身患高血糖病，遵醫囑放棄一切工作，一心一意照顧妳婆婆和昌兒，使他們無虞生活，使昌兒成長和受良好教育。

妳說：「我沒有做到眞正的豁達，字裡行間，感受不到所謂的樂觀」。前次給昌兒的信，也許有些引用不當，或斷章取義，其實我眞是平靜快樂。如果說有些心事，是妳婆婆沒有安排好，若她能去和妳們相處，我心中就能無牽無掛過自己的生活，人非草木，孰能無情？對老婆兒子完全不關懷，長齋禮佛的人，也未必能完全斬斷情絲。

妳說：「我不是開朗而是消極」。這要以各人的心態，和各個角度來觀看。住進寺廟修行的人，世人說他們消極遁世，他她們卻說修來世，是積極：來生的事現在已經進行，能說是消極嗎？現在我自己感到內心平靜，快樂，就是開朗，而不是消極。

妳說：「每個人都必須爲他自己的人生負責任，而不是爲了其他人。」妳說得很對、很對，現在只談對昌兒的責任，他已長大而且結了婚，撫養的責任已了，教育也是我的責任，所以只要他繼續讀書，我會負擔他讀書的費用，一旦不繼續讀書，我的責任已盡。至於權利，舊社會是要他反哺，奉養父母老年生活和愼終追遠的事情。現在我沒有要求，是審視實際情形而放棄，這要看昌兒和妳的意願，我一點也不勉強。在賸餘歲月裡，想做一個不爲他人（包含自己的兒子、媳婦）操心煩憂，應該可以諒解。希望妳倆能深深體諒我的心態成全我，不要再讓我的日子，是爲別人而過的。

妳說：「您都還能和媽一起生活，就該好好珍惜它」。說眞的，我和妳婆婆的生活，很安靜快活，，因爲彼此都能深切體驗到：「忍、讓、敬、愛」的重要。雖然只有四個字，比寫給昌兒的一段簡單，如果能運用它，會有很大的用處。我固然珍惜夫妻相處和諧快樂，也希望妳和昌兒努力去做。

李××先生，是我五華名流，在大陸時代，曾任過不少重要職位，交遊廣闊，博學多才，能言善道，他的夫人黃××女士，福建名門望族之女，立法委員。在重視法制的台灣，名氣高於其夫，在這幾十年，李先生很少和其妻同進出。現實社會，女權雖已建立，主導仍偏男性，一般來說，太太的學歷、地位比丈夫高，多少會發生一些不和諧情形。以前妳爸曾對我說過：「嘉禧有博士學位，而大昌沒有怎麼可以？」現在妳同意昌兒不繼續攻讀下去，且認爲他有電機、電腦兩個碩士學位，加上他心性靈敏，處事能力強，足以應付人生今後的事務，我能說什麼呢？但妳必須先向妳爸媽溝通好、說清楚。道德、守法、誠信是我做人做事的基本態度，妳們要深思、再深思、再三再四去深思，往後人前人後，必定稱呼妳爲「唐博士」（因爲博士在學術上是無上尊榮）；大昌雖有兩個碩士，人們仍稱爲先生，或妳的地位比他高，妳們能否豁達到沒有絲毫介蒂？思之再思之，有可能發生的事，防範於未然，不要以後悔恨就遲了。

我深深盼望妳倆能妥善處理媽的生活，我自己的不用妳們煩憂，我雖老而未衰，會好好活下去，自我珍重健康的意願很強，能自強不息不斷運動，注意飲食，就是明證。

四

新昌，接你來信，深爲喜慰，你自我期許爭氣，努力爲吳氏爭光，能立此豪邁志願，很好！很好！除祝福你如願以償外，也確認你是我「吳（吾）家之千里駒」。

你及父母都知道今後聚少離多，心理已有準備，往後自不會有別離之苦。只是你乳燕離巢，廣大宇宙，人海茫茫，世情惡，人情薄，奸詐虛僞，層出不窮，道途坎坷，遍地棘荊，沒有親人照顧、呵護、一切一切，必須處處留心，時時警惕，凡事三思而後行；縱然獅虎，也怕陷阱，鵬鵰高飛，須防勁矢；待人必誠必信，處事必忠必謹，處身必勤必儉。客族本是中原優秀民族，因五胡亂華，金元鐵蹄，富商，士大夫，挐家逃亡，遷徙至蠻荒不毛之地，即今贛南、閩西、粵東北的山區，當地住民稱為「客人」。流亡生活是艱辛痛苦，為生存胼手胝足，被荊斬棘，闢土開荒，乃有客族之鼎盛，成世代之基業，養成克苦耐勞，團結奮鬥之意志；勤奮儉樸，忠厚老實的優良品德。你生於斯、長於斯、諒能理解其中精神、義理。

你今離開樸實之地，投身繁華都市，耳聞靡靡之音，目眩絢燦的世界，一切一切感到新奇。青年人心志未堅，誠恐會在不知不覺中受到感染，逐漸走上奢侈靡爛的思想和生活。你必須牢牢記住，父母畢生辛苦清廉，生長茁壯，都在樸實無華的鄉村環境，囊無餘錢，供自己讀書以外的其他不正當開支，一旦沾上惡習，難以回頭，所謂「由儉入奢易，由奢入儉難」的古訓，牢記心中，切勿輕易嚐試，戒之戒之。

古之讀書人，十年寒窗，常以：「放眼天下，志在廟堂」。其胸懷、立志，可謂壯矣。然而像范仲淹「先天下之憂而憂，後天下之樂而樂」的胸襟，立德、立言、立功垂名後世者，少得如鳳毛麟角。故仁者昌，仁者壽，成以仁，守以仁，始能久遠，是不爭之論。

大學格物致知：誠意、正心、修身、齊家、治國、平天下，是歷古聖賢豪傑追求的目標。一般人能做到誠意，正心、修身、齊家，既是濁世佼佼者。希望你立最崇高理想，先立「濁世佼佼」之志，紮實根基，更上層樓，切忌好高騖遠，不能實事求是，一旦遇挫，必定灰心喪志，前功盡棄。

胡適先生以「大處著眼，小處著手」叮嚀研究科學的莘莘學子。你正在研究尖端科技，自應大處著眼，小處著手。上帝創造宇宙，天地萬物，不論大小，均有其用處，即小小鐵釘，鏍絲，常發揮無窮功能，這就是物盡其利的明證。一事一物，千萬別嫌棄或粗心大意疏忽了小處；更有甚者，在自己行爲中，切莫「善小而不爲，惡小而爲之」。

簡體字，我十九都能了解，偶有窒礙，用串讀也能明白。一九八一年初編族譜，家鄉寄來的人名資料，因不能串讀，深爲困擾。說到此，想我中華民族，是五千年文化古國，醫術、火藥、造紙、印刷、指南針等，均是我中華民族先人所發明，創造世界文明先驅者；幾百年前就有人背著火藥箱，異想天開，點火升空，雖沒有成功，已孕育今世火箭的原理。只因「祖傳秘方，自私自利」觀念作祟，又不能鍥而不捨去研究，卻由他國人來發揚光大。

中華古物，很多被外人珍藏，即古漢學來說，日本所收藏，也許較我國還多，研究也不遺餘力，身爲中華人，實感羞愧！你是研究科技者，也許對文學比較不注重，尤其古文學。其實文學、科學是孿生兄弟，相輔相成，如能深加探究，必能發現博大精深。

文學先進說：寫文章，想文思如泉湧不竭，順暢如行雲流水，勢如波瀾壯闊，必須多讀古文。立身處世，做人治事，應多讀四書—大學、中庸、論語、孟子，其中論語是孔子的言論，更爲人稱頌。宋朝宰相趙普說：「半部論語處事，半部論語治天下」其功能宏偉可知。蓋其一言一語，均是千古不易做人處世，治國安邦的寶典。你自啓蒙，已實施簡體文學，對繁體字，諒必極少涉臘。整部文字共一萬四千多字，通常所用僅七千多字——俗稱前排，餘七千多稱後排，很少用到，一般人很難完全理解。尤其像我少小失學，平仄，注音均未學過，更因客族語音和國語，差異很大，常因某一字，某一句，知道其中意義，和外省籍人溝通，常感困難。如果你沒有涉臘古文、繁體字，方便時給你一本我讀過的「古文觀止」。那是選自先秦、兩漢、三國、兩晉、南北朝、唐、宋、元、明、清名家精品，原文，注解，白話對照，留心去讀，也很容易明白。

「比大昌哥差遠了」說得很誠懇、謙遜。你倆年歲差那麼多，現在來說是必然，但學無先後，達者爲尊，希望你不用謙讓，努力學習，奮起直追，目標超越，也希望你大昌哥能勤奮努力，永遠，永遠走在前面，爲你做追求超越的目標，這樣你倆各自努力不懈，創造美好的未來。不要看眼前，要看遠方，這樣才能成大器，立偉業，希望你倆都是我「吳家千里駒」。

我的健康很好，比返鄉時還好，除心平氣和無憂無慮無牽掛外，早晚運動時間，比以往長，是一大原因，最近除了到國家圖書館，讀書查資料寫點小文章以外，也常爬山。

台北市是盆地，四面環山，附近較爲人常遊憩登臨：有陽明山、指南宮，圓通寺。前者紀念王陽明而得名，後二者因宮寺得名。三山各有其取勝之處，我喜歡前二者。常登臨也是此兩山。交通方便，附近有車可達。

指南宮地方幽靜，空氣清新，和你阿娘去，必定野餐，但阿娘家務事繁忙，又在補習英文，因此我獨自去較多。晨起喝一杯牛奶，背袋內一把雨傘，半瓶開水，一本書，搭五點半第一班車，三十分鐘到達木柵，拾級而上到達指南宮前。山多高沒有看過有關資料，山腳到宮前石階，有一八○○多級，以前和你阿娘去，要花五十分鐘，中途休息二三次，回到家，腳小腿又硬又痛。現在我一個人去，款款而行，不疾不徐，不用休息，直達宮前，中午回家，下午照常到公園運動，踩石頭，腳不硬，也不痛。

一般人都只到宮前和新建兩座高六層寬十數丈的廟宇，後山很少人去爬，因只有羊腸小徑，且有毒蛇。宮內主供奉道教鼻祖和呂洞賓，是百年前古物，古色古香，善男信女，絡繹於途，香火鼎盛。新建廟宇雄偉，美奐美侖，雕樑畫棟，賞心悅目。站立山頭，眺望台北盡收眼底，古人「登泰山而小天下。」現在「登指南宮而小台北。」三廟附近，林木濃密，空氣清新，環境幽靜。坐山巔眺山嵐景色，聽蟲鳴、鳥語、清磬、木魚、梵音，令人有悠然出塵之想。大霧迷濛，一望無涯，無際，霧氣似浮雲般飄忽在身傍四周，有若置身雲端，似海島中神仙。如此美麗清幽景色，常置身其中，心境自然平靜而舒暢，百慮自然消除，身體也自然健康。

五

「親情」是在一九九○、九一年給我兒子大昌、媳婦唐嘉禧，侄兒新昌的信所留存舊稿，如今電話方便，已很少用書信。「親情」縈繞心中，細續內容，在短短幾年中，滄桑多變，人事全非。文中媳婦之父唐老先生，已逝世多年。我妻鄭氏群珍，因「靜脈曲張」住院手術，不幸病變成為「植物人」已經三年多，兒媳均已完成學業，各自就業，育有成雙女兒。侄兒亦已大學畢業在上海一家外國公司當技術方面的工程師、經理。我曾因「口腔癌」兩次手術，雙眼「白內障」手術，緬懷往昔，難禁百感交集，感慨萬千！

一九九八載於世界論壇報副刊、五華同鄉會年刊

培養孩子的人格

「人之初，性本善，性相近，習相遠，苟不教，性乃遷……」當呱呱墜地，他的心性是最純眞，沒有絲毫的雜念。但隨着時日的增長，所見所聞和接觸的事物，原有與生俱來的純善天性漸漸消失。如果不及時加以教育和諄諄誘導，將會逐漸走離人生正常的軌道，迷失了人生方向，遺害於自己、社會和國家。

大學格物致知，首重修身。修身之道，着重養氣。如果一個人不能善養其氣，就不能養性、養心，這是培養人格的關鍵。若本位都不能做好，怎能在漫長人生中臨危而慮深，反因困阨而改節呢？這些都取決於個人的修養，而非外在的因素和力量。故修身是切身的問題。所以一個人不能在幼小時候培養厚實良好的基礎，其他一切都是假像，都是捨本逐末。前途事業發展與否，必須取決於是否培養好了自己的人格。

一個人在波濤洶湧的社會上對人生的際遇，宇宙觀、人生觀，應有沉潛豁達的修持，深知自愛自奮、返璞歸眞；爲人處事，絕不可矯揉造作，一切純正要出於自然，投艱歷險無所畏懼，才能創造豐功偉業，意氣風發，照耀萬世而不朽，庶幾爲現代混濁的社會，投注一劑人格卓然獨立的風骨。雖明知以個人所爲，不敢企求能振聵起聾，亦希望能爲國家、社會，做一些人格的表率。

漫長的人生道路上，難免有不如意的事故發生，而受到沉重的打擊，或有得心應手意氣風發的時候。但切勿因受打擊而氣餒，更勿因得心應手而驕傲。蔣經國先生說過：「失意時需要忍，得意時需要淡。」孟子說：「修心莫過於寡欲。」這都是修身養心的名言。一個人在任何惡劣環境中，道義與情理，必須堅持固守，不容稍有喪失，不爲邪惡勢力所屈服，務使民族傳統的精神屹立不搖。「與其屈膝而生，寧可斷頭而死，」這是志節之士所秉持的浩然正氣，絕不會爲任何侮辱横逆而喪失自己的定見，更不會爲任何變局所搖撼；此種毅力與定見，除了與生俱來的大智慧，大魄力，大擔當，亦須從小薰陶才能做到。孟軻、岳飛、天縱奇才，仍須加以孟母三遷，斷抒教子；岳母刺字、精忠報國，兩人的輝煌成就，光照史冊，賴家庭教育之功匪淺。所以一個人的人格情操，要從小訓練對人生的忠誠，社會的熱愛和奉獻，以及對人類道德原則的堅持不移，才能發揮人性的光輝精神

中國歷史上很多被譽爲有松柏風範骨格的人，他們只論是非，不論成敗，所見者遠，所爲者大，那種恢宏坦蕩的胸襟，剛正堅毅的風骨，松柏不凋於歲寒，不爲環境所屈的氣節，誠令人敬佩效法！

培養孩子的人格，是漫長而艱辛的道路，要步步爲營，及時矯正。智慧的啓迪，有賴於

學校，人格的培育，家庭更是一個養成的搖籃，鑄造的溶爐。

我生於農村，長於舊禮教的社會，言行、禮節、道德，一切一切都遵循傳統的框格。父母的言行教導，總是勉勵行事立身做人、做事的道理，且不得有所逾越。養成我耿介而且將舊禮教、舊道德深刻烙印在腦海中而永不遺忘。我在「母親」一文中曾提及拾到一個銅板和在廣州拾巨金而不昧的故事，可以了解家庭教育對人格的培養非常重要。我就是秉持這種精神教導培養我的兒子。

我只有一個兒子名大昌，因他沒有兄弟姐妹，使我更注重培養他的人格，灌輸他做人、做事的道理。孩子小時候，總會做一些違規的言行，應該及時糾正。當他六歲的時候，新台幣最大面值是五十元紙幣。有一次袋裡的紙幣少了一張，初時以爲妻臨時取用。但一連數天，每天總是少了一張，乃和妻談及。但她說沒有拿過，家中只有三人，當然問題出在孩子身上。奇怪的是：他才六歲，平時沒有自己買零吃的習慣，他爲何要暗中拿錢？在他玩具箱中找到一疊紙幣，整整齊齊放在一起，乃決定和妻演一次戲。飯後閒談中對妻說：我袋裡五十元的新鈔少了×張，是否妳拿了？這種似偷竊的行爲是不對的。孩子接着問我：爸、您怎麼知道少了幾×？我說：做生意每天習慣結帳，所以知道，他說：媽拿了您的錢，算偷竊嗎？我說：凡是別人的東西和金錢，沒有經過物主的許可，私自拿取，均屬偷竊行爲。他說：錢是我拿的，覺得很好看，現在拿出來算不算偷呢？我說：沒有向警察報案以前就沒有事。他就自己拿出來。大費周章繞了一個大彎，就是要他自己知道錯誤，坦然面對。

小學二年從路上撿到一支六一型派克金筆，他非常高興。那時的生活水準較差，一般人很少使用金筆。派出所雖可以招領，除非重要東西，否則，失主很少去報案，最後成爲沒人認領之物。孩子小小心靈中也知道其中情形，我雖然要他送派出所招領，他却不肯送去。在送去與自存兩難中，我作了斷然的決定：將鋼筆鎚爛，明白告訴孩子：不是父母或自己的錢買來或親友送的東西，絕不能要。這是斷絕竊取他人的東西據爲己有，而說拾得的藉口，防範於未然。

孩子的天賦，還算不錯，從小有主見肯上進，從小學、初中、高中，我沒有盯着他讀書做功課。但孩子年紀小，對是非觀念比較模糊，應該注意他的言行和思想，說錯話、做錯事，應以嚴謹的態度，溫婉的言詞，指出因由和害處，訓誨和勸勉，使能知錯改正。以開明的態度讓他能表達自己心中的意願，使下情能夠上達，減少代溝的隔閡，增進兩代間的感情和諧融洽。

從小學到大學十六年時間，以鼓勵代替責難，讀書考試孩子能夠平心靜氣，做到精神沒有壓力，心中沒有負擔，只要努力以赴，盡心盡力，縱然書沒有讀好，考試沒有達到理想，我會諒解，不會有不滿和責怪。能夠順利擠進高中和大學的窄門，甚而出國讀書的托福考試，都能以平常心處之。

小學六年，國中三年，學校每學期開家長會一次，溝通老師和家長間的意見橋樑，瞭解學子在校和在家的學業和行爲。孩子的功課，自己清楚了解，所以每次和老師談話，總以品德人格為話題。我認為現代工業社會中，一個人的品德人格，較之學業尤其重要。德智體群育樂六大要旨，「德」居其首，「智」居其二，就是這個道理。當然品學兼優，是每一個身為父母者深切期盼獲得的願望。假如品德好，學識稍差，能夠克苦努力，勤奮工作，總能使妻兒家人，溫飽無虞，過着平靜、舒適、快樂、融和幸福的家庭生活，是人們夢寐以求的。若品行不端，人格敗壞，心術歪邪，作奸犯科，貽禍人類，不容於社會，縱然學識淵博，身居高位，對國家社會個人，將遺害無窮。

「做事要客觀，生活要主觀。」這是我畢生信守的規範。「做事能客觀」才能容納他人的意見，觀察所得的建議。孔子曰：「三人行必有我師焉。」天下人的優點都可以學習，皆是我的老師，問題是自己能否懂得虛心去學習。「海納百川，有容乃大。」能容納他人的意見，可以增長自己的見識，開拓自己的心胸，眼光更為遠大，才不會形成固步自封，閉門造車。「生活能主觀」，才能安於貧窮，面對現實，勤奮努力，誠信待人，不因他人的富貴而自卑，不為物慾所侵蝕，不為糜麗紛華所影響。我要孩子深切了解客觀和主觀，對自我生活的重要。

我畢生無一技之長，以勞力維持一家免於凍餒的生活，艱苦備嚐，點點滴滴和孩子談及，使他了解我在人生旅途上備受坎坷的困苦。因此，孩子考大學塡寫報考科系，徵求我的意見時，我建議：選「好科系」，不要選「好學校」。商定四個科系：電機工程、電子工程、化學工程、土木工程。這四個科系，目前固屬熱門，瞻望未來，也不會變為冷門。能夠考上任何一科，學有專長，一生的工作均可獲得保障，生活會過得較爲舒適。結果，僥倖以第一志願—電機工程學系錄取。這是我幾十年來最快樂欣慰的一件事。

大學四年都住在學校或鄰近，從那時起，我要他自己照顧日常的生活，努力學業，謹言愼行，自立自主自強。明白告訴他，你現在已長大成人，學識和智慧，都比我高深，一切一切深思熟慮後自行決定，我只能以社會的經驗，提供一些意見，做爲參考。爲了養成他獨立自主，考上大學，規定要到成功嶺受訓，那時當兵對一般父母來說，可說是一件大事，親戚設宴送紅包是很流行，每周上成功嶺探望，更是父母生活中的一環。我沒有像一般的父親那麼寵溺孩子，不單沒有上山去探望，甚而大學四年時間，也只順道探望一次。我不是不關懷而是要磨練孩子獨立自主的意志和精神，這對他以後出國讀書和今後人生，有很大的助益。

孩子出生後，決心培養他有較良好的教育，以及牢記家鄉的情形，現在大學畢業並在美國俄亥俄大學研究所取得電機工程、電腦工程兩個碩士，教育的願望已達。至於家鄉情形，除七歲上學那年，尚未開放大陸探親，乃刻一個象牙印章給他，邊上刻有故鄉地址和祖父母名諱等，又以一九八一年我父光文公逝世，在家中供奉祖宗牌位，朝暮焚香，並在台北縣觀音山麓，五華墓園各姓祖堂內供奉歷代祖宗和我祖父杞漢公的牌位。編印吳氏族譜，雖是爲我五華故鄉全體宗親而編，對孩子來說：已承襲薪火相傳，無虞根源的失落了。大陸開放後於一九九六年農歷新年，伴我返回五華故鄉拜祖掃墓和親人相見，現在既經不是失落的孩子，遺憾的是我妻鄭氏群珍臥病在院，未能同行，誠美中不足，畢生遺憾！

一九八九年十二月十六日孩子與唐嘉禧小姐結婚。唐氏原籍廣西，畢業於台灣大學食品科學碩士，美國俄亥俄州立大學食品化學博士。現在夫妻均有高深學識，希望他倆不斷努力，追求創造，日新又新，共同攜手締造自己的人生事業，幸福世界。他倆現定居新澤西州有良好的工作，於一九九二、九七年先後生育兩個女兒，一家和樂融融，幸福美滿。

孩子的成長過程，深受我對傳統道德的重視而能遵循不墜、平素品行端正，慷慨好友，對故鄉親人能表現友愛之誠。現在有專門技術爲基礎，對工作極富熱誠，又有奮鬥夥伴，前途必定光明燦爛，人生必定美好幸福。然而，人生的道路遍地荊棘、坎坷難行，狂風巨浪，世事變化，難以逆料，人性矯飾，混惑視聽，更令人難以防範。惟有堅定意志，奮發邁進，冷靜思慮，應付事態。牢記：「人生有甜有苦，甜時應念苦，苦時勿復思甜。」「得意時不要忘形、失意時不要頹喪。」時時作「百尺竿頭更進一步」的努力，刻刻做「不如意事橫逆挑戰」的準備。行事立身，守時、守份，待人誠懇，處事和平，仁愛爲懷，信義立世、勤奮篤實，努力不懈，服膺「儒」家的道德，「佛」家的因果規範。我衷心祝福昌兒嘉禧夫婦暨孫兒女前途光明，幸福快樂！

載於世界論壇副刊

赤子情

旭梅是我姪孫女，現就讀廣州市司法學校。最近六年來我曾三次回故鄉，和我談過話的人很多，因她是小女孩，從沒有單獨談過話，甚而連面貌身材，印象中都很模糊。自去年下學期開始，她常來信問候我的起居，想知道些學識和做人處事的道理，求知的慾念很強。去年十月二十五日我胞兄樞祥－她的祖父逝世後，在來信中字裡行間充滿孺慕之思和傷心懷念，也知道我很傷心難過，信中總是充滿感性的語句來勸慰，小小年紀所表現的純摯深情，懂得敬長和關懷的道理，赤子之情，令我非常感動！現節錄她新近來信片段如下：

阿婆走了，阿公也跟著走了，而且相隔僅僅只有四十八天。我深愛的兩位親人不聲不響悄悄地離開，沒有一句話交代，沒有一隻字的遺留給我們；卻遺留給我們無限的悲痛，無限的懷念！自今而後，再也看不到阿公阿婆的慈祥笑容，聽不到阿公阿婆的聲聲呼喚。十多年來共住在一個屋簷下，風雨寒暑，快樂憂愁，都給我們無盡的溫暖，無限的關懷和愛護！如今一切都失落了，寧不叫人無窮懷念，痛徹肝腸！

初秋，我離開家鄉遠赴廣州去讀書，向阿公阿婆辭行的時候，阿公慈祥而帶嚴肅的語氣對我說：我家在窮困的農村，妳才十多歲的小女娃，能夠有機會跑到那麼遠的地方去讀書，是多麼的幸運，要把握機會，好好地用功，好好的學習，將來成爲社會上有用的人才，今後的生活，飲食起居和一切，沒有阿公阿婆和妳父母的照顧，自己要好好的留心，好好的保重，不要令家人失望，不要給家中躭憂。阿婆更翻箱倒筴，找了一張五十元的人民幣，放在我手掌中說：留在身邊做必要的用途。

聽了阿公的叮寧，我心中固然感到很溫馨，也興起離情依依的感傷和難過！禁不住流下淚來。阿婆給我錢時，更有一種特別的感覺，卻無法說出內心感覺的原因。雖然每張五十元的人民幣都是一樣的，而我卻特別把它珍藏著，而不想用它。也許是心靈的感應吧！

離開家鄉到廣州，僅短短一個月不到，阿婆竟遺棄我們走了。因爲鄉下沒有冷凍設備，又在大熱天裡怕腐臭，僅一天就入殮出殯。更因時間急迫，也沒有通知我，直至半個月後才得到爸媽的告知。我心中的難過和悲傷，可以想像的，我珍藏那五十元也許是預兆，今後我會更珍惜它到地老天荒！這是阿婆給我唯一的遺物，永遠的紀念品！

福無雙至，禍不單行，這是古老的一句話。不幸的事接踵而來，阿婆逝世僅僅四十八天，阿公又離我而逝了。我悲傷，我痛哭，我向老師請了假，急急趕回家中，想看阿公最後的一面，嘆惜我無緣！雖然急急趕路，還是遲了，到達家門，阿公的屍體已裝進棺材裡，而且棺蓋也上了釘。這就是人生的終結，一切和一切，做了徹底的論定，是人們所說的「蓋棺論定」。每一個人的一生功過和善惡，都無法再改變了。

聽爸媽說：阿公臨走時雖然對子孫們沒有說一句話，交代一切，但走得很安詳，很放心，很滿意的樣子。大概阿公生前深深知道：他勤儉樸實，仁義忠誠的美德，已傳承給子孫，而且已經在實踐，繼續他的美德，永遠不墜。

我們家的生活，這幾年已大大改善，不像早些年代住在破屋裡，吃不飽、穿不暖的艱困日子。阿公阿婆挨了大半輩子的艱難困苦，現在可以享受豐衣足食，過兒孫繞膝，含飴弄孫、優遊林泉、飴養天年的時候，卻隨阿婆走了，無聲無息靜悄悄地走了。我越想越傷心，越感到阿公阿婆，不應該那麼快就走掉。我也自己可憐自己，今後再也見不到阿公阿婆了。

這學期開課到現在才短短兩個月，竟然兩個我敬愛的親人遺棄我而走了，我無法接受這個事實。每當走過阿公阿婆睡過的房間，總會徘徊瞻顧，走進房中，好像阿公阿婆像往常一樣在閒話家常。我知道這是幻想，也深深感覺到房中已空空蕩蕩，冷冷清清，失去往昔溫馨快樂的氣息，但觸摸阿公阿婆用過的東西，卻又興起無限回憶和依戀！

阿公阿婆離開前，沒有見到最後一面，死後也無緣見到，緣慳一面，難道就是這意思嗎？我好傷心，我好難過，也好後悔；後悔阿公阿婆在世時沒有好好多孝順，好好地多侍奉，如今已成終生的遺憾！這是心靈的傷痛和懺悔，沒有什麼可以補救的。唯一可以彌縫的，除了照阿公訓勉的話，好好用功讀書，保重身體，別無其他方法了。

叔公，我阿公不幸去世，我深知您一定很悲痛傷心。您倆兄弟的情深意篤，是大家知道的。從您寫的：「悼念胞兄」和「祭文」更可知道您倆的親情是那麼深篤，那麼摯愛。但是人死不能復生，您壽年也這麼高了，而且叔婆成為「植物人」，長久住在醫院；大昌叔和嬸母又遠在美國，在台灣只有您一人，孤孤單單一個人。本來要有人來照顧，現在不單沒有人照顧，還要每天到醫院照顧叔婆，為她洗澡，為她做復健工作。我可以想像坐車來回顛簸，復健工作更要很大的力氣。您必定很辛苦，很勞累。您要保重自己，注意自己的健康，要多吃一些有營養的食品，來維持身體所需的營養。

您這麼大的年紀，叔婆又在醫院，沒有人照顧您，服侍您，一天到晚，孤零零地一個人要買菜、做飯、洗衣、清潔和一切一切都要自己動手、操心。一日如此、一月如此、甚至一年還是如此！一旦有什麼意外，有感冒等等，連倒一杯開水，熬一碗稀飯的人都沒有，怎能叫我不躭憂呢？這些年來您為家鄉付出了很多錢，很多愛，永遠為他人而不顧自己。我誠懇的建議，今後不要再為故鄉中的親人躭心了，各人頭上一片天，一株草、一滴露，上蒼自有安排。叔公，應該為自己安排過較好的生活，較舒適的日子，最好請一個佣人，做家務事，服侍您，或到醫院照顧叔婆。這樣不單有人服侍，有人做伴，也有人聊天，生活才能減少緊張，放鬆心情。

廣州和台灣，有雲海阻隔，政治的不同，我雖想飛到台灣來照顧您，侍奉您，但這是我的白日夢，難以達到的白日夢，惟有遙望雲天，默默禱祝您身體健康，叔婆早日康復。

一九九七年載於世界論壇副刊

人生旅途多坎坷

四十一年我退伍時六十四軍已改編爲台南師管區，張其中將軍仍任司令。他介紹我到台南縣善化鎮，一家碾米工廠當營業員。這家米廠是本省籍兩兄弟開設，兄弟都不會講國語。那時碾米工廠，都希望承碾軍隊米糧，才是大宗生意。原六十四軍有幾個團住在附近，軍需人員多是舊識，接洽均很順利，因此業務較前增加很多，且有逐漸增加的希望。然而兄弟鬩牆，妯娌不和，明爭暗鬥，正當生意興隆時，不幸竟爾析產，生意關門，殊爲可惜！

在台南市賦閑時，朋友要我暫時到一個社團做幹事。這社團由社會各階層青年所組成，經費短拙，每月只給零用津貼新台幣兩百元，在師管區司令部搭伙食，就花掉一百四十元，入不敷出，做了幾月就辭職離開。不過這幾月接觸社會人士很廣，對自己以後的生計有許多助益。

賦閑，對年輕人來說，實在是很無奈，時間固然無法安排，生活費用更成爲壓力。乃在一家醬油工廠販賣推銷，每天用單車載著沉重的醬油到各眷村去兜售，冀獲蠅頭之利，以度生活，工作雖苦，勉能溫飽，萬想不到後來自己竟頂來工廠，做起老闆來。

醬油工廠，是租一間平房瓦屋，簡單設備，用黃豆餅加硝酸熬煮，然後加鹽、糖、味津、色素混合而成的化學醬油。成本低，價錢廉，適合那時軍人待遇低的眷屬食用。由進料製造，裝瓶、貼標、送貨、收瓶、洗瓶，自己一人包辦。早上熬煮、洗瓶、曬瓶，下午送貨、進料，晚上裝瓶、貼標。從清早忙到深夜，總是筋疲力盡。且常常忙到沒有時間煮飯，外出時買兩個饅頭充飢，當一頓飯。利潤可以維持生活，稍有存餘，但僱不起一個工人。一個人自打鼓，自划船，工作時間達十八個小時，長久下去，會攪壞身體，不是辦法，只好走上結束之途。

朋友承包台南市空軍新生社餐廳，要我去做業務經理，食住解決，待遇優厚。我到後予以整頓，注意衛生，加強服務，發展人際關係，由是業務蒸蒸日上，老闆高興，自己更有成就感。然而好景不常，社址原非空軍所有，係接收日本人的財產，日人則是侵佔私人財產，糾結多時，經訴訟敗訴，社址被收回，我又失業。

自退伍後已三年多，做什麼事都失敗，眞是時運不濟，賣鹽都生蟲。但我生性堅強，大有愈挫愈勇的氣慨！不願低聲下氣去求人。來台灣已五年多，一切都不如意，失望困難，故鄉人士在台灣有辦法的很多，從不去求助，即堂叔紫金（字震球），也不例外，養成獨立，不依賴性格，直到現在也沒有改變。回顧過去幾十年的人生旅途，荆棘遍地，坎坷嶇崎，希冀今後能有較健康的體力，結婚生子，和妻兒過幸福安靜的生活！

失業後，到台北市探望蘇啓蛟兄，偶然遇到劉×先生。自被誣爲盜之後，大爲疏遠，深切了解他是爲利不顧義的人。他離開六十四軍亦已多年，彼此從未通問，見面後知我近況，承他仍念舊誼，介紹我到一間印書局工作。我很感謝他的協助，但他是一手拿錢，一手拿皮鞭的人，心中害怕以後會發生事情，連累到自己。但我正在謀事，能由此到台北工作，是一個機會，以後的事，自己時刻小心就是。眞是：「明知不是伴，事急且相隨」。

載於世界論壇副刊

治「癌」瑣記

一九九四年九月二十九日，經切片化驗，確定爲初期的「口腔癌」。這是我第二次人生震撼；第一次於一九七五年，身患「高血糖」病，時爲飯後五〇〇度，已達高危險範圍。根據台灣醫學報導；高血糖死亡率位居十大之六，癌則爲第一。我何幸獲上蒼眷顧，擁有兩症？

八月初，在刷牙時偶觸及口腔右壁，有疼痛感覺，攬鏡自視，有黃豆粒大小的紅暈，四周有白色圍繞和星點，初以爲普通口腔炎，不以爲意。堂弟炯祥於數年前曾患「口腔癌」，自苗栗打電話來，我曾詢及初期病發情形，據告知與我目前情形相似。乃於十九日赴榮民總醫院治療耳疾時請教醫師，承囑要早日切片檢查。

二十二日經口腔科張哲壽主任診治，服消炎藥片、塗抹藥膏，經五周無效，乃於九月二十九日切片化驗。十月六日檢視化驗報告，證實爲「口腔癌」，雖屬初期，醫生仍建議即住院加強清理，以防蔓延。嗣因雙十國慶連續假日，改十一日住院。

住進思源樓十樓一〇八病室十號床，當天除塡寫辦理各種表格及各種手續以外，未做其他檢驗。病房有四張床位，已住有三人，分別曾經住院三、四、五次手術，都是嚴重情況，手術均由口腔到肩及胸，其中一位下齶骨切掉一半。目睹此情，心中非常驚恐。自己的病情，據說只是初期而且輕微，但仍須簽署「斷層檢查」意外死亡等切結手續，不禁產生一絲「危險意識」。當晚因此思慮與室友手術後痛苦呻吟呼叫，而整夜無法入睡。

接連兩天大小便化驗，抽血化驗血糖、肝、腎功能，心電圖，×光胸腔照像，核子骨胳照像等十餘種，另外「斷層掃描」排至近千號，約計要一周才能進行。據說此種「掃描」，可偵知細胞位置以及有無擴散的功能，可說手術大夫的指南，手術前必須做此項工作，才能了解實情。因此，等待至十七日午夜才進行，時間雖只需二十分鐘，等待的時間花掉四天。

「十八日，決定十九日手術，當天下午照例醫師要開一次會議。後來曉得那次會議對我的「癌病」要不要手術，略有爭議。蓋切片檢查報告，說有「癌」細胞傾向，建議加強周邊刮切，較爲安全。然而經「斷層掃描」，不單毫無「細胞」擴散情形，即切片時的「病灶」位置，亦未顯現。此表示「癌病」已無踪影，依此情形，不須再施行手術。但因病患心理上已有「癌」的陰影，若不加強周邊刮切，陰影永遠存在；手術難免痛苦，但換得心理陰影永遠消失，權衡輕重爲使病患心理健康，還是進行手術較好。當晚禁止飲食，淸除腸胃。

十九日上午八時揷針打點滴，九時半進入痲醉室，瞬間即失去知覺，醒來已在恢復室，時間是下午三時。在這數小時中曾夢遊很多以前遊歷過和未到過的地方，和台灣、家鄉親人相聚，朋友閒話聊天，甚而和已逝世父母見面等等，我不知道進手術間前，是否曾有過死亡意識，才有所謂「有所思，才有所夢」。只幾小時經歷如此多人和事物，眞是：「黃粱猶未熟，一夢到華夷」。

返回病房後，仍打點滴，鼻孔在痲醉後已分別插氣、食管，淸醒後拔掉氣管仍保留食管，待通氣（放屁）後才可以進食，現在只能以流質代替其他食物，由食管進入胃部，已沒有味覺，也不習慣。但通常手術後病患都必需如此。住院時，妻要求到醫院陪伴，我認爲沒有必要。今天她很早就來到醫院，心中有一股暖流，患難見眞情，在痛苦中益見深厚；但她健康亦不好，傍晚即勸她早點回家。

第二天午後，主刀大夫來病房查探，認爲手術情形良好，詢問有無不舒服？我表示打點滴處紅腫，飲食不方便。他要我飲一口溫水，試呑食情形，我做後不感覺困難。他認爲如此可以不用再打點滴，取掉食管，今後可以自己呑食飯菜和藥物。

二十二日早上張哲壽主任和主治大夫來病房，檢查我口腔，認爲很好。我問何時可以出院？他說：「現在就可以出院」，因此立刻辦理出院手續。住院十二天，總計醫療費近十一萬元，因我是「榮民」只繳納伙食費七百餘元，全部免費，再領取回到榮家計程車費一二七元。

「一般手術病患，通常需在醫院休養一周觀察，我因十二天來心情不好，伙食又不合自己十多年來爲節制高血糖食性，很少食米飯和水果，而醫院每餐一大碗米飯、水果，都不敢食，同房病患痛苦呻吟，影響睡眠，體重減輕六公斤。由於出院時間過以急促，當辦完出院手續回返病房時，竟頭暈目眩。但出院回到家中，心情卻充滿愉快！

「榮民總醫院，院區遼濶，是台灣衆多醫院中名列第一，設備完善，也許不能居世界之冠，但病床二千多，門診病患每天一萬多，則居世界第一。因此醫院內外，人潮衆多，各路公車二十多號，班車之多，只有台北市火車站、西門可以相匹。

住院期間，親友來探病者很多，給我溫情，賜我錢物，現經三個月追踪檢查，已確定無異常現象。諸位大夫妙手回春，護理人員、熱情照護。使我住院期間減少痛苦，心情壓力減輕，健康很快恢復，均是親友以及醫生、護理之賜，深深感激和致謝！

載於世界論壇副刊

祭祖暨悼念忠烈

曾子曰：「愼終追遠，民德歸厚矣。」愼終者，喪盡其哀，必誠必敬，即所以守喪盡禮。追遠者，親喪已遠，追而祭之，即所以不忘本。盡禮與不忘本，皆屬孝道，孝者必仁，仁者必壽，是以子孫繁衍，奕世其昌也。這就是說：我們能愼行親長的葬禮，不忘記對祖先的祭禮，則風俗自然會趨於醇厚。愼終追遠，是不忘本的表現，對已亡故的祖先能憶念不忘，則對活著的親人，更加會盡到孝養照顧的責任。如此會引起移風易俗的責任，使大家對道德歸於醇厚。

孝順為事親之本。父母生我育我，以至成立，我之獲之，無微不至，父母之恩，昊天罔極，永遠報答不完，所以對父母一定要孝順。對父母不孝，對人不會有愛，對國家不會有忠。孝悌以仁為本，要行仁道於天下，必先行孝悌，以事父母兄長，愛護弟妹。「不得乎親，不可以為人，不順乎親，不得以為子。」這是孝順事親之道，而且要必誠必敬。

近代歐風東漸，由農村社會，逐漸改型為工商社會，小家庭制因此興起，與父母分開居住，甚而追名逐利，遠走他方，經年累月，難得見面。「父母在不遠遊」。傳統孝道的古訓，早已抛諸腦後，與父母疏離，日甚一日，晨昏定省，菽水承歡的觀念，已不復存在，傳統道德觀念和古訓，早已蕩然無存。對孝養眞義，誤以爲能使父母的生活所需，無虞匱乏，就已盡了孝養之責，其實大謬不然。孝者能養，還要誠敬，如果奉養而無誠敬之心，養豬養狗也是養，那就非孝養父母之道也。

我五華同鄉，因動亂離別故鄉，播遷來台，數十年與故鄉完全隔離，既無祖祠可祭，亦無祖墓可拜，每屆清明望鄉闕而興嘆，對子女更難以說「追遠」之訓，長此以往，「愼終追遠」的醇厚風俗道德，將逐漸失落。旅台同鄉長者，有見及此，除設同鄉會凝聚散落的精神，並於八〇年代，在台北縣觀音山麓，購地興建「五華墓園」，供同鄉以後埋骨之所；並在園內建一座祠宇，安放各姓祖先牌位暨忠烈神位，供清明祭祀場所，使鄉人能表達對祖先祭祀之誠，恢復醇厚的「追遠」風俗。十數年來清明祭祖，由原來僅中、老年人參拜，現在青少年不單自己參加，還攜帶妻子女參加。

大陸時代，清明祭祖掃墓，扶老攜幼親臨參加，長衫馬掛，衣冠整齊，各自表達恭敬祭祀崇先的熱鬧盛況，在台灣已逐漸恢復，移風易俗的目的，已經達成，老年人的薪傳，青少年已能接受，這是可喜的現象。

觀音山祭祖掃墓，原來依清明節日舉行，後因祠內尙有忠烈神位，乃改爲三二九青年節，祭祀祖先與悼念烈士同日舉行。三二九是國父孫中山先生，領導國民革命推翻滿清皇朝的第十次起義。同鄉會訂是日祭祀祖先，和紀念先烈爲國犧牲的偉大精神，是有雙重意義。

黃花岡之役，發生於清宣統三年三月二十九日（西元一九一一年四月二十日），是國父領導的同盟會，成立以來最壯烈的一次起義，也是最接近成功的一次起義。

宣統二年，倪映典同志領導的新兵起義失敗後，國父和黃興、胡漢民、趙聲、孫德彰等在檳榔嶼開會決定，再在廣州起義，這就是黃花岡之役的起源。原計劃是三月十五日，由趙聲任總指揮，黃興副之。後因各種問題而改爲二十八日，又因軍械未能及時運到，再延一天。改由黃興任總指揮，兵分十路。

然而，兩廣總督張鳴岐，自從溫生才行刺孚琦後，已嚴密戒備，挨戶搜查，黨方秘密機關，已有多處被迫遷走。去年新兵起義，更引起清軍注意；新近又得知革命黨人近期起義的消息，城內清軍增多，分據要津，加強戒備。黃興審視情勢與諸同志商議；部份同志建議改期，而喻雲紀、林文、閔十烈、陳與桑等咸認：「戰亦死，不戰亦死，天下寧有不戰而受縛之戰士。」大家都有必死的決心，黃興亦認爲士氣如此高昂，若一再延期，會瓦解同志信心和士氣，雖實行也相當危險。但衡量輕重，迫於情勢，乃照原計畫實行，只把原定十路，集中力量，改爲四路。

三月二十九日下午五時二十五分，黃興率領林文、方聲洞，朱執信等一百七十多人，向總督衙門進攻，與清軍發生激戰；雖攻進總督衙門，張鳴岐從後門逃走，至民宅躲藏，成功已在望，可惜其他三路沒有照原計畫發動，以致後援不至，功敗垂成。而清軍則無其他顧慮，集中火力，將黃興等包圍。林文、方聲洞、華金元、阮德三等先後戰死，黃興亦已受傷。不得已兵分三路，且戰且走，退出廣州。

此次戰役，戰死的革命黨人，除上述外，尚有數十人。被捕的有林覺民、喻培倫、陳可鈞等四十三人，他們受清軍審問時，均大義凜然，從容赴義。事後全部死難黨人，由潘達微同志，收集殘骸葬於紅花岡。共計八十六人，有姓名者七十二人，歷史上稱：「七十二烈士」。民國七年，方聲濤募款重修墓園，林森復向華僑募款建：「紀功坊」、「墓亭」。其後民國二十一年十月，審查出是役烈士十三人，亦補列碑記，現在未列碑記者，僅李祖恩烈士一人。

黃花岡之役，雖然失敗了，但革命志士爲國家民族的前途，而甘心拋頭顱、灑熱血，壯烈犧牲的精神，震撼全國每一個人的心弦，終於造成時勢，鼓動起全國的革命風潮，風起雲湧，導致同年十月十日武昌起義的成功

「兒死矣，惟累大人吃苦，弟妹缺衣食耳，然大有補於全國同胞也。」「意影卿卿如晤：吾今以此書與汝永別矣！吾作此書時，尙是塵世中一人，汝看此書時，吾已成爲陰間一鬼……。」以上是林覺民烈士於福建故鄉馳赴廣州參加起義時留書給父親與妻的「絕筆書」中幾句。黃花岡之役，事敗受訊，縱論大勢，慷慨激昂，使張鳴歧、李準折服，就刑時面不改色，年方二十五歲。而黃興於出發前所書絕命書：「事繁，無暇通侯，」參加行動時，已下定犧牲奮戰，義無返顧的必死決心。

每年三月二十九日（原農曆改爲新曆），是烈士殉難日，政府明令公佈爲「青年節」。各地於是日在忠烈祠祭悼，典禮至爲隆重。廣州在黃花公園內烈士墓前祭拜，更具意義，民衆參加者，滿園皆是，仰瞻烈士墓園，表達崇敬和悼念！是日，縱是烈日當空，天空亦必有烏雲飄至而下雨。人們常說：烈士慷慨赴義的精神，感動天公也流淚！

黃花公園，位於廣州市東郊白雲山麓，原名紅花岡，後改爲黃花岡，內有「七十二烈士之墓」。是三二九之役死難先烈，安息埋骨之所。前臨沙河市，後枕越秀山，莊嚴肅穆，啓示烈士精神，與天地日月同光。滿園栽種黃花，處處影映紅葉，碧血和黃花，顯現浩氣長存，仁人志士，有殺身成仁的決心，絕無求生而害仁的行爲。唯其求仁意志堅定，所以獲得義盡。求仁而得仁，縱在刀鋸鼎鑊當前，亦毫不畏懼！捨身以取義，丹心照汗青的志節，令人肅然起敬。烈士墓園牌樓，書「浩氣長存」，墓園聯：

七十二健兒，酣戰春雲湛碧血；
四百兆國子，愁看秋雨濕黃花。

黃花岡之役，死難的八十六位烈士，就像八十六顆彗星，光芒四射，燦爛輝煌，照澈全國人民的心胸，激發爲民族自由而奮鬥的堅定意志，拋頭顱灑熱血而不惜！堅強的意志，粉碎了封建的枷鎖，擊敗了滿清腐敗無能的政府，恢復河山秀麗的面貌，建立民主自由的中華！肇造民國，終結五千年來的封建帝制，爲後人稱頌千秋萬世，直到永遠！

一九九六年清明節載於世界論壇報副刊

萬里雲山懷故國
天涯明月繫鄉情
吳偉英 壬申中秋

恕
大昌吾兒
嘉禎媳婦 勉之
互敬以德 互愛以誠
互諒以恕 互勉以勤
克己復禮 敦品厲行
仁愛忠信 修齊治平
夫婦模範 家庭典型
百年好合 幸福永恆
吳偉英 壬申秋月

夢縈故鄉

故鄉掠影

我的故鄉遺聞軼事頗多，根據故老相傳，以及自己所知，綜述如后：

故鄉在廣東省五華縣（原名長樂於民國三年改今名）轉水鎭黃龍鄉青塘村，位於五嶺東麓，五華河（歧江）中游。距五華故城二〇里，練溪鋪、轉水鎭五里，河口二〇里，水寨三〇里，潭下四〇里。是黃龍盆地的上端，平疇無垠，梯田縱橫，土地肥沃，是農耕的好地方。整個面積，無政府丈量資料，難以估計，若沿邊走一遭，最少漷花半天時間。

吳族五華始祖英惠公，是明太祖朱元璋勅封爲大將軍，落籍五華城南下潭屯；三世祖銘公，襲大將軍爵、謚溫肅，於明朝成化年間闢建黃龍盆地北端，名曰「青塘」。於眠牛山下建宅，號「眠牛形」，即現在的祖祠。拓土開荒，立世代的基業，乃有吳門鼎盛之薪傳。

祖祠面前是一平疇無垠的廣袤大段，原是沼澤不能耕稼之地。現在和安塘、畲坑塘、楊仲塘等地，均是荒山野嶺，樹木蓊蔭，荆棘遍地，雜草叢生，是難以耕種之地，是先落籍在上游曾姓、下游鍾姓棄置不要之地。經我族先人胼手胝足，披荆斬棘和後人繼續努力，才有現在的優良農村環境。

祖宅坐西向東，靠山面水，視界寬廣，氣象萬千，平疇綠野，美景天成。只是後人不加珍惜，濫砍山樹，又不培植，樹木逐年減少，至文革後已成光山禿嶺。所幸山地肥沃，野草叢生，不至水土流失，是不幸中之大幸。開放後族人知道植樹的重要，各自種植杉樹，現有良好的成績。

自闢建至今，已歷五百餘年，裔孫遍佈青塘各地—老屋排、圍內、黃善塘、龍鏡塘、永福嶺、和安塘、畬坑塘、楊仲塘、吳屋壩等地。人口日益增多，已有七千餘人。惟耕地不能配合增多，因而遷居他鄉—水南、澄江湖，亦有因任官行商徙居興寧葉塘、龍川鶴市、廣州沙河、廣西賀縣等地，新近編入族譜人數，已與故鄉人口相若。而未納入族譜之龍川陳田、鐵場、江西、四川等地，則難以計數。

自古以來，中華民族傳統相信風水；即陽宅住屋，陰宅墓地。我三世祖銘公建祖祠於眠牛山下，因風水點穴在「眠牛肚穴」，才有今日興旺衆多之後代。祠前有一口水塘，像是大熱天牛臥在池中，靠岸處有似公牛的生殖器—兩塊圓形石中間另有長方形石，前端有泉湧出，雖久旱不雨，池塘乾沽泥裂；而湧泉不斷，湧泉口尚有一平坦石塊。池塘內淤泥常盈尺，而石面光潔，未受遮蓋，地理師命名「金筆醮硯。」祖祠護沙格局完整面向大江，水從青龍入局，流向南方不遠處有河子口、竹痲塘兩山犬牙交錯，堵塞水口；且有眠牛山後—和安塘、畬坑塘、楊仲塘各村之水，匯成一大溪流，由和尚嶺經眠牛形頭部繞向北行至尾部折向東，再向南至鴨麻湖山出大江，名曰：「水繞玄武」。是風水名目中很響亮的名氣。因此由祖屋東望有三道水系在眼前，而看不到出水口在那裡，是難得見到的水系。

俗稱水爲財，因此，我族代有富者，地理師認爲理所當然。新近「轉市大橋」建成，更增一道堵水口。且鴨麻湖山似劍把，而大橋是劍身，據說：對我族的風水大有助益。建橋原爲方便行旅，造福人民，若果獲益，眞是「無心插柳柳成蔭，」那是福田心種了。

「水繞玄武」，已成歷史名稱，因五華河年久淤積，水位已平河岸，青塘大段，經數次洪水爲患，河堤幾度被毀，柔腸寸斷、河沙衝積大段中的「玄武」水系，成爲淤積，不能流水，已全部改爲耕地，除仍可看到部份深潭以外，已無踪影。

祖屋前大段，雖是沼澤區，却有三十六個土墩，如象棋盤分佈，其中有一土墩，有祖墳一穴，名：棋盤形將子穴。三十六個土墩，現已被中共平爲農田，仍可說出名字者：有閻王墩、南山墩、黃豆墩、淺墩、牛角墩、鯉麻墩、長墩、來龍墩、尖墩、細墩、禾坪墩、種菜墩、四名墩、東墩、高墩、大王墩、大墳墩、公王墩等十八個。

眠牛山前後，共有池塘二十七口，除山背池塘，逐年有淤積情形，有部份被塡爲菜地，尚能保持原數。而山前之池塘很多已成爲耕地，惟祖屋門前的塘仍保持完整；淞塘是目前最完整的水塘，記憶中該塘從未乾枯，即使天大旱，仍保有不少水量。所以淞塘的魚類產量，是全村之冠，現由大隊經營養殖。

本族始祖婆，葬於下潭屯一望無垠的段心，明師點穴，命名「烏鴉落陽。」當時地理師說：金穴之位，有烏鴉築巢哺子，將後裔孫必有如小烏鴉之數，科考高中，金榜題名。掘開金穴，果有小烏鴉數隻，振翅飛向五華河對岸樹林，是地理師預言的地點。但因小烏鴉離巢稍早，羽毛未豐，體力不足，飛到半河，全部墜水，成爲「烏鴉落洋。」地理師確可稱爲明師，因烏鴉習性，是在樹上築巢，在地穴中是意外的意外。但千算萬算，仍不精確，若能稍假時日，待小烏鴉羽毛豐滿，體力充沛，順利飛過對岸，則吾族的歷史，將有更多光輝燦爛的史績，照耀鄉里。

四世祖璉公，葬在長凹裡，坐西南向東北，名「盤龍形」，金椀銀窠，前有案山，左右護沙完整，面向華河大江，遙對文峰「筆架山。」以風水格局言，是非常完美，裔孫有文翰者，必有多人。事實證明，數百年來，雖無傑出文才之士；而文有府、縣儒學正堂、按察同知事、度南風、修職郎，武有兩廣督標雲都尉，世襲罔替。且有：拔貢、舉人、秀才、大學生、庠生等頗多。最著者，明代象秋公，本人是拔貢，子孫女婿三代，共有秀才十人，人稱：「九子阿公十秀才。」長樂縣祭孔大典，本人未到，不敢開祭，文名極一時之盛。本紀以來，文有縣長、院長、秘書主任，武有潮汕鎮守使。赫赫之士，因政治關係、未便說出現職，亦無愧於祖先。尙有星垣宗長，隨孫中山先生做反淸革命工作，光復潮汕，功在國家，特委爲潮汕鎭守使，未幾懇辭、淡泊名器，隱居汕頭，以教武維生，高風亮節，傳爲佳話。

四世祖妣葬泉水塘，名「船形」，有船運糧食，裔孫無飢餓之虞。因此，外人常說：青塘吳姓人多而富庶，文才輩出又能團結，是眠牛形、烏鴉落陽、盤龍形、船形等好風水所致。

青塘村位於黃龍盆地上端，上與曾姓、下與鍾姓爲鄰對河十里有鄧姓。三姓人口均較我族爲多，尤以鍾姓爲最，形成三姓包圍之局，地域發展，受到限制。轉水鎮是黃龍、大嶺兩鄉共同市集（現改爲鎮），尚有陳、何、呂、楊、張、廖、孔、高等姓，人口較少，平常貿販市客，都能和平相處。只是農村地域界限甚嚴，亦非常保守。因此，常爲水利、墓地以及青少年男女問題引起糾紛，甚而械鬥。

上面談及我村位於黃龍盆地上端，原是沼澤之地，不適宜耕種，經先人努力改善，已成爲良田，但仍有部份低窪處泥深及膝，每年僅能種水稻一次。其他如和安塘、畬坑塘、楊仲塘等山區，開闢成爲梯田，種植雜糧；低窪地，種植禾稻。掘山凹爲池，築圳溝引水，以便灌溉，使農田無缺水之虞，非久旱不雨，農田用水，尚無大問題。下游鍾姓，地廣人多，農地用水有矮車河可以運用，但限以地形，近我族地勢較高的地方，就難以引運，多靠天雨或我村多餘之水灌溉。但若遇春、夏、秋季的豪雨，必泛濫成災，我村積水，順流而下，爲患較少。兩姓交界處有鴨麻湖和流下凹山，成爲天然分界線。兩山相距不遠，鍾姓曾利用兩山交錯狹隘處，興築高堤，大圳上設閘門，天旱時閘門常開，水從圳中往下流，大雨時閘門放下，我村即汪洋一片，成爲澤國，其村則平安無事。爲此爭吵不休，且對薄公堂。縣令老爺深知水向低流之至理，但蹣跚無能，公權力不彰，平堤拆閘工作不澈底，隨拆隨建。我族爲生存迫不得已，於遜清末年，村中青壯少年組隊自行平堤，引致械鬥。兩姓情義素深，並未因此結怨，至今已百有餘年，兩村和睦相處，男婚女嫁，聯姻頗多。

鄧姓是大嶺鄉望族，不是同一鄉，又相距十里之遙，非唇齒之鄰，咀語較少，彼此姻親亦多，但亦因祖墓問題，曾經械鬥。

上游曾姓，常因侵我邊陲地「草蜢岡」爭吵不休。古時無土地權的設定制度，先佔據即為已有。該地原是荒山不毛之地，我族開發為埋葬先人之所，既有宗親先人百餘骨骸埋葬其中，自然已是我族之地。但因曾姓常有侵佔動作，一次且打傷我族長老，對薄公堂，判歸我族。然而，中共執政後，又劃歸曾姓。吳、曾兩姓，自該次各傾全族械鬥以後，未再有類似情形事件發生，而小爭執仍多。且因客家話諧音巧合，亦引起村人心結！如：「吳魚」、「罾曾」、「曾煎」，都是同音不同字。而「罾」是捕魚的工具，是魚（吳）致命之物，更巧合是五華河經我村面前南下與琴江匯合處稱河口，有地曰「澄湖」曾姓聚族該地。閒談者謂：罾（曾）在河口，魚（吳）無法出去。證諸數百年來，我族人在河口以下梅江至韓江水系，毫無為官或經商或其他事業成就之人。信耶！非耶！！村人娶婦，亦忌曾姓，蓋魚（吳）怕煎（曾）之訛傳。縱有不怕忌者，亦後代亦不興旺，是否巧合，無從解釋。

歷代流寇土匪不絕，各村各姓有防禦性措施。我族鑄有鋼砲十餘門，名曰「抬鎗」，是由兩人一前一後抬著發射而名；長丈許，口徑兩寸，射程數里，用火藥、鐵珠、鐵節引線點火射擊，殺傷力頗大。其中一門名「過山龍」，是清朝初年被封「吳鐵王」所造。鐵王不知其名，亦不知何許人。按例砲成要祭拜天地，當他跪下祭拜時，竟痛哭流淚說：「祖叔江山保住了，我將不久於人世」，（祖父母剛毅賢淑中有詳細敍述）。

五華縣境大小河川一〇五條，分琴江與五華河（岐江）兩大河系。五華河原是河寬水深，船隻行駛方便。明朝中葉，粵東各地人口漸多，物資交流日甚，五華河由源頭岐嶺至河口與琴江匯合，注入梅江、韓江至潮州汕頭，兩百多公里航程，兩地物資，上運下放，極其方便。由岐嶺放舟順流而下，僅一日夜航程，雖無「兩岸猿聲啼不住，輕舟已過萬重山」之勢慨！沿途險灘美景，亦非常壯觀。然而五華城東北地區烏坡河流域屬沙泥層，全是禿山光嶺，未作保養計畫，以致逢雨必成「沙」災，流失嚴重，烏陂河床已超過河岸；五華河沙積，亦已近河岸，航行已成困難，汽車和火車又已暢通，政府亦無疏濬計畫。以致每逢雨季，沿河居民，均有洪水爲患之苦。

轉水鎭農曆二、五、八日爲墟期，沿河岸築有一條街，木造或坭磚瓦蓋店舖百餘間，供應黃龍、大嶺兩鄉居民日常生活必需品，有糧食、牛、豬市場。沿河大街河岸長久被水侵蝕，現已不存在。改在原墟背關帝廟、廖屋窩重建，有橫直兩條街，有樓房百餘棟，較原有整齊美觀，物品雖較以往齊全，生意却未見興旺。五華老城至河口—華河公路從街中穿過，有鎭公所管理兩鄉事務。原福善堂，民初改爲兩鄉高級小學，簡稱高小，即現在小學的五六年級，曾爲兩鄉造就不少人才，是兩鄉文化搖籃，現已停辦，曾改爲老人院，現已拆除改建商店。我村自設有完整小學，附近有中學，就學環境，比我幼年，已不可同日而語。

轉市大橋（馬河）橋通車後，村內交通大爲改觀。以前從五華城載運物資至村中，必須繞道河口、水寨、矮車鋪。而矮車鋪至青塘—青矮公路，坎坷不平，天雨更泥濘路滑，此路能勉強行車，亦賴在香港宗親沐先等出錢修築而成。現在行經轉市大橋，可節省繞道路程達二十多公里，其方便難以道里計。大橋通車後，村內闢建很多單行或雙行的車道，四通八達，有如蛛網，且有部份已鋪柏油或水泥三合土路面。村人業拖拉機代客運載東西者很多，改善農村生活，有很大助益。「湯湖」之開發，亦因交通方便，成爲溫泉區。該泉水溫高達九十四度，治療皮膚、關節炎、風濕病，最具療效。現有浴室數間，供洗浴治療之用（現又設熱泥治療部），外鄉人來此沐浴者，絡繹不絕。五華城西湖溫泉大酒店，遠從二十里抽取此泉，並在區內建溫泉大樓，設沐浴、餐飲等部。

村內原有池塘，是先人掘爲儲水灌溉農田之用，現在多被填平，改爲耕地，未見水利設施替代。雖三十里外有益塘水庫和我村邊陲「羊角坑」地區，築成水塘，有渠道經我村至大嶺鄉，平時未見供水，據說春耕時才放水。然而一九九〇年我返鄉探親，曾沿溝渠涵洞探視數里，損壞情形，非常嚴重，春耕在即，屆時眞能發揮效能嗎？（現在已經停止供水）以前「羊角坑」地區有豐沛水源，沿一條大圳繞行村中，或直接引入小圳、或用人工車水，若非久旱不雨，村中稻作，尚無重大問題。現在水塘被填平，水源被切斷，農田灌漑，失去效能，農民損失難以估計。

「羊角坑」成爲水庫，「草蜢岡」劃歸曾姓，我村版圖，明顯被縮小。原本人口日益增多，土地無法擴增，已形成地少人稠的嚴重問題，以致遷徙他鄉不斷。故鄉人以農耕維生，今後遷徙他鄉的人口，恐將日見增多。且目前戶政制度，戶口必須隨工作遷移，就讀中專以上學校的宗親，此後將非青塘村民，此所謂人才外流。而貧窮無經濟能力就讀或智商較低的學子，則被留在故鄉。如此，農村永遠處在貧窮無發展的機會。造成城市和農村的智識，永遠有嚴重差距。

中共執政後，青塘分割成爲：青塘、畬維、維龍三個生產大隊，管理集體農場，替代原有保甲和財產私有制。自開放後，農田分配給農民，自行負責生產，除土地公有，其他財產可以私有。集體農場已取銷，大隊名稱仍存在，爲通信地址一部份。

故鄉事，千絲萬縷，難以盡述，僅就故老相傳和自己所知，略述一二，以誌後人。

載於世界論壇報副刊

故鄉歸去已無家

一九八七年，政府突然宣佈開放報禁、黨禁、解除戒嚴，允許赴大陸探親。四十年的禁令，一夕改變，使台灣全體人民欣喜若狂，衷心感懷政府的德政。

我的父母已經雙亡，回到故鄉住在那兒？投靠樞祥胞兄？還是國祥胞弟？初擬住在國祥弟家中。因爲他現在住的房屋，是父親來信給我和晉祥兄寄錢回去做的；父親雖然死了，屋是他老人家經手所建，曾經居住及逝世的地方，住在那兒多少能產生親切感。但國祥弟堅決表示，屋是他自己做的，我和晉祥兄寄回去的錢，是給爸做生活費而不是做屋。我不了解國祥弟堅持的原因，難道在我面前表現他的能力？還是怕我回去分房屋？適好樞祥兄的屋做好正堂，沐祥弟的屋也建成，分別擬好父親名號做樓名，來信徵求我的意見。樞祥兄、沐祥弟的房屋，是父親死後才建，仍以父親的名諱來紀念，孝思表現昭然。我投靠樞祥兄，住進淵德樓，是很自然的。

原則決定後，擬於一九八九年回去，未料八八年住屋的五樓發生火災，被焚毀一空，波及同排十間的五樓，清理賠償等問題，費時甚久，才獲得解決，花費了八十多萬元新台幣，探親費用付之一炬，只好延後至九〇年暮春才成行。詎料返鄉前夕接到一位堂侄的來信，要我暫緩回家，並將返鄉的費用挪給國祥叔爲惠州買屋的費用。接讀此信內心非常痛苦，很多大陸來台的人，經數十年骨肉乖離，亟盼早日團聚，但因回鄉沒有路費，乃由鄉中的兄弟姐妹籌集，讓離散數十年的骨肉，早日回家團聚。而我呢？盼望了數十年，才得到的願望，反而要我暫時放棄，這充分顯示離散已久，骨肉的情誼已經淡薄。現存的是凝聚於金錢的情誼，不是純眞的骨肉之情。這對我懷念故鄉的熱度，冷卻很多。我馬上寫信給哥哥弟弟，問他們的意見，如果大家認爲可以暫緩，我不單同意，甚而連故鄉，也可以不要了。

一九九〇年三月十日，我到達香港，承玉田堂弟的熱情深愛，於十四日伴我回家，從深圳坐轎車，全程七小時，回到楓祥胞兄家中。路是省道，還算平坦。記憶中龍川和五華交界的鴉頂藍關，本是陡峭難越，現在不知不覺既經過去。我在民國三十二年任職龍川團隊，每年總有數次徒步行一二〇里返家，那時的交通不便，通常頭一天到達老隆住宿，第二天起早步行，鴉頂爲必經的地方，爬越山頂也必定休息。山頂原設有納稅關卡，古稱藍關，有韓文公廟、塑公像、門聯：「文光企北斗、廟貌北藍關」。公因諫迎佛骨，被貶廣東潮州爲刺史，途經秦嶺風雪載途，八仙之一的韓湘子是他的侄兒前來相會，乃口占：

一封朝奏九重天，夕貶潮陽路八千，

本爲聖朝除弊政，敢將衰朽惜殘年，

雲橫秦嶺家何在，雪湧藍關馬不前，
知你遠來應有意，好收吾骨瘴江邊。

鴉頂，古爲驛道，設藍關，文公曾在此休息，後人因此建廟紀念。但此藍關非北地的藍關。

從深圳沿途縱目極望，山上已沒有樹木，河床沒有流水，暮春的農村，該是草木抽茵，百花齊放，生氣盎然的蓬勃氣象；現今仍然乾枯，死氣沉沉。各鄉村以前很多白屋，尤其龍川登雲四約，現在已看不到；即以我的故鄉和安塘來說：光德、正德、華記、愼德、儉德、浩德樓各大白屋，很多已經傾毀，或殘破不堪。以前的錫客、痲瘋窩、大窩裡、白路上、旱凹裡等地，是墳地，亂葬崗。現在做了很多土磚爲牆，痲竹做桁桷瓦蓋的小屋，已經成爲人鬼爭地。這些小屋都很簡單，很多連外壁都未粉刷，僅可聊避風雨。惟獨晉祥兄在孫眞凹，做了上五下五三棟兩橫，左右側又加建三層和兩層的洋房，不單我村第一，從深圳到五華，沿途也見不到如此雄偉的民房。

黃亞添叔婆，位尊年高，身體健康，是我青塘碩果僅存的十五世一人。鄧二娣亞娘是我太公房最長最尊十六世的僅存一人。她老人家的體形、面貌，酷肖我的媽媽，她倆妯娌的感情很好，我也敬愛阿娘。我拜見她時，挽著我不停叫「賴子、賴子……」（兒子）就像親媽在呼喚，我深深感到安慰和悲傷！

和安塘我幼年時的玩伴，多已凋零，所存無幾，連治祥、孟祥兩位堂弟，比我小很多，都已經走了，比我大的叔輩僅茂文、斯文，年輕的紫泉、培林、廣文、浩文都很健康。兄弟輩寥寥無幾，屈指可數。後一代的人很多，個個長得英挺俊偉，有似玉樹臨風，生氣蓬勃，心中非常高興。眞是：長江後浪推前浪，一代新人換舊人。祝福他們，前途光明燦爛！

每天見面的人很多，不單小孩，連四十五歲以下的青壯，也不認識，不禁想起賀知章的回鄉詩：

少小離家老大回，鄉音無改鬢毛催，
兒童相見不相識，笑問客從何處來？

樞祥兄、沐祥、國祥兩弟及各位妹妹分別幾十年，相逢總是快樂，團聚在一起，熱鬧得很，心裡非常快樂和安慰，每餐四桌人吃飯。憶起幼年祖母帶著我們四代，熱鬧的情形，如今祖母和父母都已去世，感慨無已。這熱鬧一直維持到二十九日和沐祥弟離鄉赴深圳。

始祖至十一世祖墳分散各地，有親至墓前行禮，有遙望躬拜，偏遠者，則疏於禮敬。十二世上鐸公、十三世春廷公、十四世在恭公，祖父母、父母親，利文伯、集文叔等，均一一上墳祭拜。利文伯和父親的墳墓，做得很近，他倆生前是好兄弟，現在當是好鄰居。四十多年，格於環境，未盡祭拜之禮，心常戚戚，今次得償宿願，稍盡爲裔孫一份誠敬的心意。

自世局轉變，各祖先的嘗產已經被沒收。以前淸明掃墓，老幼上墳，衣冠整齊，各致其恭，祀祖崇先，熱鬧盛況，已沉寂多時。感懷今昔，我編印族譜，就是希望全體宗親，知道祖先德業的隆盛，有所勵勉，溯祖追宗，敬祖崇宗，祭祀要必誠必敬。爲振興祭祖掃墓的風氣，特設立在恭公福利蒸嘗，以井頭小店爲基礎，存款孳息，爲祭祖及各項福利的用途，獲晉祥兄的讚同，大力協助，各親堂兄弟姪等熱烈支持，初具雛形（一九九六年更以人民幣三十萬元爲福利會）；拋磚引玉，希望我青塘宗親，群起效尤，各自集資設立蒸嘗，或每年公份祭拜祖先。大家必須知道墳墓掩埋先人的骨骸，實後人發祥的開始，祭祀以酬先德，亦子孫報本之心。故清明祭祖，雖遠亦至，各致誠敬，庶神歆其祀，人受其福；否則三年不祭、五年不拜，祖宗墳墓，等於荒坵，爲裔孫者，寧不愧疚？

浩德樓，是我祖父經手創建，祖母帶著父親和叔父完成，大陸易幟，中共以我家爲地主，分配給當時的窮人居住，現在已經成爲大雜院，也很多損毀。兒時的住屋，感懷不已。原欲稍爲修葺，使外觀完整，聊酬敬祖的心意，由於住的人很雜，一位堂弟侄，又存有矛盾，無法進行，難了心願，誠愧對祖先！

祖父以下，矛盾很多，親堂兄弟是祖堂中的至親，都不能相親相愛，相忍相讓，房外更不堪言。我默默懇求祖先靈佑，使大家知道敬長愛幼，孝悌忠信，始合親情的道理。雖伯叔兄弟，亦須和睦相處，出入相友，守望相助，疾病相扶，有無相濟，對長謙敬，對下友愛。若勢利相投，貧富相欺，強弱相凌，大小相拼，因財失義，釁起蕭牆，聽教唆而燃箕荳，同室操戈，視爲仇敵，是宗族最大的不幸。從兄不友、弟不敬的情形看來，故鄉的社會人心，傳統的孝道，恐已經失落。我對父母生未奉養，死未盡哀，是千古的罪人，根本無顏面談孝道。然懍於垂暮的晚年，聊盡傳承的責任，雖在「儒家」一文中談及孝道，今再予重述。

孝順爲事親之本。父母生我育我，以至成立，我之獲之，無微不至。父母之恩，昊天罔極，永遠報答不完，所以對父母一定要孝順。對父母不孝，對人必不愛，對國家必不忠。孝悌以仁爲本，要行仁道於天下，必先行孝悌，以事父母兄長、愛護弟妹。「不得乎親，不得以爲人，不順乎親，不得以爲子」，這是孝順事親的道理，而且要必誠必敬的實行。近世紀以來，工商業社會興盛，父子分開居住成爲生活上的必然趨勢，往古的晨昏定省，父母在不遠遊的孝心，早已失落，身爲兒子者，很多認爲供給了父母生活的所需，就盡了孝養的責任，可說大謬不然。其實孝者能養，還要有誠敬，如果能養而沒有誠敬的心，養豬、養狗也是養，那就非養父母的道理了。

此次返鄉，了却數十年的心願，但感慨很多，難以縷述，謹書草文暨俚言於後，聊以誌念。

返鄉探親

萬里關山故里行，親友夾道笑歡迎；
離情疊疊難傾訴，連話樽前到五更。
後生俊彥滿堂歡，祭祀酬親報福安；
啟後承先欣有賴，相輝蘭桂競開端。
故園歸去已無家，淵德樓前暫駐車；
骨肉傷離天眷佑，凌霜傲雪有梅花。

酬心展拜悲風木，要報親恩已罔然；
孽子儘多悲愧事，蒼茫天地我堪憐。

懷舊

竹影松蔭夏日涼，敲棋垂釣意悠長；
鄉村白屋如春筍，人壽年豐歲歲康。
物換星移景色殊，于今無復舊時遊；
家園殘破誠堪嘆，佇望同歡慶大有。

馬河橋頌

馬河橋接似長虹，晉哥沐侄讚首功，
龍嶺兩鄉聯一體，漂江水患已無蹤；
鄉村道路如蛛網，行旅來往共表崇，
風雨亭中名泐石，東昇德業益興隆。

懷浩德樓

歷劫滄桑浩德樓，兒時往事且回眸，
同堂四代稱恭孝，奕世宗枝祖澤流；
世情變幻驀天驚，雁序飄零備苦辛，
忠孝幸傳承祖緒，將傾大厦見重興。

離情

天倫聚散總關情，飄盡離思是此行；
七十老翁崦嵫日，可期重再傾金樽。
聚歡嫌短又長離，此別重逢又幾時；
但願耋年腰脚健，攜孫偕子卜歸期。

載於世界論壇副刊

轉水鎮懷舊

轉水鎮原名轉水墟俗稱轉水角，於一九五〇年後改爲今名。位於五嶺東麓，五華縣華城鎮南約二十五華里，五華河左邊小平原上的一個鄉村墟集。原是黃龍盆地所屬黃龍、大嶺兩鄉的市集，現合併爲「鎮」。是鎮民物物交換的中心。

地理形勢

五華縣原是廣東省循州府興寧縣地，於宋神宗四年（一〇七一）設長樂縣，縣治設華城鎮，於民國三年改爲五華縣。境內有琴江、歧江兩條主要河系。五華河由歧嶺、潭下河爲主流至華城境改稱五華河，流至河口和琴江滙合成爲梅江上游曰韓江。五華河流經華城平原，一水中流，越下潭屯，練溪舖直奔黃龍盆地。到達兩盆地交界處柯樹潭，有大石山，中流砥柱，頓成四十五度右轉奔向鴨廊湖山，又是一擋，成四十五度左繞澄江湖，使澄江湖變成圓形半島。順流而至石咀頭，水又一擋而成大彎。此一大彎，似潭非潭，水深流急，至石咀頭水不能直瀉，使急湍河水，被山咀一擋反而向上旋轉，造成「轉水」奇景，鎮亦因此得名。

轉水鎮在黃龍盆地中央，所屬主要鄉村和氏族，於轉水鎮五華河爲界，西有黃龍鄉，鍾、吳、曾姓人口較多，通稱黃龍鍾、青塘吳、上窩曾，族繁人多，聚集而居，邊陲有孔，高、楊、陳、呂等姓人口極少。河東大嶺鄉的澄江湖廖屋，畬下洞、竹頭塘、蛇塘窩，有吳、張、廖、陳、鄧、曾合居，大嶺背陳、柯樹凹鄧，兩姓人口多，聚集而居。墟附近廖、曾姓雜居，人口雖不多，但佔地利之便，轉水墟的生意，有舉足輕重之勢。

神廟

轉水鎮背廖屋窩有關聖帝君廟，供奉關公和其子關平及周倉，農曆五月十三日關帝聖誕，鎮民有慶祝儀式。每逢三年爲醮期，三日四夜齋戒，演戲酬神，迎接遠近神明前來看戲。大多是吊線戲，俗稱傀儡戲；間亦有漢劇，俗稱人戲即現在的平劇類。白天戲碼多與關公忠勇事蹟有關；如「桃園結義」。「斬顏良」、「溫酒斬華雄」、「過五關斬六將」、「義釋嚴顏」等仁義武勇戲；「關公敗走麥城」很少演出；據說某地演「敗走麥城」人戲，東吳大將呂蒙，追趕關公，關公一招回馬刀，木質大刀腰斬呂蒙，人說關公顯靈，是否眞有其事，無從查考。若眞在他誕辰時演此戲，似乎就不夠厚道。晚上是文戲，多是調笑耍咀皮，引人歡樂，張口大笑的戲。每逢醮期，遠近善男信女和趁熱鬧的人絡繹於途，萬頭鑽動，熱鬧非凡。

境內尚有高車宮的保生大帝，三月十五日誕辰，柯樹潭的石古太王、青塘村的觀音娘娘，不管何時出生，每三年一次的醮期，都在收冬以後舉行。考其原因，打醮時要有寬廣的地方，各廟均建在山坡上，沒有地方容納四方香客，而鄉民平時工作忙碌，亦無閑情興趣看熱鬧，收冬以後利用農地舉行。鄉人收冬後也有一段空暇，藉迎神醮會的機會，祈福酬神兼做休閑娛樂活動。

每個廟雖沒有雕龍畫鳳，崇樓傑閣，傳說都有很多顯靈事蹟。故廟雖小，齋房卻很寬廣，平時供神職人員住宿，醮期爲辦席場所。每個神廟有廟會，管理廟產，有會首多人，每屆醮期均須奉捐若干以作行善和打醮費用。醮期一過，有能力、有熱心的人士，自動報名申請。每屆都超出名額，乃在神前搖籤決定，然後再在神前「擲筊」，獲得神明允准才算，大家認爲做會首是很榮幸。但村中首富和做大生意或做官的人家，願捐獻巨金，可以榮獲「名譽會首」。廟有田產收租，做寺廟平時的一切費用，打醮期不敷之數由會首分派。醮期村民願意「上表」、「添香」者，每位繳納規定米多少，錢多少，事前報名，屆期繳納，發給餐券。每位可在醮會期間吃午晚齋餐，散醮早上吃葷席。每餐開流水席，各自湊足八張餐券，就可開席。

自文革以後，廟宇被破壞，廟產被充公，鄉人精神所寄，蕩然無存。改革開放後，善心人士爲重建鄉人的宗教信仰，精神依寄有所，多方奔走，捐款重建廟宇，雖比以前範圍較小，總能使神明有躲風避雨之所，村人精神有所寄托，亦功德無量。

交通

轉水鎮是山縣中之山鎮，重山疊嶂，驛路艱難，歷古靠五華河水路交通。河床原來很深，水深流急。船自縣屬歧嶺鎮放流直下至潮州、汕頭，兩百公里水程，一日夜可達。乘船而下沿河四周層巒聳翠，雲煙繚繞，田陌縱橫，炊煙四起，雞犬相聞，花態柳情，寧靜氣氛，亦足以令人遊目騁懷、享心樂事。然而時移勢轉，自本紀以來，河床淤塞，水不盈膝，尤其寒冬，久不下雨，鎮屬馬河灞，河寬水淺，常能涉水而過，木船上下，必須用沙耙耙開水道才能通行。往昔掛風帆搖櫓，船伕悠閑高唱山歌的情景，既經完全消失，時光流逝，歲月推移，眞令人感慨萬千！

鎭在五華河中游左岸。河自澄江湖尾端至石咀頭水道爲最深，又是轉水鎭市集，有多家做潮州、汕頭生意的商店，俗稱「潮行」，上運下放貨物多在此轉駁。因此，上下船在此停靠者很多。尤其上水船必須用肩頭來撐，極爲艱苦，是停靠歇宿的一個地點。福善堂門前，即鎭市的上端，有麻石砌成的石階，爲船伕上岸和人民挑水之用。

河水因上游做了幾個水庫，水源被切斷，河床已乾涸，船隻逐漸不能行駛，現在連船隻的芳踪，也無處可尋。一九三三年政府及時開闢縣道公路，自華城鎭東門經練溪舖，柯樹潭、殺人凹、廖屋排至鎭上端福善堂門口繞彎至廖屋窩，煙墩背直下河口。現在由廖屋排斬山闢路，直通廖屋窩，已不用繞福善堂的大彎；而且原先凹凸不平的沙石路，改爲四線道的三合土平坦路面，往來各地車輛奔馳於途。陸路代替水路交通，已經非常方便，這是隨時代改變的自然情形。

黃龍大嶺兩鄉，以河爲界，往昔交通非常不便。墟尾石咀頭和河裡口相對，河窄水深，常年以浮橋爲渡，方便行商。而澄江湖和靑塘之間的馬河灞，河面寬闊，難用浮橋，由善心人士，集資僱船伕，日夜撐渡。但有時須等待數十分鐘，河水高漲時，怕有危險還不能橫渡，眞令人有「行不得也哥哥之嘆！」沙層逐漸增厚，河水愈淺，每逢寒冬，河床水淺，乃架設木橋方便行商，水深處尙需行船，則用活動橋板，船過時移開，過後復位。這種橋雖方便，但很麻煩，而且只能在冬季河床乾枯時才能使用。春夏秋季河水常暴漲，就不適用了。因此善心人士倡議捐款建造高架木橋。馬河灞河面寬，沙層厚，橋柱要用較大較長的樹木打深樁，才能穩固。橋面鋪以木條連成四尺橋板。有些膽大的人可以騎自行車過橋，路人當可安心而行。然而，每逢春夏秋雨，河水滿溢，湍急如奔馬，橋受沖激，人行其上，常有搖搖欲倒的恐懼。一九八〇年代，旅港富商吳晉祥，沐先叔侄，爲桑梓急公好義，協助政府建成鋼筋水泥，汽車雙向行駛的大橋。廣東省長葉選平親題「轉水大橋」（馬河）。開人民協助政府建設地方之先河。我題詩讚：

馬河橋接似長虹，晉哥沐侄讚首功，
龍嶺兩鄉聯一體，漂江水患已無踪；
鄉村道路如蛛網，行旅來往共表崇，

風雨亭中名泐石，東昇德業益興隆。

自轉水大橋建成後，從此行商無阻，黃龍大嶺兩鄉融爲一體。接著建青塘村道便利行商。吳炯聲踏著前人腳步，將村道加鋪四公尺寬六寸厚的三合土，使村中交通暢順，改善人民生活績效顯著。開五華鄉村道路鋪設三合土的先河。猶有甚者，由轉市大橋開闢六公尺寬雙向行車至鄰村深山荒涼地區「湯裡」，架電火、設學校，開發地寶「溫泉」，使遠近人民爲治病，觀光絡繹於途，原先荒涼的小村，頓成熱鬧治病觀光景點。開發地方，又從「湯裡」架設四十公分大，十六公里半長的鋼管，將溫泉水直接輸送至華城鎮金河開發區「西湖溫泉大酒店」。另以大型汽車自「湯裡」載運高溫泉水至深圳市坪地「匯都大酒店」。

文化搖籃

福善堂是黃龍、大嶺兩鄉的福利房舍，後成爲文化搖籃。位於轉水鎮廖屋山咀，原是善心人士黃龍鄉黃金坑鍾文彬先生倡議，於宣統年間建成。五華縣在專制時代，只有村塾，惟自民國肇造以後，歐風東漸，政府推行新制教育，不遺餘力，惟限於財力，多利用廟宇祠堂爲學校。而福善堂建築寬闊，適合教學場所，其時又已荒毀，地點位於黃龍大嶺兩鄉的中心，乃改爲：「五華轉水高等小學。」所謂「高等」是只設小學五六兩年級，一至四年級因交通不便，孩童上學時間所限，由各鄉自行籌設。而五六年級學，除附近村民餘皆兩鄉較遠地區的學生，全部食宿均在校內。

福善堂的建築，像橫的日字型兩層建築，入大門是大廳直至廳底沒有二樓也沒有天井，非常寬敞，兩旁有天井，天井後和上下橫均有約十公尺長方的房間三個，樓下爲辦公室和教室，兩旁二樓學生宿舍，下橫二樓爲教員宿舍。左側有通道至廚房、廁所。當時學生自備米菜，學校有伙伕代爲烹煮。到這裡就讀的學生，大多是十五、六歲，甚而有已成婚或生有兒女，大家謔稱爲「大學生。」右側有通道至體育場，場內只有籃球架，其他設備都沒有，但牆壁上有「鍛鍊體魄、強我民族」八個大字。校內有一個大銅鐘，由它指導學生上下課和作息，都按規定敲打；其中上下午上課的預備鐘和起床鐘均爲二十響最久。雖然是小學生，早操卻像軍隊訓練般，規定起床後十分鐘集合，然後整隊跑步，大多由墟頭跑到墟尾山咀頭原路回轉或由煙墩背廖屋窩回來，有時跑到柯樹潭回來。在跑步時整齊劃一，刷、刷、刷的腳步聲不會有雜音，聽起來非常悅耳。而且間以口號和雄壯嘹喨的校歌聲，使沉睡中的人們，多少有一些振奮作用。其歌曰：

巍巍斯校，龍嶺之光，潭河襟帶，轉水流長，宏兹福地，時世鷹揚，最高學府，明真課堂，群英陶鑄，敬業賢章，人才輩出，桃李芬芳，出類拔萃，爲國棟樑。

這首校歌，雖有點像頌詞，但說得很實在而精粹。它是黃龍、大嶺那時的最高學府，文化的搖籃，培育出無數傑出人才。可惜以後各村文化意識逐漸開啓，競設完全小學，因而停毀，改爲政府「轉水糧倉」和黃龍、大嶺兩鄉聯合鄉公所。一九五〇年後改爲電影院，原蹟已漂沒，雜草叢生，一片荒涼，現在改建成商店。撫今追昔，寧不令人感慨吁唏！所幸目今文化已普及，殺人凹有轉水中學，鴨麻湖有華民中學。這些莘莘學子，祝願他們將來是建設國家的生力軍，國家的主人翁。

轉水鎮茁壯

轉水鎮非大城鎮，屬於鄉村型墟集，逢農曆二、五、八日爲墟日。屆期各鄉村人民，要買要賣的都集中到來，各買所需。人來人往，摩肩接踵，非常熱鬧，停午人潮散去，又恢復平時清靜。

市街由福善堂左後方馬路背「就屬墟區」，設有谷行，專門做稻谷的買賣。民國初年青塘吳吉賢、佑賢兄弟發了財，逢墟日僱工挑谷出售。流洞何天成的谷也很多，俗云：「轉水谷行，沒有何天成的谷，就不能成谷市。」此話說得很誇張，實際何家的谷佔了大部分是事實。谷行旁是牛、豬行，買賣中人談價錢，雙方不開口，用揸手指表示價錢，是一門奇特方法。雞鴨沒有中人，買賣雙方當面論價。

墟頭有一間高牆大院，是流洞何××和嶺下鍾××合資開設的「文成當。」民國初年曾遭小偷入侵，偷走一些東西，主事者藉機擴大，由「偷」變「搶」，報官追緝，企圖侵吞當物，謀取暴利。青塘吳村有人被株連纏訟多年。後得黃埔李佑亭接掌縣長，明查暗訪，得知內情，才得結案。從此當舖關門，一直荒毀。

市街原建在河岸，分兩排，大約有近百間磚砌瓦蓋的平房，近河一邊，中段以下建在河道彎處，年長月久，被河水沖刷，嚴重崩陷，後面地板，多以木柱斜撐，立在後面可以汲水。幼年探首觀看，心中產生恐懼感覺。所有店東除一家興寧人開設的女人和小孩用品的雜貨，在此處爲根據地；水寨一四七、華城三六九市期，都會挑一擔貨籮前往赴市。其餘商家，全部是黃龍、大嶺兩鄉村民開設的家庭商店。售賣油鹽柴米雜貨，糕餅、成衣、中藥、豬肉、農具，打鐵等店舖，牛肉店秋收後才有，春夏農忙，沒有人殺牛。有幾家專門收䆉谷米運往潮州、汕頭的商店，通稱「潮行」。佔地最大、資本也雄厚。

一九九〇年返鄉探親人事固然全非，轉水墟以原黃龍、大嶺兩鄉合併，已改名爲鎮，河邊長街，已無踪影。原有公路是繞福善堂，現在由廖屋排斬山直達廖屋窩煙墩背而過。福善堂已拆除，改建商店，馬路已成爲市街。牛豬谷行以及轉水長街，是否被河水侵吞？已無踪跡可尋。代之而起新建鋼筋水泥三四層百餘間的商業大街。有鎮公所、醫院、郵局、電力、派出所、銀行、稅所等現代行政機構，具備新興城市的規模。童年時鄉公所除了鄉長只有鄉丁二人，兩支單響長槍，醫院、郵電、稅所、銀行等連名稱都沒有聽過；唯一的是收屠宰捐的有一人。而今鎮公所，組織龐大，建有大樓，人員百餘，今昔相較，實有霄壤之別。

掃墓古禮

祭祀是人們對祖先死後的靈魂或崇拜神明的致意。祭祀儀式的種類很多，有喪祭、墓祭、祠祭、天地神明、寺廟神壇、山嶽、河伯等的致祭儀式。其實各類儀式，大致相同，只是唱禮儀式和祭詞不同而已。惟「墓祭」比任何「祭」更爲莊嚴肅穆而隆重，因爲它包含「愼終」和「追遠」。

曾子曰：「愼終追遠、民德歸厚矣。」「愼終」是父母在世時，要妥爲照顧，死後要必誠必敬治喪盡哀，往古有墓地「守喪」三年而盡禮。「追遠」是親長死後，不論多久多遠，必定春秋二祭。如今簡化爲清明祭祀，這就是代代相傳不忘本之意，此皆屬於孝道。大凡孝者必仁，仁者必壽，是以使子子孫孫世代繁衍，奕世其昌。這就是說子孫能夠愼行親長的葬禮，不忘記對祖先的祭禮，則社會風俗自然會趨於醇厚。「愼終追遠」是每一個人必須實行。客家民族，源遠流長，對傳統「追遠」非常重視，每一個人，自己從小就參與「追遠」活動，到了晚年，行將就木，也把「追遠」的事，作一妥善安排，使子孫有所遵循。

我族家規「慎祭掃」中：「墳墓之掩祖骸，實後人發祥之伊始，祭祀以酬先德，亦子孫報本之心，故清明掃墓，必須老幼親臨，雖遠亦至，衣冠羅列，各致其恭，庶神歆其祀，人受其福。若歲時缺祭，等於荒坵，惰慢失儀，同於兒戲，必明有人，非敗有鬼，責豺狼不忘所自，人不若獸哉。」

從我們祖先遺留的訓誡和經驗，自己到了晚年親自執行或遺囑規定，將自己畢生辛勞所積的財富廬舍，分配給兒孫時，必會規定多少財產作為自己百年以後的「蒸嘗」。所收店鋪租金、田地租谷，作為祭掃墳墓的費用。我有好幾位祖先，都有龐大的嘗產，每逢清明節前後掃墓，在村中和外出的宗親，會陸續回來參加祭祀。屆期大家都穿著整齊，必恭必敬參加祭拜。祖墓在村中附近，祭拜後就回到負責主辦人家中，以祭品烹煮作為午餐，遠地的則在墓地野餐，請當地有地位、有關係人士參加餐宴，藉以連絡感情，冀望保障祖塋安全。

祖宗墓地在遠方，古時交通不便，年輕人徒步，毫無困難，而長老和小孩以及地位崇高或為官作宰者，都必定坐轎或騎馬前往，一切費用均由「嘗租」支付。如果「嘗租」不足支付，則由自己負責。不過主祭長老和禮生的轎資，必定由「嘗租」支付。至於幼年家鄉「祭墓」的禮儀，端重而誠敬，也極繁雜。現在從記憶中概述祭祀禮儀。

人員：一、主祭一人，由輩高年長者負責，必須穿著長衫、衣履整潔。

二、禮生一—二人，由房內熟悉禮儀的人士，具有誦讀能力者穿著長衫，衣履整潔，自己或委由對文學具有素養的人擬祭文，事先用紅紙撰寫好，由禮生讀唱。

三、執事若干人，行進時負責打銅鼓，打鐵鈍，燃爆竹，祭祀時負責祭堂遞送祭品。

四、吹鼓手，最少四人，祭祀時奏樂，行進時經過村莊，都須吹奏，增加熱鬧氣氛。

五、若在墳地午餐，由婦女挑著廚具，協助烹煮，但不參加祭拜。

祭品：大三牲：是全豬、全牛、全羊。但故鄉掃墓，羊固然很少，牛更難見到，大多單用豬隻，有時多至數隻。附屬祭品：豬肚、豬肝、豬腰、豬小腸、豬頭或豬肉，俗稱五蒸。除豬頭以外均需熟品。五蒸除附大祭亦可單獨做為大祭禮品。小三生，是雞、魚、肉，因魚不是「牲」只能稱三生，大祭時為附祭品，掃墓時亦可單獨用，但不能單獨為大祭品。白飯三碗，碗中心各插一對竹筷。肉湯半碗，茶一壺三個茶杯，酒一壺三個酒杯，糕品三碟。祭品大約如此。還有香燭紙寶、錠帛爆竹，多少不拘。

擺設順序：面對墓地，豬右羊左，如果豬隻多可以分左右擺。茶、酒、糕品、三生、五蒸、依序排列。

掛紙：是掃墓或祭墓的簡稱，是一項很重要的事。殺雞時必定將雞血灑在冥紙上，俗稱「旺紙」，祭墓前必先將「旺紙」用石塊壓在墳頭上，又名墳頭紙。墳墓兩旁各用小石壓冥紙六、七或十一、十二張，正中再一張張不計數字放到最高點。為什麼兩旁的冥紙要有數字。是以人們「生老病死苦」五位數字來推算，凡一、二和六、七都是吉利數字，而三、四、五和八、九、十就非吉利數字，誰願意犯「病死苦」呢？所以不管是否迷信，千百年來人們不敢改變這一「忌」理，寫祖牌、墓碑亦是如此。

祭禮開始：當禮生首唱：祭祀開始，全體參祭人都集中到墳前拜台。續唱：擊鼓、奏大樂，執事司事各就位，主祭者就位：執事和主祭者誠敬端正地站立。陪祭裔孫各就位：這時禮生見全體人員既經肅立，即禱祝：於某世祖公（婆）前祭墓跪，全體人員（除禮生）隨即下跪。跟著三跪九叩首。執事傳香：主祭者五支、陪祭者人各一支（均不得雙數），一連三上香，將香集中插在墓碑前。繼而舉樽酌酒，一連三次，跟著獻剛鬣（將尖刀插在豬頸上），然後將所有祭品獻敬完畢，大家起立。禮生唱讀祝文主祭暨陪祭者皆跪，大家又復跪下後，執事和禮生也跪下，讀完祝文一叩二叩三叩首後，禮生起立，若是二人，左立禮生唱起，右立禮生唱拜，如此三跪三起九叩首後，燒紙帛，唱到侑食加漿，笛鼓齊鳴，主祭暨陪祭裔孫，俱各復位。辭祖跟著三跪九叩首。禮成撤饌，燃放爆竹，化財，祭墓過程，到此完畢。

上面所述是單獻禮，尚有三獻禮，即單獻禮除讀祝文重複三次，一般都只用單獻禮。祭祖過程告一段落後，本次負責主辦人，公佈收支情形，移交明年接辦人，多餘公積金如何分配？分派豬肉，這些都在長老監督下和和氣氣進行，吃豐盛的午餐不在話下。憶童年祭墓時有吃，有玩，有轎坐，有熱鬧，心中這份輕鬆快樂，如今仍回味無窮。惟自一九六三年土地改革後，祖產被充公，文革時祖墓大多被破壞或被迫遷徙，祭墓盛況，只有在回憶中找尋，撫今懷舊，感慨萬千！

載於世界論壇副刊

迎親懷舊

婚姻乃人倫之始，化育之源，中國地大族多，風俗互易，禮有簡繁。邊陲民族多尚簡樸，而南北漢族，則繁文褥節，大事鋪張，耗費白銀動軏千數百兩，人力物力更難以估計，若家庭經濟困難，有終其一生無法娶婦者。

客族舊式婚禮，非常繁雜，播遷各地，仍遵中原古禮。雖有因地之不同，環境的差異，都是同出一轍，理無二致，主要仍守古禮。現以吾鄉粵東五華的迎親禮儀，概述一甲子前所知道的禮俗，分「童養媳」、「二婚親」、「等郎妹」和「大婚」概略敍述。

童養媳

客族原居黃河流域，歷經中原板蕩數度逃亡流徙，遠僻蠻荒，客居異地，鄉村經濟，一直在艱難困苦之中。婚姻方面，以往明媒正娶，聘金動軏數百兩白銀，禮品酒宴以及一切費用，極其龐大。客族人生性好客又愛面子，親友所送的禮品，全是擺設的鏡屏之類，非時下的現金。當時尙古風氣送禮若是金錢，屬於看不起人，主人會原璧奉還。因此，付出的是白銀，收入是不實用的東西。大婚費用，總要千兒八百，古時喜歡多子多孫。設若有數個兒子，一般農家實難籌集；且因客族自南遷，開荒闢地，需要勞力協助。因而產生：男性比女性較富工作能力的觀念，引致重男輕女，節儉習性，養成千百年來的風習延續。

男女雙方的終身大事，幾乎在呱呱墜地時已由父母代爲決定。爲了傳統精神，爲了傳宗接代的觀念和農村需要勞動力，生男則喜，生女則由現實經濟情況來決定。若環境不好，認爲養大女兒始終要給人家，不單要辛苦撫育，出嫁時爲了面子，還得貼送一些嫁妝，鄉人平時口頭禪說：「生女是賠錢貨」，何苦花錢費神來養育呢？還是早點送給人家。因此女兒出生後，貧窮之家的父母，難免產生此一心態，能夠找到有奶可餵，性情好，有愛心的人家，只要一隻大雄雞做禮物，就可以交換。至於生男孩的父母，想及自己經濟環境不好，深怕孩子長大後，沒有錢娶媳婦，不如現在辛苦點撫養一個女嬰做兒子的「童養媳」，讓他（她）們長大後完成夫婦。

依照傳統簡單禮俗，在世俗認爲農曆除夕是大團圓夜。由男孩父親在祖宗神主牌前稟告祖宗，跪拜祝福後把他倆「送做堆」成爲夫婦。新正初四回娘家，初九新娘的姐妹們送她回來。從此兩姓聯姻，相互認親。這種形式，雖然過於簡單主觀，但在農村經濟困難中可以減少大筆結婚費用和人力物力，完成無數好姻緣，使宗姓社會繁衍綿延。此風歷古不衰，「童養媳」的形成，對現實社會，有其潛在的貢獻。

「童養媳」，可以解決居住鄉村的人們，娶婦時的經濟困難，增加農村工作生產力。一般殷實之家的女兒通常不出門下田工作，只有讀書和協助母親做家庭的工作。而「童養媳」幾乎沒有讀書和不出門工作的機會。未來的公翁婆娘，爲解決娶媳的困難才願意辛勞撫育，極少能夠把別人的女兒和自己兒子平等待遇，給予讀書，或不做戶外工作。

大凡「童養媳」從小就做家中使喚，稍長做家中事務，田間工作由輕而重，由少而多，絕不可能和一般孩子玩樂，縱有機會也因自卑感使自己裹足不前，深怕別人「小媳婦長、小媳婦短」的言語逗笑，見到自己的小丈夫更躲得遠遠。小家庭人少，吃飯工作在一塊，也許能夠和小丈夫無羈無束，談笑玩樂，日久生情，像兄妹般相處，感情融洽，到成年圓房，快樂和諧。這情形雖不能說不可能，畢竟太少。若在大家庭中，吃飯不在一起，不常見面，見面似不相識，是平常現象，心中常存一分羞澀，難有歡顏笑眉。連傳達公婆的話，也沒姓沒名的呼喚。如此缺少感情做基礎的「送做堆」，以後夫婦的感情會融洽，會快樂，家庭會美滿幸福，恐怕十難選一。但古時農村，民情醇樸，遵守傳統道德，一旦成爲事實，做了「堆」生兒育女以後，縱然自己富貴榮華，也不棄糟糠，只能納妾。除非不遵守婦道，很少有遺棄情形。因此，也有很多白首偕老子孫滿堂的例證；尤其「童養媳」從小跟婆娘相處，日久情生，感情濃厚者亦多見。

「童養媳」和丈夫的愛，是從「送做堆」以後才慢慢產生，經過年長月久，經過生兒育女，經過同甘共苦，這時雙方「孩子的爸」、「孩子的媽」的稱呼雖依然，而他（她）們內心的感受，盪樣的聲音，那份驕傲，那份滿足，溫馨而甜蜜，包含多少的愛和情意，恐怕很少人能夠了解。其實大婚夫妻，結婚前同樣相互不認識，情愛更談不到；她們的愛苗，同樣起於婚後。而人們重視大婚而歧視「童養媳」，大概因為「童養媳」自小失去家庭嫡系的角色，沒有地位和學識教養。而大婚女子，很幸運沒有被父母遺棄。古時雖沒有公衆學校，家境富有者亦可和兄弟同時就塾，最少能在家中有她的地位，智識水平無虞較「童養媳」為強。男人能夠大婚也因家境富裕，加上父親的地位和愛面子所造成。就這樣歧視和貶抑「童養媳」，是不太公平。

「童養媳」可能的後遺症，是男孩長大後，因接受較高教育，或在外地謀生，發了財或做了官，就起了「陳世美」的念頭，近水樓台與當地女子結合，把家中的媳婦忘了，甚至完全拒絕而離異，有兩首竹枝詞，道盡其辛酸：

儂郎畢業戴方巾，提出離婚自有因，
熱戀新歡忘故舊，當初錯嫁讀書人。
十年耕作守家園，茹苦含辛沒怨言，
今日始知郎負我，封封書信迫離姻。

二婚親

在男女雙方幼小時，經雙方家長認定，將來長大後成為匹配的對象，即成為婚約信諾。

但經過十幾年的歲月推移，難保雙方都能健康長大，長命百歲。如果女孩折損，男方另擇對象，不受任何約束，娶婦仍為正室。如果男孩折損，大多女孩由男方收為義女，或送還其父母家另擇佳婿。

在重男輕女舊時代，女孩若因男方折損，因有配偶名份，再擇配偶時，縱然尚未圓房，仍是黃花處子，也是失婚，受到嫌視；和已經圓房或已經結婚而離異再嫁，均稱為「二婚」。男方選擇時，身價隨之低落，婚禮上就一切從簡。最大區別，大女行嫁，在大門口上花轎，二婚女如未圓房，還可在屋側上轎。已圓房、夫死或離異，僅可在屋外大樹下、茶亭坐竹轎，什麼吹吹打打也免了。這在重男輕女的社會裡，只有自認命歪運壞黯然神傷。未來的幸福如何？還須再次和命運搏鬥。

至於宴客也冷冷清清，除了至親，不宴請鄰里，而且第一餐必定用米篩盛菜餚而食，說：「米篩張菜團團圓，生了孩子中狀元」。其他一切禮儀，未見記載。不比閨女出閣隆重，可以斷言。以視目今社會三婚五嫁，仍大張旗鼓，實為家鄉「二婚」者叫屈。

等郎妹

婦人生產後嬰兒夭折或生女兒送給了別人，產婦有充足奶水，乃抱別人的女嬰來撫養，準備下次生男孩時做「童養媳」，名為「等郎妹」；意即一年半載有宜男弄璋之喜，即將「等郎妹」配之。然而世事難料，天從人願者有之，不從人願者亦有之。造成許多後遺症的悲劇。如果三年兩載，能如願以償，也還算圓滿，若十年八載超過女齡太多，日後匹配爲夫妻，正是：「等得郎大妹老了。」那是女人最傷感的事。有少婦吟一首：

十八大姐七歲郎，手拿燈火抱上床，
若非家娘恩德大，一腳跌你下眠床。

要是這樣，不如「等無人」，可以早點「蟬聲過別枝」，還可以獲得一些人性的尊嚴。

大婚

有男娶婦，謂之成家，有女出嫁謂之出閣。故嫁娶合兩姓之好，行於六禮之周。六禮者：納采、問名、納吉、納徵、請期、迎親。現世「童養媳」之風已逐漸式微，有湮滅之勢。代之而起的是自由婚姻，男女青年，自己認識相戀，或既有夫妻之實，或奉兒女之命，再稟告雙方家長主婚。不用媒妁之言，父母親自向女方家長提親，約期會親，訂婚時送禮餅若干，以及首飾大小聘禮，均雙方親自面談決定，結婚時男女雙方在大酒店宴客，行禮如儀。所需費用，有時收的禮金，支付全部費用，尙有餘存；豪門巨室娶婦，更不在話下。但許多新時代青年、婚前甜密密，婚後卻是苦兮兮，所以很多人大嘆「相愛容易相處難。」而我故鄉大婚迎親，禮儀固極繁瑣，花費金錢和人力物力更爲龐大。

有男娶婦，有女待嫁，雙方都會托親友、媒婆明查暗訪，標緻賢德的女子，老實忠厚的男子，以及其家世人品。雙方請媒婆從中說合，經過卻很繁複。凡女子本人體態性格、家庭情形，祖上有無傳染惡疾。若果一切都好，有遺傳惡疾，就不上選。

納采和問名 其實是二合一。雙方經媒婆從中撮合，認為可談嫁娶，由女方先交十全年生大紅帖給男方（以後往來紅帖均用十摺大帖，毛筆用新的，寫帖先生寫帖時必須先盥手。）請算命或風水先生合雙方年生八字，認為沒有沖剋，將庚帖置於祖堂或米缸內十天，如果這期間沒有明顯不好事故發生，就繼續進行問名。因為庚帖只寫女子姓氏而不書名，為簡化問名程序，就以會面內行之。

會面不屬於六禮，但在舊婚姻進行中有其重要性。在男方認為表面沒有什麼問題時，乃約期會面。由雙方家屬長上伯娘嬸嫂等代表，帶著男女前往約定地點。見面後雙方略事寒暄，男方長上，即毫不客氣直接審視女子面貌是否端莊，有無破像，手足是否健全，有無斷掌、曲耳。若是斷掌，就好事難成。古老傳言：「男人斷掌有官賞，女子斷掌月下喪」，此屬大忌。最後要女子走幾步路，行動是否有礙難，並審視胸部是否發達，臀部是否圓大，這關係到生育大問題。據傳奶大臀圓，是多子的徵兆，否則屬於觀音身，生子不多，這違背鄉人希望多子之意。一切圓滿不圓滿，男方都一定要和女方共進午餐，並送女子紅色，只是多少而已。

也有男方直接到女方家中，和在外面會面情形一樣，只是男方要準備午餐的菜餚和煙酒，帶往女方家中代為烹煮。

納吉 俗稱定帖又名定婚。男女雙方對各種條件都已滿意，雙方直接或間接由媒婆談妥，男方送女方聘金多少和禮品多少？女方回男方的禮品嫁妝多少？男方用大紅帖寫明現送禮品、聘金由媒婆送往女方，作爲定物。午後女方也寫好回帖列明閨女出閣時的嫁妝種類和數量。

納徵 是納吉時送了訂金以後，已決定婚期，將後續聘金全部送至女方家中，俾女方能進行製備嫁妝。

請期 俗稱報日。用男子和父母的年生，請風水先生擇得的吉日良辰，裁衣合帳，準備迎親過門，書寫大紅全帖向女方告知；如果日期太近嫁妝備辦不及，或因特別變故，不便舉行喜慶，女方也可以請求改期。如無別故，女方接到男方通知，迎親吉期很快到來，就得備辦女兒嫁妝。男方即準備宴客親友名單發出紅帖。要如何請客？則看自己的經濟情形和社會關係而定。因爲喜宴只收賀客的鏡屛等擺設東西，而不收現金，明白說只有支出，沒有收入。如果自己是村中有名望、地位、富裕大戶人家，不在乎費用支出，會廣發喜帖，還歡迎聞聲前來道賀的親友，俗稱：「打開大門辦喜事。」如果小戶人家，經濟不能負荷，只請親戚和村中長老，其他就不敢請了，俗說「關門辦喜事」。

迎親 是男方家中天大的喜事，不單期前數日就有很多親鄰前來幫忙，清潔房屋，借桌櫈、砦谷精米，準備喜期要用的一切事物；其實從決定辦喜事時就蒸糯米酒，飼養豬、羊、雞、鴨，自已有魚塘隔年就養魚，沒有魚塘的能借就借，否則也要請養魚人養鯇魚和鰱魚。這些都是喜慶宴席大量需要用到。期前寫大門聯和屋內門戶的對聯，一切一切都需各種男女幫忙。

迎親前一天下午吹鼓手和八音樂隊到來。待貼好大門聯後，門外連放三聲鐵銃砲，表示迎親典禮開始。廚師們動手宰牛、殺豬、剮羊和雞鴨，打牛、豬、魚肉丸，這些都是明天宴客和今晚起駕酒席的主菜。這時新郎穿上新長衫禮服，頭戴明式圓形文官帽（民國後改用氈帽），兩旁簪鐵皮漆色的金花，肩技紅斜綢布，中間插一朵大紅布花束。好像大登科的狀元郎，所以稱結婚爲「小登科」。備好一擔雨籮的祭祖禮品，由鐵銃砲開路，沿途燃放爆竹，吹鼓手組成隊伍，請神尊長伴著前往祖堂，到達門前，放三聲鐵銃砲後進入祖堂，擺好禮品，點燭焚香，由請神尊長帶領新郎叩拜，念明××樓××世××名裔孫，明天迎親大吉佳期，今晚專誠恭請祖公祖婆神牌和列祖列妣降臨，主持婚禮大典。念明以後在祖堂香爐內取香一枝，請神尊長捧回婚禮堂上插在祖宗神位前的香爐內。回程中仍是鐵銃聲、爆竹聲、吹鼓聲，交織成熱鬧氣氛，隆重莊嚴。而女方亦在迎親前一天請巧婦爲女兒開面，將面上自娘胎至今未拔的面毛，擦粉後用雙線拔掉，從此沒有人再敢說黃毛丫頭；把原來姑娘身份的辮子改變成髮髻，將後有人看一眼就知這女子已經成婚。

迎親當日，視新娘家相距遠近而決定出發時間，若相距遠的，天未明就出發。迎親隊伍必須在上午十時至十一時到達女方家中，俾能將男方送來的菜餚烹煮待客。迎親隊伍由兩位肩負「迎親」大旗，旗杆前頭掛一面大銅鑼，仿官員出巡方式，鳴鑼喝道之意，帶頭進行，有韻律一板一眼打著大鑼，聲聞遠近村莊。繼之兩隻寫著某姓迎親高架燈籠、兩枝九尺長的綠竹在尾端用紅布連結一起，由兩人各執一枝齊步行進。後面一頂四人抬的大紅新娘花轎，迎親時由媒人坐著。八音樂隊、六部或八部兩人扛的「槛」，各裝著豬羊全條，雞鴨六或八隻，魚六或八尾，糯米老酒兩甕，一擔籠子籠著一對雄雞以及南北乾貨，還有送新娘祖父母和父母的鞋襪，通常折價包紅。一行大約四十人的「差郎」浩浩落落蕩蕩，前打後吹，前呼後應，到達女方家中。女方家長即請全體人員進大廳喝茶、吃點心。女方照大紅帖所列禮品點收。若女方經濟良好，親友衆多，會增加酒菜，否則只有將男方送來的菜餚烹煮待客。淸代嘉應州才子黃遵憲寫過新嫁娘十首竹枝詞很傳神，謹錄一首增光篇幅：

村前鼓樂鬧喧嘩，知是誰家嫁女娃；
婢道花田張秀士，今朝娶得郭三家。

飯後八音樂隊看時間已過午時，吹打起催促新娘上轎的音樂。女方的嫁妝由年長知禮儀的先生，按大紅禮單先後放入「槛」內擺好。這又要看女方經濟情形，經濟好的會送很多東西一層層地堆放，否則只好稀稀落落擺滿好就。嫁妝擺好，新娘上轎時間到了，樂隊吹奏得更起勁，名曰：「吹鼓手鬧上轎。」這時新娘穿著出閣的大紅禮服、頭蓋大紅羅紗、環珮叮噹，哭著向父母跪拜，感謝養育之恩，然後蓮步輕移，由父親扶入大門外的轎中。至親友好今天不送禮品只送新娘上轎錢，或多或少新娘全部收入放進準備好的袋子。跟著父親封、鎖轎門。

新娘今天出閣是嫁出門的女兒，從此出嫁從夫。以後沒有權利再向父母要求什麼？所以在封鎖轎門時要求什麼，是身爲女兒最後一次的權利，若認爲父母給的上轎錢不滿意，以雙足頂住轎門；這時做父母的爲了自己在親友面前的面子，女兒最後一次任意撒嬌，都會增加上轎錢。然後做父親將關上轎門，男方送來寫著：「某某堂某年某月某日封」的三尺長六寸寬的大紅紙封條貼上，再將新買的鎖鎖上，將鎖匙交給護轎新舅爺保管並攜花生油燈，帶往男方。新舅爺通常是新娘的親弟弟或侄輩，例須坐竹轎護駕。但新娘轎起駕時，必須先步行扶轎走一段路，所謂「護轎」。至於媒婆，迎親時坐新娘花轎，回程時必須帶頭步行，俗稱「徑露水。」新娘未進門，就有過後媒人秋後扇見捐的味道。

迎親的隊伍，如果女方是富家，也許會另請八音樂隊相送，否則就由原來隊形鳴鑼喝道，穿村過屋，欽鑼、吹鼓、八音和爆竹聲，聲聲呼應，使經過村莊的人民都知道某村某姓迎親喜事。當隊伍到達男家附近、鐵銃砲、欽鑼聲、爆竹聲、吹鼓八音聲和門前的爆竹聲遙相互應。此時的熱鬧氣氛，是迎親的高潮，是新郎新娘美好的人生開始。

大紅花轎在正屋面向大門停好，由族中長輩福壽雙全的老婆婆，負責牽新娘。這時老婆婆先看封條是否完整，這表示新娘在途中有無出過轎門。這時新舅爺取出鎖匙，當衆開鎖，意思將新娘完整交給男方了。牽新娘的婆婆，打開轎門，伸手牽新娘前要說兩句如：「白首偕老、早生貴子」一類祝賀話。左手撐傘或米篩遮住天空，右手牽著新娘左手步出轎門。這時男方請一位至親男童對新娘揖拜，表達歡迎和希望新娘早生貴子之意，新娘賜予紅包。然後老婆婆慢步牽著新娘步上大門台階，跨過門前一隻燒著稻草和艾草等避邪的火籠，雙腳不能踏門檻，左腳先跨，俗謂：「左腳先進門，新娘先生男」。新舅爺攜著家中帶來的花生油燈，跟著新娘步上正堂，以油燈火種點亮祖堂上準備好的大紅花燭，俗稱傳燈(丁)和傳承不息之意。

新娘進大門後，隨著老婆婆，亦步亦趨至上堂，由過道至新娘房，稍事休息，請祖公的人帶領新郎進入新房。房中桌上已放著祖牌及祭祖禮品，和兩粒去殼染紅的雞蛋，揷著銀叉，兩杯糯米酒，請神人念祠禱祝，向祖牌行禮如儀。新郎用紙扇或秤桿將新娘頭上羅帕挑開，由請祖公的告知某世某名裔孫與某氏正式成爲夫妻，對新人說些好話就離開。此時房中只有一對新人，新娘捧起紅雞蛋向新郎敬禮，新郎取食一些，然後新郎取一杯酒給新娘，自取一杯相對而飲，是「合巹」交杯酒，飲了酒之後，婚姻手續初步完成。所謂：「相敬如賓」由此開始。

由於女方花轎例須過午才出門，除非男女雙方是緊鄰，否則男方宴客時新娘大多尙未進門，縱使到來，新娘也不參加宴席，靜坐房中，明朝拜堂後才和親友見面。所以除留宿親友，大多賓客，都沒有機會見到新娘的芳容。

喜宴男賓席如果正屋只有兩進就設在上堂，三進的在中廳，女賓在上廳，中隔一座屏風，分隔男女。男賓首位是左邊靠壁第一位，右邊靠壁第一位是次首席，並非上横。當樂隊吹奏安席曲，男方家長率領新郎，跟隨樂隊到客房向首座賓客舅公或舅父揖請至坐位，全部應該安席的親長揖請完畢後，音樂暫停。這表示安席已完成，衆多賓客可以自由入席了。每桌下横靠通道坐一位負責該桌上菜斟酒等招待。不久爆竹聲響，這是開席爆，菜餚跟著一道道上來。酒至半酣，家長率新郎向首位及各席賓客逐桌敬酒。宴席完畢時有三聲鐵鈍炮響和爆竹聲的送客喜炮，賓客知道酒宴已結束，可以辭謝回家。

現在先敍述一段新娘長時間不能小便的問題。

古時新娘出嫁，在父母家出閣前小便一次外，路途遠的有數十里之遙，坐在轎中達數小時，只好攜帶一只痰盂，在休息時方便。有一句諺語：「扛轎就扛轎，那管新娘屙尿不屙尿」。古時房中沒有廁所，只在床側角放一回木桶。新娘初到，親戚探房的很多，小孩也趁熱鬧有糖果可取食，走進走出，除送嫁娘全部是生面孔。新娘在此情形下縱然便急，也不能嘩啦拉，叮噹叮噹呢？這一次「忍」很痛苦。爲了應付這情形，頭一天儘量不喝水，要喝就喝冰糖水，冰糖有收斂作用；另外靠能體諒的親長，設法暫時疏散新房的人潮，讓新娘能藉機解脫。

鬧新房通常是結婚最熱鬧之一。晚餐後，新郎新娘坐在房中，很多親友湧進新房先睹爲快，其實大家是來鬧房。因爲房間狹小後來多改在大堂，擺六至八張四方桌，新郎新娘坐上横，親友坐兩旁和下横，兩側擺很多櫈椅供看熱鬧的人坐或站。通常很多人，桌上擺了很多錫壺裝的糯米酒和瓜子、糖果，任意取食，小孩更得到機會，大人不單不會阻止，甚而代爲拿取。鬧新房是大家爲新人添喜氣助高興，老少咸宜，男女不拘。只要溫文儒雅的言語都可任意調笑，猜拳行酒令，迫使新人做些羞嗒嗒的動作和爲難的話來戲弄，博得大家歡笑。如果一對新人能依來賓要求做各種指定的動作，如接吻、兩人吃蘋果等等，大家也不會過以爲難。集中精神在猜拳上，喝酒唱歌揚溢著熱鬧氣氛，八音樂隊更爲增加喜氣不停地吹彈，尤其遇上大家都熟悉划拳時用的「四季發財」、「螃蟹馬」歌時，滿堂賓客跟著音樂而唱。因此，唱歌聲、樂器聲、猜拳呼喊聲，眞是歡樂盈庭！吹手們也向客人討賞，有時主人先包賞，或事先發給參加划拳的人，每人幾十個銅板做賞錢，由客人親自打賞。這樣鬧個不停，不知時已晚矣。深懂世故的長者會請衆多賓客歇息而結束。

有趣的是不單鬧新人也鬧媒婆，尖刻的會以鍋灰和油向媒婆臉上塗抹，一經塗上，很難洗淨，媒婆眞是哭笑不得。同樣情形也會用在新姑爺回門時，小舅子的惡作劇。

第二天早上吃過茶點，舉行拜堂儀式，這儀式很重要。新人進門，尙未拜見翁姑，和其他親長親戚也不相識。拜堂就是和家中親長至親相互認識。從這一拜就正式成爲這一家的一份子，涵義極深。

堂上正中央擺了一張四方桌，供著祖宗牌位和祭品，點燃香燭後，新郎、新娘站在神牌前由請神長者向祖先念某某夫婦的婚禮已經完成。然後新郎父母（有祖父母應在中間）端坐正中，舅公婆、舅父母以及伯叔娘嬸姑姑和胞兄嫂，依序分坐兩旁，由長老或村中禮生領新郎新娘由直屬長上開始，逐一介紹。送嫁娘手拿拜墊，聽到介紹的是長輩，就把拜墊放在地上，新人就跪下叩首，被拜的人即送一個紅包做見面禮。拜一拜就有紅包，也很令人羨慕。至以弟弟妹妹就不能受拜，只有介紹，也不用送紅包。

新娘今天第一次參加拜堂酒宴，也是參加家中的宴席，仍像昨天一樣隆重。其實這次宴席，固然重視新人，表示歡迎之意，亦是酬謝親戚遠道而來的熱誠、和全部工作人員的辛勞，發放紅包給每一位工作人員；尤其小舅和送嫁娘的紅包更要大，俗稱「封咀吧！」希望回去多說好話。飲宴後歡送全部親戚。新郎還得做迎親儀式的最後工作送祖回祠。禮儀仍照請時一樣的隆重，禮品卻不用了，只將一枝香插回香爐內，就算完成送祖手續。

回門

現代結婚第二天，有女方父母探新房，三朝回門宴。我故鄉舊式婚禮，吉期一定以農曆月日爲準，不論在正月或十二月，回門都定在翌年新正初四。這大概是農村忙碌，交通不便，新嫁娘的姑姑姐妹已出嫁的都在這天回娘家，這樣大家可以藉此團聚。但九朝探女，即現代的探房，新娘的母親帶領媳婦孫子女等至親前來看看自己出嫁女兒的村場、房舍和家庭狀況，親家夫婦見見面。以前只聽媒婆說得天花亂墜，現在要親自了解實際情況。這時新女婿家中，要以豐盛酒餚款待，還得每人送紅包。

新婚夫妻歸寧，俗稱回門，縱然時間已經過了很久，有些年初結婚，新娘已背著囝囝回娘家，仍是出嫁後第一次回娘家，新郎第一次拜見岳父，或外祖父母，面子禮節都要顧到。不論遠近，不論貧富，都要穿著整齊，坐轎子前去，禮品是農村的一籠年糕，俗稱甜粄；豬肉雞等裝滿兩雨籮，僱人挑著同行。到達岳家，午飯後轎夫和挑者先行回去，新人回程，娘家會另安排。新姑爺上門，會引來很多小孩的歡呼；「新姑爺來啦」！的呼聲不絕，親鄰來看新姑爺的也很多。岳父母和內兄弟迎進客房，奉茶奉煙，稍事休息，即到堂上向岳家祖牌前上香跪拜。既是女婿也是半子，這跪拜也應該。由請神老人照規定行禮如儀，夫妻齊拜婚後的酬禮，庇佑他（她）們百年偕老，瓜瓞綿綿。這一對新婚夫婦，才眞正完成結婚手續，人生終身大事。

載於世界論壇副刊

温泉水滑洗凝脂

廣東省五華縣轉水鎭青塘村邊緣的湯裡村，有天然沸騰的溫泉，由地層瀑出，泉口四面皆是，橫直達五〇〇公尺之寬，滿佈半個村莊，名曰散湯。最高溫度，爲攝氏九四度，有的溫度較低，亦在三十至四十度不等。隆冬季節，沸騰的熱氣遇着冷空氣，則冉冉而上，滿天飛舞，成了一個別有景觀的場面。這溫泉因地殼中含有大量的硫磺和礦質，對皮膚和酸痛病的患者，最具療效，對皮膚更有潤滑的功能，遠在二十華里外的人，均前來洗浴；尤其近處村民，一到下午四、五點鐘，各帶口盅，面巾，有的獨自，有的帶子牽孫，到溫泉中盡情冲浴。若進入黃昏時刻，到滾湖中挑回家中給老人小孩洗澡的青年女子，成群結隊，絡繹不絕，村人可以節省不少燃料。不過這裡的村民在滾水湖邊宰雞殺豬，不顧及大衆的衛生，則爲人詬病，所幸現已逐漸改善。

四十年前的湯湖是露天的，四面並無遮蓋，在很遠就可見老少人群在湖中沐浴，於純樸的鄉俗上，很不雅觀。現在村人，已進行集資，以石塊砌成圍牆，就浴的人，內外隔開，這樣既雅觀也文明得多了。但這土製的圍牆，只可避傷風敗俗之事，而沒有遮雨的功能，若遇天雨，則不能就浴，尤其春夏兩季，凡是就浴的人無不望而卻步，引爲憾事！

古諺：十湯九富，一湯不富必有旗、鼓，又曰：散湯不富集湯富。誠然，這湯裡的半個村莊，都有溫泉的泉口，名曰散湯。而且又有旗山和鼓山，相對聳立，所以這塊地方，自古以來，不但無一富裕人家，連一位中學生也沒有。由此可知湯裡是個窮山溝，正和諺語恰相吻合。

現在，沉睡了億萬斯年的湯裡，由青塘村吳烱聲先生看中了，賞識了，他爲了這地方的扶貧致富工作，並且利用溫泉的可貴資源，做了初步開發的方案，目前該地正在大踏步前進，可謂已甦醒起來了。湯裡，湯裡，今天爾已夢醒，我爲爾的前途，致萬分的祝福。

吳烱聲先生是深圳西湖企業投資發展公司的首腦靈魂人物，他以偉大的豪情壯志，別具銳利目光，執行扶困致富的國家政策，利用湯裡的沸騰溫泉，以地下管道，輸送至二十華里外的五華城西湖溫泉大酒店（是嘉應州七縣最高級的酒店），設置別具一格，古風幽靜，與衆不同的溫泉沐浴區，爲五華城附近患有皮膚、關節炎的病人及酒店的旅客就浴，這破天荒的創舉，說來很不單純，其他曲折的事不說，就這輸送的管道、人工，就去掉四百多萬元，管道通水後，由專人管理修復工作，遇壞即修，達到長期暢通，不會中途斷送熱水的現象。

烱聲先生對湯裡的開發，不是輕而易舉那麼簡單，首先爲村民將原日供衆人洗浴的上下兩個露天大湯湖，以紅磚築起六角形的圍牆圍住，內外隔開，以免傷風敗俗，同時牆的內面，設有放衣柗，牆頂築有避雨設置，如遇天雨，亦可就浴，冬天還可避風，暫時只有男的浴室，女的浴室亦在計劃興建中。爲作育人才，起造希望教學大樓。

動工開發之初，最先進行地下熱能的鑽探，前後二次，均告失敗，得不到如意水源的要求，之後又轉至旗山山下，才找到大量的高溫水源。此水井開挖之初，糾集大量民工日夜分班，晝夜不停，挖至二公尺深度，地下熱度很高，無法立足施工，乃一邊灌進涼水，一邊抽去熱水，一邊進行挖土，三管齊下，方達到如願的目標。這時即將二公尺高四公尺直徑大的水泥涵管放進湖中，一共沉下三個大圈，深約六公尺，滿井的滾滾熱水才晝夜沸騰，雞蛋大的水泡，一個接一個由下冲上水面。若將生雞蛋放入水中，不久即熟。在水井的上面，築起一座機房，安裝兩台抽水機，輪流啓動，俾晝夜供應華城西湖溫泉大酒店所需的熱水。

烱聲先生爲了湯裡僻壤的開發，特闢建一條水泥路，由轉水鎭直通湯裡啣接華城、水寨的大馬路，給外地前來的浴客，方便往返，附近的鄉人，無不拍手稱慶。

湯裡的中心地段，西湖公司建築了一座二層的大樓，雄偉雅觀，浴室設在樓上，樓下辦公室、餐廳、招待所四周築圍牆、停車場爲浴客的停車場地，同時就近的個體戶也風起雲湧，建起了八間溫泉浴室，至晚間，四面電火通明，顯出各自的浴室招牌。過去湯裡黑漆的夜幕，今日變得閃爍輝煌，燈光掩映，燦然奪目。外地前來洗浴的人有坐摩托車、小轎車、的士來的，有乘大車來的，前前後後來往不絕。洗浴的人，有的個人浴，有的夫婦婦鴛鴦浴，有的情人鴛鴦浴各式各樣，沸沸騰騰，熙來攘往，經常鬧至午夜，還未休止。這給予貧困山地，改善生活做了基礎，逐漸走上脫貧至富的康樂之境。

爲了湯裡的開發，轉水鎮政府，去年也曾徵收湯裡百多畝良田，在其徵收的土地範圍的四邊，以紅磚砌起二公尺高的圍牆圍住究屬作何開發，還是一個問號。在這同時水寨的藍先生也到來湯裡投資，在旗山的山脚，以推土機，正在大量劈山，開發利用，到底又作何名堂，尚未得到眞實的報導。湯裡的溫泉，據說是養甲魚的天然好地方，長期都可攝食，不受寒冬季節的影響易以長大，今後前來投資養殖的人，必是接踵而來，這是可以預料成眞的一件大有作爲的發展前途。

湯裡九四℃的高溫滾泉，原是發電的天然動力，鄰境豐順縣的湯坑溫泉六十℃都可利用發電，湯裡熱度更高，更能發電了？曾經國家科研人員到來作實地的檢測，擬利用熱能發電，收整個湯裡的散佈溫泉，鑽成一個大的洞口，滙流瀑出，以便推動機械，但地層深處的熱度很高，鑽嘴鑽入，就會溶解，因目前的科學對高溫的合金鑽嘴，尚未研究成功，相信若干年後，必定可以得到夢想的成功。假如湯裡的溫泉能源，眞的得到科學利用的話，將來發展的前途，未可限量。

湯裡由過去的窮山溝突然變爲今日大舉開發的場面，當然有其鍾靈毓秀的地理因素，取之不盡，用之不竭的高溫礦泉在也，正是物華天寶地靈人傑，這自然條件的賦予，是無可置疑的事實。而交通，可謂今非昔比了，東至轉水，已築成水泥大馬路，西至潭下，北抵華城，南至矮車的現有拖拉機大道。不久就會興築成公路，過去東西南北的羊腸小道，變成今日的暢通大路，由此可知社會的進化，科學的發展一日千里。這一切一切都是吳炯聲先生獨具慧眼，造福鄉里，使貧困的地方，逐漸使其興旺，展翅高飛，湯裡、湯裡，爾高飛吧。

載於世界論壇報副刊

温泉水暖人情冷

我是廣東省五華縣轉水鎭人，自政府開放政策實施後，多次返鄉，眼見鄉鄰原是窮鄉，一座一座山嶺疊嶂層層包圍中的小盆地、小村落—湯裡，僅有數十戶人家。從開天闢地有人居住以來，人民都過着貧窮落後的原始生活，日出而作，日入而息，耕田種地的收益，僅可維持生存而已。村民多是文盲，度日艱難，那有餘錢來興學？對外交通，必須走山間羊腸小道，要花很長時間，才能和外界接觸。因地方貧脊，人口不多的關係，政府未予關懷，或許已經遺忘？從來沒有爲村民做一點福利或興革事宜。

通常重山疊嶂，常有很多礦產寶藏，但村人愚昧，政府忽視，從來沒有人知道其中的資源。而分佈在全村的溫泉水，也是寶藏之一。溫度很高可以引用發電，可以治療人們的皮膚病、關節痛，消除疲勞等，有很高的療效。但貧山僻壤，交通不便，只能供村民沐浴，其他附加價值，根本沒有人知道。

近年「西湖企業公司」董事長吳炯聲先生生於鄉村，瞭解這地區貧困閉塞情形，爲遵行政府「扶困救貧開發山區」方案，首先創建了一座「希望小學」，從培育人才開始。然後投注巨資開闢艱巨工程的馬路到村裡，整條路用六寸厚五公尺寬的水泥三合土築成平坦大道，是全縣最理想的一條鄉村道路。現在由縣政府、鎮公所坐汽車可以直達村裡。架設電火，改善照明設備，開發溫泉，分別建築男、女公共浴室，改善往昔露天沐浴的不良風俗。

西湖公司爲了各種維護費用，服務人民，建築了一座兩層堂皇雅緻的樓房，供外地遊客休閒浴沐，收取微薄費用，補貼維持本村各種費用，即使如此，仍入不敷出甚多。但一些見利忘義，利慾薰心之徒，爲搶奪已開發的微薄利益。竟假藉投資開發養「甲魚」爲名，大肆濫墾山坡地，破壞自然景觀。這已經破壞西湖公司與政府的約定。西湖公司爲村民有利方面設想，相忍相讓。不料不肖之徒，竟利令智昏，變本加厲，以養「甲魚」爲名，做「溫泉浴室」營業爲實。

西湖公司投入巨資，開發湯湖，使一片荒山曠野，變成車馬頻行，人群擁擠的小湯湖溫泉區。過去本地經濟艱困，文盲之多，甲於全縣，現已逐漸改善，脫離貧困，漸入富裕，孩童有學校就讀，不再有文盲。溫泉水因交通便利，既經爲遠近很多人喜愛。這一切一切都因吳炯聲先生的前瞻遠見，仁被鄉梓之心的作爲，使荒山野地，一夕之間富庶起來。

人心貪婪，是社會不安的亂源，西湖公司剛剛開發的一片好景，竟爲一些貪婪之人眼紅，與其奪利，企圖以撿便宜的手段，而加開「溫泉浴池」，使西湖公司受害。這類不顧商業道德，不遵守商場遊戲規則的行爲，非正人君子所該爲。期望政府能拿出一點智慧，一點魄力，維持公道，保護商業道德，才不致使人怯於爲鄉梓盡力，投資開發。

一九九八載於世界論壇報

深圳、五華行

前言

一九九七年農曆新春，我運送族譜去深圳，與西湖企業發展公司負責人吳炯聲先生盤桓多日，他知道在台灣同鄉中有一位周伯乃先生，在文化界聲譽崇隆，名滿國際，是吾邑中青代佼佼者，要我轉達欽慕之意，並專函邀請赴深圳、五華參觀訪問。

經營巨人傲視群倫

西湖企業發展公司有四十多個關係企業投資單位，吳炯聲爲董事長或總經理，大家簡稱吳董或吳總。他是西湖事業的創始人。談及爲何以「西湖」爲公司命名，是一段很微妙的聯想：「吳」與「魚」客家人讀來是諧音，同音不同字，魚(吳)是在水中才有生命，所以姓吳聚居的地方，多是有水的地方，如、江、河、湖、塘等。當他要組織公司時，曾往香港拜望叔祖輩兩人，他敏銳地想到叔祖們發財，是住在九龍塘。九條龍居住的「塘」當然是很寬大的塘，是魚（吳）生活和發展的好地方，再聯想到惠州西湖、杭州西湖、揚州廋西湖，都是銜接珠江、運河、長江水源充足的地方，魚（吳）最好的居住發展的地方。他這種想法是對的，「西湖」充沛的水使他這條魚（吳）快速成長，成爲巨魚（吳）。

吳總出身軍旅，曾任職砲兵營長，參加越戰。於一九八〇年改革開放，脫下征袍，投身商場。其時深圳尚是蔓草叢生的荒涼大地。憑着他平素冷靜的頭腦，以砲擊前習慣瞭解敵我情勢，分析判斷、精準計算，果決的攻擊精神，以區區六萬元買了十三輛計程車，租了一間破鐵皮屋，成立小汽車出租公司，開創事業的前途。他以在軍中吃苦耐勞，實幹苦幹和五華人無畏艱難的精神。加上他體格魁偉，精力充沛，性情豪爽，待人誠信，處事明快，有條不紊。對每一投資案件，必先做沙盤演習，大膽假設，小心求證，精確認知的務實精神，經之營之，建設成現代企業制度的大公司。十六年來，公司擁有的小汽車暨中型巴士，已超過一千兩百餘輛，財產從六萬元到現在將近十億元，可稱經營巨人，傲視群倫。

兩位同鄉文化巨人

周伯乃先生從拙著：「跨世紀的西湖苑」一文中已知道有吳烱聲先生其人，但無緣相見。現在接到誠懇的邀請，除了感謝，並知他目前有很多工地正在興建高樓和別墅，爲廣大民衆服務。有同鄉同學李焜先生，現在做房地產生意，擬邀請同行，或能助一臂之力，開拓新的市場。周先生身兼數職，工作繁忙，時間很難掌握。而李先生家住美國，事業在上海、蘇州，空中飛人，來去不定。我也因妻住醫院，雙目又患嚴重白內障，近期必須施行手術，三方面的時間很難配合，以致從五月初一延再延，幾至難以成行。直至七月三十一日周先生受遼寧省長聞世震（十五屆人大選爲中央委員、遼寧省委書記）、盤錦市長巴殿琪、北京市文化聯合會副主席高運甲等邀請率團參加「海峽兩岸詩歌研討會」及參觀秦皇島、山海關、長城、北京等名勝，爲期十天。爲配合李先生的時間，放棄部份招待遊覽機會決定提前於八月八日由北京南下深圳踐約，我則於七日先行到達迎迓。

八日上午，吳總爲使吾邑兩岸文化界名人周伯乃先生，和廣東省作家協會主席陳國凱先生能歡聚一堂。以長途電話聯絡兩小時，才得到陳主席欣然應諾自廣州前來相會。下午吳總率辦公室巫主任，秘書李小姐分乘兩部轎車赴機場迎接自北京南下的周先生，吳總親自駕車迎賓，由此可知他對周先生禮遇的誠意。

當晚設宴接風，在坐知名人士除自廣州專程前來文協主席陳國凱先生夫婦，尚有中國人民政治協商會議、深圳市委員會原副主席李定先生。台灣大陸兩地著名作家歡聚一堂，是時代的盛事。

陳國凱先生，是同鄉中很著名的文學家、作家，著作豐富，享譽文壇，深爲人仰慕。今次有幸第一次見面，而且和旅居台灣享譽世界的文學家、作家周伯乃先生，在吳烱聲先生接風筵席中，叨陪末座，深感榮幸。陳先生文質彬彬，誠懇親和，承賜「陳國凱隨筆」乙冊，內容豐富，清新脫俗，是難得的佳作。

參觀西湖苑

九日上午周先生、吳總和我親往機場迎接從上海南下的李焜先生。下午陳劍雄鄉兄、劉激揚教授、聯袂自台灣經香港抵達深圳，尙有陳先生在港之弟友三人同行。周先生堂叔化文先生亦從香港前來。當天下午四時許，所有台、港訪客，由吳總親率公司主要幹部參觀其白鴿籠工地，因陰雨泥濘路滑，僅在車上瞭望已建成的大樓。繼往滙福花園參觀新建二十三層大廈，外構已完成，正在裝修中。李焜先生參觀後即定購十五層一戶，將鄰近已付一萬五千元定金的華僑新村放棄，不論定金能否收回，不予計較，表現鄉情勝於金錢的豪邁氣慨！而吳總亦表示不讓他吃虧，同樣表現了鄉情重於金錢的長樂人固有義氣，豪邁和爽朗的風格。至於合作契機，則看以後的客觀環境。

「西湖苑」新年初我曾爲文報導，現再重點補述一二：它位於深圳市龍岡區坪地，跨丁山河及其整個島嶼的廣大平原地區。在島上及河兩岸建成：大樓、雙拼、連棟、別墅等八種型式，供顧客多方選擇。價格公道：有分期付款，低息貸款。區內有游泳池、網球場、魚池、學校、市場、會議廳、交通等等設施。沿河及島嶼遍植垂柳，四時花卉，小橋流水，景色宜人。河岸有休閑坐椅，遠望層巒疊嶂，雲烟出沒，風景如畫；近視花樹映影，河水清澈，游漁可數，遊船垂釣，怡情養性，是居家的好地方。除現有既成的建物，尙有遼濶的空地，可建別墅百餘棟。從整體參觀印象，咸認是很理想的社區。但李焜先生仍有較宏觀的建議：認爲現有設計，是爲目前大陸同胞的實際生活需要，比起香港、台灣，仍嫌落後。若要引進台、港客戶，應有超新的設計，部份必須更新，建議吳總派員到蘇州參觀他現有的工地參觀。（八月底已派兩員幹部到蘇州參觀）李先生誠懇的建言，亦足證客家人的爽朗性格。

參觀結束，已萬家燈火，即在龍岡滙都大酒店晚宴。該酒店亦屬西湖公司投資之一，設備新穎、有客房、會議廳、酒樓、咖啡廳、卡拉ＯＫ等設施。宴後在音樂廳玩卡拉ＯＫ到十時，才返回西湖賓館。

十日上午開坐談會，討論工地興革事宜，大家誠摰表達了意見，工作人員一一記錄存檔參考。我除了報告此行一再延展的原因，對周、李兩先生百忙中前來表示由衷感謝外，說明目前人民心目中仍多少有些迷信。房屋之中不宜有不在牆內的「柱」，這像人胸中揷了一把刀。大門不宜直對迎面而來的大路，風水先生有兩種說法：「大發與大凶。」大門外不應有阻擋物等等。五華城「西湖溫泉大酒店」的，大廳是挑高設計，看起來確實雄偉富麗堂皇，高雅別緻。但因空間過大，爲安全，乃有獨「柱」的設計。當我們抵達華城，吳總即與幹部研究改善。由此可知他是能接納他人好的意見，對事客觀，胸懷坦蕩的領導人。

午後迎接周先生的摯友唐振新，女婿王致信，自北京南來。因周先生與宗叔化文先生參觀其在深圳的工地，無暇前往迎接。我與唐振新委員有數面之緣，乃代爲迎迓。我自七日到達深圳，八、九、十，三天擔任迎賓，此生中盛事也。

兩岸鄉情濃似酒

當晚盛宴迎賓，筵開數席，吾邑旅居深圳菁英俊彥，曾局長純、謝書記百泉，前人大張委員、鍾局長等現職或退休官員、工商人士，濟濟一堂，可說台、港、深三地同鄉大集合。鄉音繚繞，歡笑盈庭，熱情揚溢，氣氛融融。我深深感到故鄉情誼的溫馨，酒一般香濃，令人難以忘懷！酒甜耳熱，謝書記談及吾邑書畫人才，擬集印成冊，俾能永遠流傳，已經準備好宣紙、筆墨，希望在坐鄉親揮毫，以留紀念。他率先書成；「長樂阿哥硬打硬」條幅，蒼勁雄渾，一致鼓掌叫好，周先生、陳劍雄，及吳總亦先後握管。我自知粗劣，難登大雅之堂，獻醜不如藏拙，不敢嘗試，但座中鄉賢力邀，只好勉爲其難，靦顏獻拙，當時腦際曾閃過李白下江陵詩，擬改爲：

朝辭蓬島彩雲間，千里深都瞬息還，
兩岸鄉情濃似酒，輕鬆歡笑透重山。

但時間愴促恐平韻不對，僅塗了一個「壽」字，祝大家健康長壽之意。最後由謝書記的千金紅鷹小姐獻藝，一揮而就，瀟洒雄渾、蒼勁有力，藝壓四座，甚而凌駕乃父，且雙手握管書寫對聯絕技，書法流利，兩手所書，成爲一體，更令在座鄉親，瞠目結舌，嘆爲觀止，實女中豪傑、藝苑英雌。謝小姐荳蔻年華，有此功力，將後必成書法名家，享譽寰宇，爲我華邑增光。

轉水鎮今昔

十一日早上八時吳總率公司主要幹部與我等一行二十人坐梅深線火車特別快車包廂，浩浩蕩蕩返故鄉五華參觀。原定八時四十分開車，延至九時半。此班快車有餐車供應豐盛午餐。四時到達興寧車站，西湖五華分公司負責人周總經理、蔡處長、廖主任等已準備十餘部轎車與員工在站前排成列隊，鼓掌歡迎。因火車誤點，行程又極緊湊，即分乘轎車沿六線省道向五華行進。抵達五華老城東門，轉入四線縣道向南直行抵達轉水鎮，古縣長率鎮委書記、鎮長等多人在往湯湖途中迎接。

轉水鎮，位於五華城南二十五里許的歧嶺河（五華河）左側，河經柯樹潭爲石山阻擋而轉彎，至馬河壩又復急彎而得名。沿彎處原有木造平房商店兩百餘間，年代久遠，整條老街已被轉彎的水衝刷陷落，已見不到一絲痕跡。現在的市街移向山邊，改建成近兩百間鋼筋水泥樓房，俗說：「有破壞才有建設，愈建設愈完美。」現在的市街，比往昔整齊壯觀。每逢農曆二、五、八墟日，赴墟的大多是河兩岸原屬大嶺、黃龍兩鄉的居民。中共執政後毀鄉合併成爲一個鎮，但因中隔大河，交通非常不便。八〇年代旅港鎮民吳晉祥、沐先叔侄，捐獻巨款協助政府建成雙向行車的鋼筋水泥大橋。當時廣東省主席葉選平親題「轉水大橋」，從此兩鄉溶爲一體。原黃龍鄉居民的對外交通非常不便，現在交通便捷對人民生活的改善，也相對提高。以前由五華、興寧儎運物資，必須繞道水寨鎮，如今經過大橋，減少三十公里的運程。改革開放後，拖拉機興起，現在大橋又建成，儎運物資方便，經濟效益良好，增加人民收益。現在吳總擲巨資將村道築成鋼筋水泥大道，從大橋直達鄰村湯湖，是縣境唯一完善的村道，更發揮了交通的功能。

湯湖水暖西湖情濃

湯湖位於轉水鎮青塘村邊沿，我曾以：「溫泉水滑洗凝脂」和「溫泉水暖人情冷」兩文報導，現僅述梗概。

湯湖村有天然沸騰的溫泉，由地層冒出，泉口在該村佈滿大半地區，名曰散湯，最高溫度達攝氏九十四度，較低的亦在三十度以上。隆冬寒天，沸騰的熱氣，遇着冷空氣，在半空中飛舞成爲難得一見的景觀。溫泉水質清澈，沒有硫磺和其他臭味，對關節炎、皮膚病、風濕病最具療效，消除疲勞可說立見其功。惟因該村四周，群山環抱，交通不便，除村中居民使用外別無外人光臨。自吳總執行救窮工作，排除萬難築成水泥大道，使交通暢順，建「希望小學」使村民不再有文盲。投巨資設保溫水管，將溫泉輸往五華老城「西湖溫泉大酒店」，供旅客使用，以開發利用並進，達到目的。並在村內建兩層洋房，樓下餐廳、辦公廳、人員住宿，樓上設洗浴室十餘間。從此湯湖溫泉聲名大噪，遠近來洗浴者絡繹於途，村民不單生活改善，甚而既成富裕，此皆西湖公司吳總執行救貧工作之功。

田園之美

吳總故鄉地名青塘畲坑塘，距湯湖僅三里許，建一宅院，是古式上五下五型，但建成兩層，窗檽加大，看起來是新式洋房，天井以塑鋼玻璃加蓋，顯現美的感覺。在前樓眺望，遠山環繞，樹木蒼翠，阡陌縱橫，炊烟四起，鷄犬相聞。門前有魚池，四周種菓樹，當日招待的菓品，即新自園中摘，是久居城市中人，難以嚐到的新鮮。遙望遠處兩山峽谷間形成一個天然大池—廖塘，深而且寬，蓄水量大，久旱不枯，是全村的天然水庫，溝渠縱橫，灌溉稻田無虞匱乏。池中魚鱉大而肥，是鄉人農閑時垂釣的好地方。傳說此塘是該村的「富裕池」，魚（吳）的活躍地，歷來該村居民，均過着安適富裕的生活，有似世外桃源。本紀前有吉賢、佑賢兄弟是青塘吳族甚而轉水鎭的首富，達半紀之久，遭鬥爭清算後才中落。現在吳總茁起，仁懷義舉，愛國愛鄉的聲望，凌駕前人，也許是地靈人傑吧！其弟永聲預知衆多賓客光臨，設宴接風，但因華城「西湖溫泉大酒店」尚有衆多貴賓，不便久留，盛宴僅作點心，即匆匆告別。

西湖溫泉大酒店

抵達酒店，梅州市委書記謝強華、市委常委巫禮仁、五華縣委書記曾澤生、古縣長、李局長等隨員均在大門前迎接，表達歡迎之意。由此可知吳總深受故鄉長官的敬重。大家連日參觀，已感疲累，吳總請大家在溫泉池洗浴、按摩消除疲勞。

西湖溫泉大酒店，聳立於五華城西北角廣大平原上，分前樓與後樓，設備豪華，格局新穎，雄偉壯觀，傲視了粵東整個地區，使居住在五華土地上的鄉親，可以昂首自豪。

酒店前有寬廣的庭院，停車場、噴水池，門面壯濶堂皇。前樓爲兩層式挑高建築，廳堂寬敞，氣派豪華。樓下有餐廳、禮堂、客廳、按摩院、服務台、櫃台。左右設有似雙龍抱珠式的樓梯上二樓會議廳，遊藝廳，卡拉ＯＫ。

從大廳穿過塑鋼玻璃的中庭花園是十層大樓，有客房兩百餘間，八、九樓特別闢有大套房五間，美其名曰：「總統套房」。樓下設溫泉區，由湯湖翻山越嶺經二十五里輸送前來的溫泉，保持六十五高溫。區內佈置新潮，幽雅大方，美觀別緻，有大池、家庭池、鴛鴦池、桶池等各器熱池，入其內有似進入迷宮。

酒店兩側有商店街、住商街，越六線省道對面，有四層樓的大批發商場，成衣廠，搾油廠，滅火器廠等。酒店後面尚有廣袤的土地，計劃建別墅群。總計投資人民幣陸仟三百萬元。在窮困山城投注如此巨金，吳總是爲救窮而開發故鄉的遠大胸襟志願，絕非爲牟利而投資。五年來不斷投資設廠，至今可說尚無收益，這豈是經商之道？但他毫不猶疑，甚而不斷投資設廠，認爲每一個投資單位，不致虧損，就是有利益，這不是從表面上看。而是有一個工作單位就能用不少故鄉子弟，改善家庭生活，減少窮困總數，就是他心中的利潤，就會感到快樂和安慰。這種心胸豈是一般商人可以比擬？市儈所願爲?!他是完完全全以熱愛五華，愛護家鄉的觀念。促使他做成如此偉大、仁義心懷的壯舉，是可以傲視前人，爲現代人應該追求的榜樣，是五華人的驕傲和光榮。

宴會晚間十時才開始，筵開八桌，各位長官多是周先生舊識或同學。各長官對周先生在文壇上的聲望成就，以及吳總熱愛故鄉，受到肯定和敬佩。大家無拘無束談笑風生、氣氛極爲融洽，揚溢鄉情的濃郁。旬初縣境曾受洪水爲患，災情頗重，席間吳總捐獻巨款救災，表現人溺己溺仁懷義舉的心胸。

魏彥才兄久有與周先生懇談的願望，兩人在文字上相識已久，亦曾有一面之緣，但無時間暢敍，今次會面可說了却心願。惜因魏兄年老，雙耳失聰，談話多少受了影響。吳總知道他是我的好友又是老作家，除致送豐厚的敬老金，又送東北紅參多支，敬老尊賢的誠意，深深令人感佩。

十二日周先生等回鄉拜祖，於下午五時半趕返酒店，參觀西湖企業投資設廠的新產品—手提式滅火器表演。每罐淨重四公升無毒液化物，預設一、五公尺圓周框內裝水加汽油，燃燒後熱度遠在二十公尺，仍令人難受。一人穿防火隔熱衣，手提滅火器向火場澆噴，約二十秒鐘即完全撲滅，而液化物仍存餘約一半，效果相當不錯。晚宴仍是昨天賓客。李焜先生因事坐夜快車南返深圳。

返回深圳

十三日早餐後，周先生及其女婿王致信、唐委員和我四人，坐快車包廂軟舖南返深圳，吳總夫人梁瑛女士，率華城西湖幹部，親送至興寧車站，互道珍重再見。下午四時抵達深圳，已有專車迎接，仍住西湖賓館。而李焜先生在深圳的事未了，尚未北返。

晚餐時寶安區委員書記謝百泉先生打電話邀請周先生暨我等，參觀五華鄉親的書畫預展，盛意虔虔，雖連日旅途勞累，亦於八時許驅車前往。所謂預展，實際是爲周先生而安排。不過整個藝術館的大廳排列整齊，琳琅滿目，美不勝收，可知我華邑書畫人才不少。驚奇的是：去年我曾受周先生之囑，寫了對聯亦掛在其中，則有稗在禾中之感！

五千年來長慶人才輩出；

華夏榮耀樂觀拔萃群英。

十四日早上七時尚在矇矓中，吳總由火車上打來電話說：「我已坐夜車回來，快到深圳了，八時在二樓飲茶」。吳總事務煩忙，難有餘暇，此次爲款待周、李兩位先生，一周時間，全程陪伴，花費鉅資，熱誠招待，誠難能可貴。昨天分別時知道他尚有福州招商事務未了，不能分身陪伴南返，却不辭辛勞搭夜車趕回，又復贈送多種禮品，其熱誠實令人感佩！早餐時他宣佈五華批發市場，已與福建商人簽租七十多個攤位，這是值得高興的事，好的開始，就是成功的一半，希望帶動五華從此繁榮富裕。早餐後由西湖公司廖司機開車送我等直達香港，沿途關卡只送驗證件無須下車，減少深圳、羅湖兩處關卡排隊等待之苦！

仁義熱誠坦率細緻

吳總的爲人熱誠坦率，義氣慷慨，深獲大家的敬佩，咸認自仁義大哥張輔邦將軍之後的第一人。慷慨好義，待人誠懇細緻，無微不至。如周先生返鄉拜祖，交通車、水菓祭品、午宴飲料、香烟、美酒等甚而雨傘，也準備周全。這些事務性的工作，日常事務衆多的他能想及，可知他平素處理事務的周密了。又如我新年和他自五華坐火車南返，同行已有多人，但因我與大家不太稔熟，臨時要我的侄兒陪伴同行；此次在深圳他要招呼周、李先生，特別要我侄孫暫時陪伴，延後報到。安排新進人員，縱然在當月中旬之後，薪金仍以當月一日起計算。因規定次月才能發放薪水，誠恐新進員工本月欠缺零用和伙食費，均發給五百元輔助。一切一切圓融周到，都安排得妥妥當當周周緻緻，這也許與他幼年的艱苦歲月，和家庭教育有很大關係。

他的事業有成，想到故鄉，在五華縣投下巨資，不是爲了賺錢，而是響應政府號召爲貧窮山區做救窮的工作。救窮首先要培育人才，乃在青塘、湯湖、貴州、山西等地建立多所「希望小學」。這些都是他長遠的計劃，是他仁懷義舉的自然表現。他爲五華投下巨資，建設酒店、市場、住宅……報答故鄉的情懷，深令人感動。

後語

此次陪周先生受邀赴深圳、五華之行，前後共計八天，可說賓主盡歡，情誼融洽，每天筵開數席，山珍海味連續享用如此多天，是我生平第一次。然而，令我們不能忘懷而眷念的，則是故鄉的糯米酒糟（俗稱糟麻）和咸菜，這是幼年時家鄉不論貧富，每天飯桌上必備的長年菜，五十年後的今天，使我們吃之不厭。憶想着當年薯芋不可多得的生活，主人在盛宴上擺滿山珍海味而雜入這兩道家鄉的小菜，也許是要我們不要忘記故鄉的泥土芬芳，貧困當年不可忘的意思！

吳總以遵行政府救貧方案而遂行其開發家鄉的仁懷義舉，人溺己溺的心胸，有先天下之憂而憂，後天下之樂而樂的抱持。他自奉甚儉，生活簡單，衣着樸素，住的是普通民宅，每天要爬五層樓梯。他家鄉靠近往湯湖的三合土公路，鄉民請求舖設至其家鄉，他堅持不肯，認爲對大衆要做的事仍多，自己的慢慢來。他這種光明磊落，開朗無私的心胸，較之先哲而無遜色。這種心志足可以光照萬世而不湮滅，爲長樂人自豪驕傲的榜樣。他的一切仁義行爲與待人接物的虔誠，都是與生俱來的仁慈博愛悲天憫人的天性。

周伯乃先生，少年時因戰亂被迫離開故鄉，克苦自勵，成爲詩人，作家、文學家、名聞國際，在文壇上放一異彩，爲五華人增一份榮耀。而對故鄉的懷念，時時縈繞在夢魂中，雖八〇年代開放探親，因身爲公務員受到限制，無法圓懷鄉思親的願望。迨退休後於前年參加梅州開發山區會議，順道返鄉祭祖，亦只短暫一天，僅能慰情於萬一。然而景物依舊，人事全非，更增懷鄉慕親的衷情，而寫成「夢廻長樂」一書：思我父念我母、秋風依舊蕭瑟、五十年茫然、風木哀思、琴江夜曲等十餘篇巨作，懷念親人和一草一木。兒時親吻過的事物，五十年後的今天，仍充滿豐沛的感情，懷思和眷戀表露在白紙黑字之間。他對故鄉有深厚的感情愛戀，因而對吳總建設家鄉，推行救貧工作的仁懷義舉，比大家更多一份支持與敬佩，眞是英雄敬英雄，好漢惜好漢！願五華現代文壇巨人和商場巨擘永遠健康！光輝燦爛！做長樂人的榜樣！

一九九七年載於世界論壇報副刊

故園河山

長樂五華說從頭

五華縣舊稱長樂，漢高祖十三年（公元前一九六）封龍川縣令趙佗（河北眞定人，其時龍川爲郡）爲南越王。時長樂爲龍川地，尚未命名，趙佗狩獵於境，適逢漢高祖遣使陸賈至此，爲朝拜漢室及冊封典禮，築台於五華山下（今華城北門外），名「長樂台」，又名（尉佗、朝漢台）。因此，附近地以「長樂」爲名，後人口漸多，設爲「長樂鎭」。

長樂，西漢屬龍川地，晉朝爲興寧縣地。南齊改興寧爲齊昌縣，屬東官郡，仍爲齊昌縣地。今長樂縣地、在粱、陳間廢。五代遷興寧縣治設長樂鎭，達一〇二年之久。宋眞宗天禧二年（公元一〇一九），徙興寧還故鄉，仍爲長樂鎭。宋神宗熙寧四年（公元一〇七一），始置縣，稱長樂，縣治設長樂鎭。宋高宗紹興十九年（公元一一四九）屬循州，遷縣治於七都約，七都圍，九龍崗下達一四三年，原址現已湮沒。元世祖至元二九年（公元一二九〇），遷縣治還長樂鎮。明太祖洪武二二年（公元一三八九）始築長樂城，屬惠州府。清世宗雍正十三年（公元一七三五），改隸嘉應州。公元一九一一年，辛亥革命，推翻滿清皇朝，建立中華民國。因廣東、福建、湖北三省，各有「長樂縣」，恐因同名，事多不便，決定將其中兩縣改名。而福建省長樂縣，設治較早，爲存續縣，湖北、廣東省兩長樂縣，於民國三年，遵照內政部令改爲「五峰縣」和「五華縣」。

長樂、五華縣名，先後均因「長樂台」「五華山」爲名，沿用至今。公元一九五四年遷縣治於水寨鎮。自宋神宗熙寧四年設縣至今，已九二三年。

高山盆地與河川

五華縣，位於廣東省東部，五嶺東麓，韓江上游。面積：東起照日嶺，西至長布、雞心石，長七一、五九公里。南起登畬圩、黃畬，北至長安圩、洋塘尾，長八七、九九公里。總面積三、二二六平方公里。

山領

縣境高山峻嶺，以西南和西北較多，地形複雜，山地丘陵相間，河谷平原交錯。總計：山地佔總面積百分之四九、一，丘陵四一、三，河谷五、四，盆地四、二。耕地面積：水田三九、二萬畝，旱地一一、三萬畝，佔總面積百分之一〇、四。森林用地：三六六、四三萬畝，佔總面積百分之七五、七萬畝。陸地水田一五、九三萬畝，荒山光嶺二一二、一五萬畝。居民點、道路、工礦等用地二二、八萬畝，難用地約三〇萬畝。

境內高山有：玳瑁山、仙掌山、中道山、黃沙嶂、七目嶂、石馬髻、洋塘髻、筆架山、天堂山、七星嶂、簾紫嶂、聖公嶂、旗頭嶂、嵩螺嶂、三天嶂、聖峰嶂、鴻圖嶂、仙人石、白石嶂、金石頂、登雲嶂、天柱山、牛王登殿等八百咪以上高山數十座，千咪以上十二座，其中以七目嶂海拔一、三二八咪為第一高峰。佇立山頂，若天開氣朗，可見相鄰七縣。

高山峻嶺，必多奇景：石馬髻，名實相符，山崖峭壁，形似駿馬，山溪流水，清澈可鑑，銀泉飛瀑，仿如飄帶。筆架山三峰聳立，天然筆架，蘸雲抹霧，仿供文

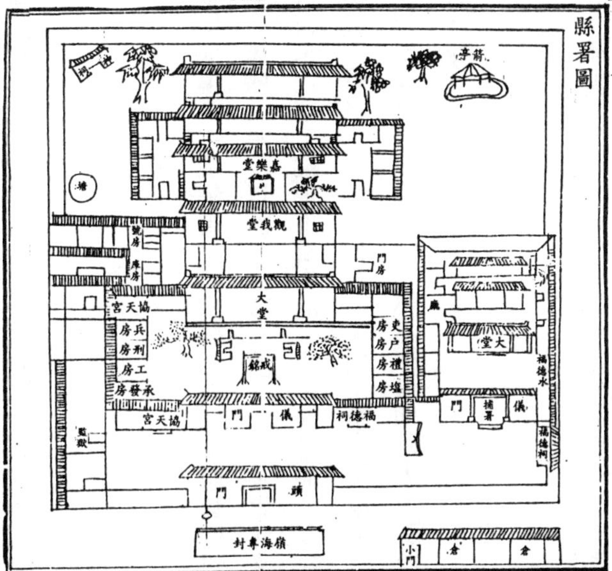

縣署圖

人墨客揮毫遺興。天柱山，古蹟名勝，神話傳奇。天堂山、白雲庵，譽爲「名山七庵」。玳瑁山、流泉清冽，人稱「甘露水」；「長樂燒酒」馳譽中華，取其流泉釀製，味更香醇。名山美景，各擅勝場，難以盡述。

盆地

縣境東北與興寧毗鄰、東南與豐順、揭陽連境，南與陸豐、西南紫金接壤，西與河源、龍川相連，縣界多以山劃分。境內高山峻嶺，重巒疊嶂，以西南最多，西北次之，東北又次之，造成東部地勢最低。峻嶺以外，二—八百米丘陵，綿亙不斷；加以大自然變遷，侵蝕沖積，形成河谷平原，組成：水寨、員瑾、橫陂、夏阜、錫坑、長布、大田、華陽、潭下、嵩頭、歧嶺、華城、黃龍等十餘個盆地，供百餘萬縣民聚居。其中以水寨盆地最大，華城次之。除盆地外，尙有山崖丘陵，雖有人居住，則不列入盆地。

河川

境內大小河川有一〇五條，分兩大河系：琴江和五華河，前者自西南流向東北，後者由西北流向東南，兩水在河口滙合，流入梅江，直奔韓江。

琴江有南北之分，南比北大，以南爲經，簡稱琴江。發源於紫金縣龍窩、官山嶂、火甲嶂，從登崙、吉祥流入縣境，全長一三五、六公里，主要支流有七：

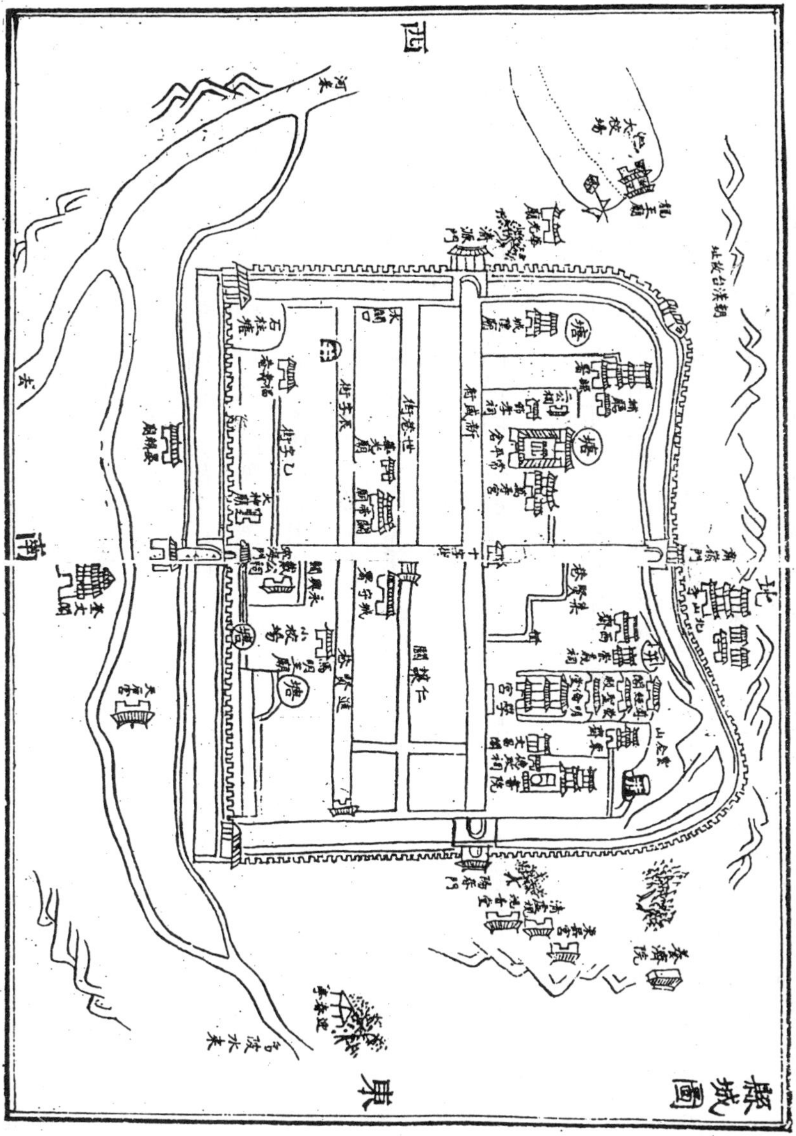

縣城圖

北琴河，源出紫金中心埧，七塘寨，流經縣境華陽、梅林、琴口注入，長五六公里。優河，源出陸豐茶壺嶂，在梅林堵河石注入，長二四公里。

周江河，源出長布仙溪瀝，雞心石，經安流、藍田注入，長六九公里。

伏溪河，源出棉洋石山嶂，安流學少注入，長二五公里。

大都河，源出雙華龍獅寨，大都里江注入，長三五公里。

蕉州河，源出郭田照日嶺，橫陂新華注入，長四〇公里。

小都河，源出小都南蛇嶺，橫陂頭埧注入，長三〇公里。

五華河，全長一〇五公里，主要支流有四：

歧嶺河（五華），源出龍川縣七目嶂麓，經鶴市，登雲至歧嶺合水，長五三公里。

潭下河，源出大田分水凹，經潭下、西林埧注入，長五九公里。

烏陂河，源出興寧縣中道山，分別從：冷水井、黃晃窩、店前舖至五谷亭滙合，塔崗山注入。

矮車河，源出潭下，經挑軍塘，轉水鎮注入，長二〇公里。

琴江及各支流均源出崇山峻嶺，所經皆山林峭壁，淤積較少。而五華河源頭，亦屬山區，淤積尚輕。惟東北地區爲丘陵地帶，全部光山禿嶺，烏陂河流域，沙積已超地平，沿河靠築堤防水。新近建造鋼筋水泥大橋，挖樁基深至十五尺，仍是淤積沙層，其嚴重如此；影響所及，五華河既難航行。華城盆地所屬西林埧、觀音舖等村，甚而黃龍盆地沿河各村，春潮秋雨，河水泛濫，多有災害。

然而，五華縣境雖無波瀾壯闊的江海湖泊，千里沃野平原，但巍峨群山，廣漠丘陵，同樣是臥虎藏龍之地。潺潺流水，像人身的血管脈胳，散佈在縣境各盆地，萬千年來爲居民日夜奔流，滋養灌溉，使總面積僅佔百分之十強的耕地，禾黍成長，百萬居民，賴以爲生，無虞飢餓。鄉民在它懷抱中孕育繁衍，茁壯出無數國家棟樑人材，培育成公侯將相，道德文章傳世之士，在它流域中成長、發展。它經歷多少風雨災難，看過幾許興衰事故，但它從不畏縮，從不興嗟！它是五華鄉親精神之柱，生命所寄，生活所賴！它無怨無悔，日夜奔流，堅忍不拔的精神，勤奮不懈的態度，令人永遠！永遠！感激！效法!!

萬丈金鍊鎖靈猴

長樂縣城，於明太祖洪武二二年（公元一三八九），由知縣陳堅開始建築，周六二四丈，高二、五丈，有四門：東曰陽春，西曰清源，南曰寧海，北曰肅嶺。各門有樓池，高三、四丈，深七尺，闊二丈，城垣高二丈。至明世宗嘉靖元年（公元一五二二），僉事施儒闢建南片，廣四二五丈。十七年僉事江滙，重建東樓門。三一年僉事尤瑛修高門樓、城垣三尺，增敵樓二九，垛口一、四二五，四門樓皆易以磚石，高三、七丈；明神宗萬曆十六年（公元一五八八），參政蔡國炳復增高二尺，綜計城周一、〇五九丈，城垣高二、五丈，城門樓高三、九丈，環城濠寬一丈，深七尺，防火闊二丈。金湯之固，甲於粵東諸邑。因此，他邑有亂，民多來避難。

城築成後，明萬曆二七年知縣張大光先後修西門城樓、垣、垛，四七年鄧林正修北門樓。明思宗崇禎十年（公年一六二七年）水患，四隅多有崩潰，知縣黃景明修之。清世祖順治三年（公元一六四六），翟火古、李正春、孔亞福等陷城，縣令楊九韶與幕賓吳元秀被執，不屈而死（吳元秀黃龍青塘人追贈貢生），清史載稱土賊而不說反清復明義民。城樓、垣、垛多崩圮，知縣黃時熙大修。十八年霪雨，西門城崩，知縣孫重光重修。清聖祖康熙十九年（公元一六八一），西門城樓崩，署縣事按察司經歷沈倫英修之，二六年知縣孫蕙續成。

自明神宗萬曆二七年（公元一六〇〇）至清朝三百餘年中曾多次遭水患，以致城樓、垣、垛，多次崩壞，屢加修復，尙稱完善。惟自縣治遷水寨以後，崩折日甚，現已看不到城垣，連城樓亦蕩然無存，且因地層下陷，城內很多祠宇寺廟，僅見屋頂，逐漸成爲水鄉澤國。

城內有紫金山、縣署、捕廳、學宮、書院、德政祠、文昌閣、東齋、西齋、崇義祠、城守署、馬明王廟、戴公祠、萬壽宮、節孝祠、城隍廟、華光廟、福壽庵等及各姓宗祠。陽春門外：迎春亭、養濟院、東嶽宮、淸虛觀、觀音堂。淸源門外：龍王廟、華光廟。寧海門外：天后宮、奎文閣、晏賴樓。肅嶺門外：北山寺、長樂台故址。總計城內外古建築近百之多。建物多用上好木材，花崗石雕刻各種花紋，大方、端莊、美麗、精緻風格，表現居民勤勞樸實的智慧。然因歷史變遷，時日久長，大多建物，已經傾圮或殘破，僅有長樂學宮，較爲完整。

城內街道甚少，僅有：十字、太平、新盛、世巷、辰字、乙字、井連等街。其他散子、天后、襟帶、奎閣、河唇、水巷、紫巷，桂和、梓良、東山、華新等街均在西、南門外，商業集中在此一帶。

古代建城，除邊塞地區，必先考慮風水。蓋古人迷信地理風水，關係全縣居民的福祉；其次才考量防禦。長樂地處內陸，無虞異族侵擾，當以人民福祉爲先。五華城山形似猴，紫金山是猴頭，以風水言，城牆應築在紫金山後凹處，就是頸部，名爲「萬丈金鍊鎖靈猴」，猴雖枷鍊，仍然活躍，不幸築在紫金山上，城牆壓住猴頭，變成「萬里長城壓猴頭」，本是精靈活潑變成「囚猴」。以風水言，大大不利。以防禦言，築在頸部，後爲山區，防守較難。城築成後流傳：

一、縣城周，規定六二四丈，高一、八丈。長樂城建成後爲城周一、〇五九丈，高二、五丈，與州，府城周、高相同，負責人獲罪。

二、原設計城繞頸部，負責築城者改爲頭部，違旨受斬。

三、原設計城繞頸部，動工時因有縣民造反，若勞師遠征，擾民傷財，乃聽國師之言，將城牆改築在紫金山上，壓住頭部，使不能自由活動。

是耶！非耶!!惟人言鑿鑿，或信而有徵。

長樂學宮蓋州城

長樂學宮，始建於宋朝，隨縣治遷徙和崩毀，原址已無從查考。明太祖洪武二一年（公元一三九八）築長樂城，學宮建於西門外、因洪水爲患被廢。迨明憲宗成化五年（公元一四六九），遷建於城內紫金山下。

學宮建築形制，依古代建築傳統風格，成宮殿式，各組排列在中軸線上，座北朝南，左右對稱，規模宏偉。前有照壁，書「宮牆萬仞」，忠孝門、櫺星門、泮池、戟門、大成殿，明倫堂、崇聖殿、尊經閣等八進。東廡有：名宦祠、橫門、舊學署、樂育堂。西撫有：鄉賢祠、舊學署、東西兩廡均有下馬碑。東側有：文昌閣、教諭署三進。西側有：忠孝祠、崇義祠、福德祠、訓導署三進。

學宮大門用石材建築，三間兩樓牌坊式，有精工雕刻浮圖，三扇大門，正中狀元門，左榜眼門、右探花門。按明、清兩朝規定：三扇大門，平時不得開啓，連祭祀孔聖，也只能從庶門出入。清高宗乾隆三七年（公元一七七二），欽點李威光狀元及第，五五年欽點曾瓊琲榜眼及第，先後曾開啓狀元、榜眼兩門，探花門從未開啓，今後也無機會開啓。

大成殿，是祭祀我國偉大思想、教育家孔聖的殿堂，寬二四、四米，深二〇米，高一〇米，殿前設月台，殿內由二四條八角形梅花石柱擎撐樑架，柱礎有八瓣須彌坐式斗拱雕花，重迭出跳重簷歇山瓦頂，殿頂有輝煌耀眼的黃色和孔雀藍琉璃瓦，殿脊有雙龍戲珠圖案。建築結構緊湊，佈局精緻，工藝靈巧。

明倫堂、崇聖殿、尊經閣及東西兩廡等建構，寬廣精緻，雄偉堂皇。惟各建物自建成至今已五百餘年，風雨侵蝕，年久失修，除大成殿仍保完整，其他多有損壞（新近已重修）。然學宮結構嚴謹，雕龍畫鳳，富麗堂皇，氣宇軒昂，宏偉壯觀，據載比州府學宮堂皇、寬大、精緻，有過之而無不及，因此有傳說：

長樂縣學宮，雖比紫禁城宮殿小，其結構則類似。此古宮殿式建築，傳聞是明朝某皇帝微服私行，到長樂鎮郊，時已黃昏，四野無人，僅一戶貧民夫婦，結茅屋而居，種田度日。當皇帝到來，熱誠招待住宿。夜半傳來陣陣呻吟聲，皇帝起來打聽，才知女主人臨盆難產，已經兩天，肚子痛得利害，皇帝聽後便想告辭，農夫一

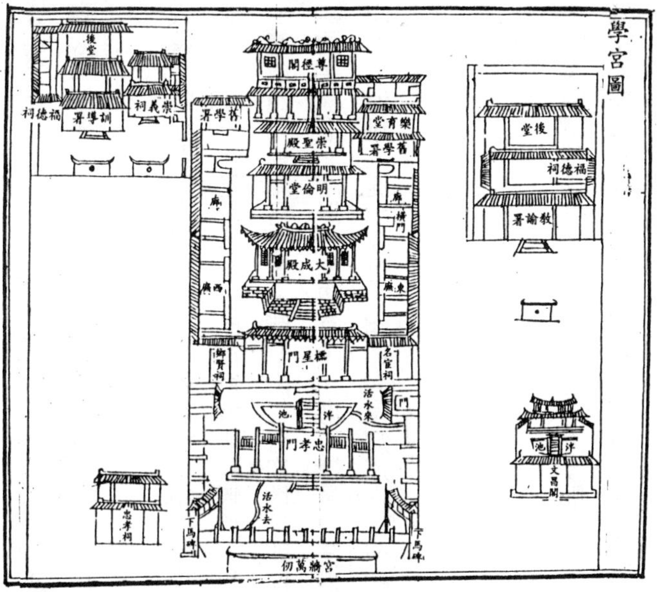

學宮圖

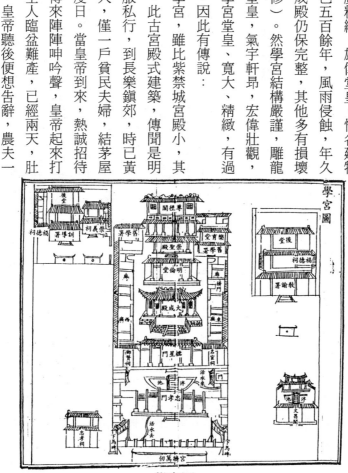

再說：「對不起，驚醒你了」，一邊扶妻子到隔壁茅棚去住，以免影響客人安睡，回來又說：「夜既深沉，荒郊野地，到那裡去住？還是住下來好」。皇帝被善良誠懇感動，連聲說：「吉日良辰，胎兒就會出世，」話音剛落，傳來男嬰哇哇哭聲。皇帝被善心好客夫婦感動，代新生兒取名，認爲義子，並立契帖。

轉眼二十年過，皇帝想念義子，乃著人持契帖往召，又怕貧民和皇帝認親，招搖受災，改用囚車到長樂捉人，進京後才相認，給他富貴。不久皇帝駕崩，他在京城無親無故，想念故鄉父母，乃南返長樂。爲紀念義父皇帝，適逢西門外學宮傾毁，紫金山下有空地，即模仿京城宮殿建一座學宮，完工後親書「聖殿」兩字橫額。所以長樂學宮，比粵東諸邑，甚而州府學宮廣大，富麗堂皇。「長樂學宮蓋州府」，但無人提出控告，因爲大家知道是皇帝的義子所建。

文化教育展新猷

教育、交通、工業，爲人民生活要素。五華故鄉從中華民國誕生至三十九年間，處在內憂外患，未有寧日，交通、工業方面，可謂尙無建設。空運限於山區，無廣大平原以資起落。水路僅有水寨至梅縣。而五華河淤積嚴重，船行困難。陸路交通，僅有經龍川和紫金兩條省道。至於教育，只有小學數十所和一些私塾，中學十三所，含二所高中部，大專院校全無，是落後縣份，文盲之多，甲於他邑。

自宋朝設縣至清末八百餘年，學宮掌理教育，設金山書院，東西南北四門學社－居仁、由義、立禮、秉智，及鄉村私塾，培育出：武狀元、武榜眼各一人，武進士十四人，文進士一〇人，文武舉人二〇三人，貢生三五七人，庠貢一三一人，捐貢八九人。濟濟多士，可謂盛歟！然而教育偏重於士宦富貴之家，並不普及大衆，文盲及略識之無者，佔絕大多數。

自雅片戰爭後，歐風東漸，西方文化滲進中國，民智大開。各鄉村多自辦小學或高級中學。民國初年，政府深知富民強國，必須先有良好教育，乃在華城鎮創設第一所初級中學，隨後安流三江中學、河口中學相繼誕生。以後稱華城、河口、三江為一、二、三中；一中增設高中部，成為完全中學。讀書風氣，逐漸瀰漫，各地私立中學若雨後春筍般設立者有：樂育、萃文、崇文、振興、龍村、國華、若虛、新智、皇華、新新等暨師範學校。至一九四九年總計有公私立初級中學十三所，高中部兩所，師範學校一所。雖教育並不普及，在粵東各邑仍屬落後地區，卻培育出無數國家棟樑人材，揚名國內外者：鍾天心，立法委員、水利部長、考試院秘書長。李惠堂，足下封王，揚名世界。繆培南，青年軍長，驍勇善戰，軍事長才，汀泗橋一役，軍閥喪膽，奠定北伐成功基礎。鄒洪，閩、粵、贛邊區副總司令、粵、桂邊區總指揮，抗日戰爭，戰功赫赫。魏崇良，空軍上將，中日空戰，倭寇喪膽。李大超、張輔邦、繆任仁、古鼎華、李宏達、黃志良、古大存、張民權、張宗良、曾省才等各鄉長，均是輔國賢才，沙場宿將，道德文章，風範長存，青史留名，永垂不朽。

陳槃，中央研究院院士，終身榮職，史學權威，震古鑠今，高年九十，老當益壯，研究不懈（於一九九九年二月七日逝世享壽九十有六）。繆培基，中、英文學養深厚，駐外大使，爲國前驅。李國俊，黨國元老，青年導師，警政先驅。古煥謨，縣政績著，黨務奇才。劉芳遠，立法委員，教育專家。鍾正君，青年縣長，轉任黨職，政、黨績著。吳振波，僑務委員，幕僚長才。周伯乃，學養深厚，文化先鋒，著作豐碩。在軍方有李彩球、萬德群、鍾志成榮膺中將，功勳彪炳。（李國俊、古煥謨、劉芳遠均已逝世）

以上所列已逝世和健在各鄉長賢達，皆民國後培育成的濟濟多士，傑出人才，在社會各階層佼佼者的代表；其餘衆多俊彥賢達，恕未一一縷述。

中共統治至今，總計完全小學四二七所，增設初級中學計：潭下、雙頭、梅林、棉洋、轉水、郭田、新橋、城鎮、平南、硝芳、橋江、中興、平安、河子口、梓臯、興林、矮車、錫坪、興華、華新、萬龍、錫坑、文葵、雙聯、楓林、河口、塘湖、華民、清溪、黎塘等連同以前，共四八所，含完全中學九所。另有農職中學一一所，教師進修、農業技術、衛生進修、省電大學分校、師範學院各一所。每鄉鎮設有中學，就讀方便，推廣普及，年輕文盲已少有，文化教育，大展新猷。

內外交通新面貌

五華爲多山丘陵地區，歷古以來，驛道彎彎，山谷嶇崎，交通閉塞，旅運艱難。自民國後稍有改善，亦僅通往興寧、龍川、紫金、河源、陸豐和境內的零星路段。省道只有：華城經龍川、紫金兩條路而已。華紫段於民國二十二年通車，因無經費，僅泥沙路，且路面狹小，車道蜿蜒，高低不平，巓簸難行。二十六年中日戰爭爆發，爲防止敵軍戰車，在車道上每十公尺挖深坑，空地堆沙石。河源、豐順等路亦如此。故八年戰爭期間，僅有興寧車輛經五華城、龍川、連平至韶關。直至三十四年抗戰勝利，各線始填平行駛。

自中共治理後，對外路線多已加寬，逐漸舖以柏油或三合土。雖尙難符國際標準，然已大勝往昔矣。境內擴大公路建設：六、五，七、五米寬公路五十一條，長七百多公里。全縣三十多個鄉鎭，有一半以上可以通車。且廣、梅、汕鐵路，經歧嶺、華城，亦已通車，更增交通順暢。以往閉塞情形，已大爲改善，呈顯新面貌。

境內崇山峻嶺，丘陵處處，河圳縱橫，建築公路，必多橋樑。在七百多公里公路，有大小橋樑一一八座。因經費桎梏，籌措困難，除必需用鋼筋水泥者十八座，餘皆運用五華原地盛產的花崗石和石匠奇異技能，就地取材建成。在衆多石橋中有：片石拱、亂石拱、空腹、實腹、圓弧拱、懸鍊線拱和坦拱等，各按地理重量規劃，最具代表性者，是橫跨琴江的「水寨大橋，」全長二三六餘米、寬六、六米石橋，以四拱連接，拱拱相扣，橋柱、橋面、欄干、台階、電燈柱、橋頭堡、石獅（由華城學宮門前數百年古物移放）、石麒麟全是花崗石做成，車輛往來，無絲絲動搖。每當黃昏，燈光與長橋影映水中，似銀河倒掛，長龍臥波，景色勝美。充分呈顯工匠的智慧、巧思的結晶，體現民族風格和石藝特色。

五華工業已萌芽

文化已展新猷，交通亦顯新貌。至於工業，往昔人民因山嶺多，耕地少，多向外謀生，在鄉者僅守總面積百分之十的耕地，以致生活艱困，列爲全國貧窮縣份。偶有心思巧密者，做點工藝品出售，全是單打獨鬥，利潤微薄。地下有豐富資源，黑色金屬礦物：磁鐵、碣鐵、鏡鐵、軟錳。有色金屬：鎢、錫、鉍、鉬、鉛、鋅、鋁、鈷。稀有金屬：鑭、鈰、鐠、釹、銪、釔、鏑、鉺、銩。貴金屬：金、銀、銅、鐵。原料金屬：鈦、錳和非金屬物：石灰石、水晶石等二十多種。藏量均非常豐富，有待開發，因運輸不便，徒望寶藏而興嘆！記得幼年家鄉做屋所用石灰，須到三十里外產地購買，僱工挑回，天未亮出門，回來已萬家燈火，其困難如此；現在交通方便，運輸問題，已獲解決。

嵩頭鎮龍嶺村在玳瑁山下，是偏僻小村，地下卻有豐富無烟煤，石灰石、水泥礦等資源。以前交通不便，無法開採。鄉民守著山田山地，躬耕力作，勉以維生，以致世代窮困。現在交通便捷，村民乃自組公司，每人入股，是老闆也是工人，開採煤礦，石灰石，建水泥廠。開始時用人工挖掘，逐漸改善。現各廠均用新式機械採掘、製造；因此生產量提高，收入增加，生活改善。深知教育的重要，培養人才，不容忽視，乃自辦九年義務教育，使村民文化普及。

由於龍嶺村自力更生，獲得良好成果，影響全縣公、私立各種工廠，如雨後春筍，風起雲湧，設立工廠。現有：汽車起動機、汽車螺絲、多動力元素營養鐵鍋、鐵煲、汽車起動齒輪、布紋衛生紙、線紗蚊帳布、茶巾、電器、農藥、建材、燒酒、葡萄酒、針織、西藥、飲料、紅菊米、豉油、刀、竹器等百餘工廠。製品運銷全國或外銷南洋群島各國，且遠銷歐美，與日俱增。品質、信譽已獲肯定和好評，業績蒸蒸日上。目前水泥廠有兩千餘工人，其他僅數百甚而數十人的中小企業。不管如何，五華工業既萌芽，期盼百尺竿頭，日益碩壯。

長樂燒酒和老酒

「長樂燒酒」，在粵東可說家喻戶曉，無人不知，享譽已數百年；其實「長樂老酒」，亦頗著名。只因「老酒」是糯米釀製，供家庭喜慶、產婦及年節自用，並不出售，傳播較少。又因「燒酒」之名響亮，相形之下，黯然失色。現將「老酒」和「燒酒」釀製方法，分述如後。

糯米酒，俗稱老酒。釀製方法：糙糯米洗淨，浸泡一夜，第二天濾乾，放進鍋上的木甑中，大火蒸至米粒完全熟透，倒出放在竹製盛器中攤開灑水，使飯粒鬆散，不致成團，涼透後滲入每三斤米約一兩酒餅粉，用手反復攪勻後放入水缸中，置乾淨陰涼處。若是寒冬，四周裹以棉絮或其他保溫之物，助其發熱。第三天，缸中發酵後流出的酒汁，會飄出香味，俗稱「酒娘」。此時要重新反轉，接著灑些燒酒爲引。缸中央置圓形竹簍，每天將簍內酒娘取出潑回飯中，並用少許溫水灑入，經過十天左右，用手指揑米粒是否完全酵化，如無餘粒，便已完成。此時取出竹簍，放進米量約三倍的冷淨水，加入紅菊米或炙煮時放入，浸泡二日夜，再將竹簍裹紗布放置缸中，從簍中汲出經過濾無雜質的酒水，放進水桶中停放一、二小時左右，然後裝入甕中。置門外空地，四周堆稻草、谷殼，地上周圍裹土磚，藉以保護火灰。燃燒炙煮至甕中酒沸滾，減弱火力再煮一小時，才可完全熄火。待甕中酒冷後，甕口用碗蓋住，再用蕉葉包紮，移放廚房棚架上（世界名酒均貯地下酒窖）。如非急用，存放時間愈久愈好（老酒之稱由此）。若存至三年，開甕蓋即聞酒香四溢，倒入杯中，呈嫣紅，琥珀色，入口香、甜、醇，眞是色香味口感俱佳。當酒飲完，杯壁仍留膠質，是爲上品，亦是老人和產婦的最佳補品。

第一次浸泡爲老酒，剩餘酒糟再加水浸泡，質差味淡稱水酒，僅可自飲，不能待客。酒糟加鹽放甕中，俗稱糟庥，是鄉中的長年菜，愈久愈香。

紅菊米是老酒色澤的功臣，其好壞影響老酒的觀感。五華城南蓮塘朱家所製，米粒光亮，放掌中磨擦，即能成粉，堪稱上品。行銷粵東各縣及南洋諸埠，頗具名氣。

燒酒用糙粘米，將米洗淨放鍋上的木甑中，大火蒸熟透後，倒放竹籮中，用井水沖洗掉黏質，使其涼透，加入酒餅粉，置缸中加蓋，使其發酵。通常三天開始發酵，將上次留存的酒尾，滲入少許，攪勻後改裝甕中，每次多以六十斤米，分裝八甕，置房中註明月日。冬天可以晒太陽，初冬溫度，十天左右，即可蒸酒。每次倒兩甕在鍋中，放適量淨水，鍋上放大甑盆，甑盆內下層，有特製錫盆，上放清水，蒸餾時水溫必定增高，要不斷放掉熱水，換入冷水，使錫盆溫度降低。鍋中酒糟經火煮沸，產生氣體，此時甑中水有冷卻、抗熱、凝氣作用，使氣體在錫盆上形成水滴，沿錫漕流入管中，至盆外的容器中，即成爲「米酒」。

酒有頭燒、二燒之稱。以一鍋酒糟，通常十四、五斤米，蒸酒重量亦如之。酒滴在十斤稱頭燒，辛辣殊甚，入口如火團，無人敢飲；二燒在十二斤，仍辛辣異常，亦少人飲用；兩燒中和之酒在十四、五斤，濃冽香醇適口，是標準重量。一杯酒用一根火柴點燃，可以燒完，因此稱「燒酒」。以後承接之酒，稱「酒尾」，僅供親友醃物或做醋之用。而酒糟不能像糯米酒糟一樣製成長年菜，只作餵豬飼料。不論製糯米或燒酒的過程，均極需清潔，舉凡酸柑穢氣，均須遠避。

長樂縣多山，流泉處處，鄉民飲水，多掘石井，水無雜質，清冽透明，製成燒酒，味濃清香，甘醇適口。製酒之米，最好是山間泉水田所產爲佳。歧嶺地在玳瑁山麓，得天獨厚，兩者兼俱，所釀酒尤勝各地。先是鄉民自製、自飲、待客、偶挑赴市集，換錢買置家中所需物品。

明朝中葉，粵東各地人口漸多，物資交流日甚。五華河由歧嶺至河口匯合琴江，注入梅江，奔向韓江。河寬水深，利於船行，雖無李白下江陵詩句中「兩岸猿聲啼不住，輕舟已過萬重山，」過三峽時的雄偉景觀，遠望沿河四周層巒疊嶂、雲烟繚繞、近視阡陌縱橫、炊煙四起，花態柳情，寧靜氣氛，亦足以令人遊目騁懷，享心樂事。順流而下至潮州、汕頭兩百多公里，僅一日夜航程。潮州、汕頭物資用原船運送至歧嶺，轉運東、北江各地。因此潮汕、歧嶺兩地上運下徵物資，均以歧嶺爲轉運中心，運輸樞鈕。帆檣林立，商賈雲集，熙來攘往，熱鬧非常，酒樓飯館，應運而生。燒酒價廉物美，深獲顧客喜歡，自飲送禮，可稱上品，因此多用瓦甕，購裝五斤、十斤、五十斤帶走，當時僅稱「燒酒」。歧嶺爲長樂地，爲易以區分，冠以「長樂」而成「長樂燒酒」。利之所趨，商人逐漸販賣至梅縣、潮汕。由是「長樂燒酒」不脛而走，聲名大噪，享譽不衰，歧嶺可說是「長樂燒酒」的發祥地。

以往製酒技術，沿用人工方法，小甑錫盆,自製自銷爲農村副業，酒糟爲豬食上好飼料,裝則用瓦罐。目前既改變形式，集資設廠，半機械化,大量生產，姿器小瓶，紙盒包裝，美觀大方，運銷大陸各城市，銷路暢旺,曾多次參加酒類競賽，頻頻獲獎，享譽中華。

獅雄山塔神話多

五華城南三公里，有一座小山，人稱獅雄山，形似臥獅而得名，南麓有九層塔，爲風景遊覽區。塔建於明神宗萬曆四〇年（公元一六一二），由守道蔡國炳、署縣事通判蔣杞建議興築，因財政困難而罷。同年知縣詹子忠募款繼建，亦籌款不敷，時做時歇。直至萬曆四五年，巨盜葉仕藍田產入官，折價九百兩銀才得建成。

塔建於獅雄山南坡，因山而名「獅雄山塔」。面向五華河，占地一三六〇平方米，建九層，高三五、五米，一至七層中空，成樓閣式，八層不能容人，九層生鐵葫蘆頂。基腳平面八角形，用花崗岩石砌成，底徑一三、八米，每邊長五米，塔身用〇·七米長大火磚築成。

一至七層有木棚，每層有火焰形窗口，通風採光良好；第二層爲平座，其餘各層均有假平座。每層出簷均爲人字形，斗拱出跳，塔身內用火磚，砌一三四級螺旋式階梯，從底層至七層，供遊客登塔觀賞，眺望風景。七層至九層葫蘆頂，未設階梯，僅可用繩索攀登。塔門頂嵌有長樂縣令詹子忠「萬代瞻仰」題刻，兩旁清代長樂詩人張鐵珊題聯：

山作屏，地作氊，月作燈，煙霞作樓閣，雷鼓風簫，長慶興平世界；

塔爲筆，天爲紙，雲爲墨，河瀚爲硯池，月圈星點，樂觀大塊文章。

塔建成後，每五年中元節，從農曆七月十一日起至十六日止，六日五夜在獅雄山塔舉行于蘭醮會，大擺山歌擂台；各地歌手紛紛登上高塔，比賽客家山歌。歌聲嘹亮，音韻悠揚，人潮滾滾，歡樂處處，好不熱鬧。

塔內燈燭光亮，環塔擺設木雕神像；千里眼、順風耳、觀音抱子、五顯大帝、文昌帝君等栩栩如生。登上七層，近觀遠眺，視野廣闊，風景如畫。俯視華河，淸澈蜿蜒，華城、塔崗、西林、觀音舖村落，炊煙四起，雞犬相聞，廣袤田疇，連陌十里，花紅柳綠，碧水映影，好一幅美麗寧靜畫圖。遠眺四野，層巒疊嶂，華城樓宇林立，潭河、岐江，似雙龍朝拜，江水澄碧，山與塔影映水中，山連山，塔連塔，日映江中，水光洸漾，景色迷人，成爲長樂八景－塔崗春曉。明朝僉事雍瀾遊塔詩：

塔崗浮高俯入灣，流霞沉碧撼三瀾；

泛槎何處尋仙子，消息盈虛指顧間。

古蹟名山勝景，必多神話故事，獅雄山塔亦然，現錄數則，以助一粲。

獅雄山塔所在地，原名臥獅山，且是活獅，晝伏夜出，撲殺家畜，人民不堪其害，乃建塔鎮之。此實無稽之談，蓋古代人相信風水，水爲財，一地的進出水口，關係該地的財富，居民生活幸福。長樂盆地，含蓋縣城、西林埧、塔崗村，觀音舖等，站立城頭，南望五華河從盆地中央直瀉而去，前無高山阻擋，或水繞山環，是破財之格。補救之法，在適當地點造林種竹，但非久安之策，爲使一勞永逸，建塔最佳，可堵水口，亦增景觀。

獅雄山塔，原計劃建十一層，建成第七層，負責建築的師徒看到鳥在空中自由飛翔，非常羨慕，相約以雨傘、竹笠做翅膀，像鳥一樣盤旋而下，顯顯各自本領。兩人縱身跳下、徒弟手挽竹笠趁風慢慢飄落，安然無恙；師傅擎傘，傘在空中反轉，摔死地上。徒弟非常傷心，無心工作，乃改變計劃，只建九層。此雖是故事，惟按常理，收頂應緩緩縮入。但從第八層急速縮入看來，似乎原計劃是十一層，中途改爲九層，故事傳聞，或是事實。

講起造塔事，賴屋出進士（賴鵬翀乾隆三一年公元一七六六欽點）
連做兩三層，黃埔出狀元（李威光乾隆三七年公元一七七二欽點）
一開垛裡眼，曾家出榜眼（曾瓊琲乾隆五五年公元一七九〇欽點）
安放葫蘆頂，魏姓出提督（魏大斌乾隆二六年公元一七六一欽點）

塔始建於明朝萬曆四〇年（公元一六一二）看民謠年代，即知是附會之言。

烏陂河重披綠裳

「山多赤土無林鶴，溪壅黃沙易水災」，是台灣聞人丘逢甲先生，（祖籍廣東蕉嶺），評述五華情形。縣境崇山峻嶺，丘陵之多，甲於粵東諸邑。耕地稀少，人口稠密，丘陵多闢爲旱地，種植雜糧，未做水土保育。每逢濠雨，泥土流失，淤積河川。因此，境內大小河川一〇五條，多有淤積情形，五華河支流烏陂河，尤其嚴重。

烏陂河，發源於東北興寧縣中道山，分別從境內冷水井、黃晃窩、店前舖至五谷亭滙合，流向城南塔崗山注入五華河。含蓋仙人石以北的地區丘陵山壑，舉目所及，盡是光山禿嶺，崩口無數，溝壑處處，紅沙炎炎，地表裸露，難見星點植物。每逢盛夏，山上溫度比山下高百分之五。被人稱爲「江南紅色沙漠」和「火焰山」。「晴天張牙舞瓜，雨天頭破血流」，是描繪晴天露出崩口，雨天山頭泥沙崩流情形。因水土長久缺乏保育，泥沙流失嚴重，烏陂河下游淤積，河床高出地面近兩米，五華河亦受波及，航運困難，現已中斷。

八〇年代中共設水土研究保育站，選擇烏陂河上游水土流失嚴重地區，作綜合治理示範。以「百畝成一線，線線連成片，片片有重點，重點帶全面」的原則，進行分區綜合治理試驗。採取種植松杉、菓樹、糖密草、絹毛相思、犬齒相思、格拉柱花、多穗狼尾草等；在元坑、牛牯塘建水庫，開展林、漁、牧結合農業、菓園試驗。展開水文、氣象、徑流、泥沙等及各種植物研究。建立十三個試驗場和實驗分析室，七個雨量點，一個氣象觀察場和四個點，十一個主河流泥沙觀察站。

經十年努力，既見成效。水土保護、造林，綜計治理水土流失面積六、三三〇畝，佔總面積百分之九五強，崩口二八一個。興建崩口、山谷堤防一九七座。攔沙壩二三座，開掘水溝一九公哩。造林種草七、二八〇畝。水土流失成災，既有效控制。河床挖深近兩米，沙泥流失量，由過去每年每平方公里四、八〇〇噸，降爲八五〇噸。糧食由每年平均畝二〇〇公斤，增爲八〇〇公斤。造林種菓五、七六〇畝，種植覆蓋度由八〇年代初百分之二、八，提高到八〇以上。光山禿嶺和崩崗峽口，已長出新綠，覆蓋度提高百分之六〇。山頂最高溫由原來六〇度，降爲四〇度。昔日每逢下雨，洪水爲患，泥沙舖蓋農田的情形，以及「紅沙漠、火焰山」既不復見。樹木漸長，綠草成茵，火焰山已熄滅，紅沙漠成綠州。烏陂河，浴火重生，脫掉紅袍，重披綠裳！（以上數字根據大陸報導）

烏陂河地區，水土保護造林，有如此成績，鄉人曾國華先生厥功至偉。十餘年來，放棄優良工作環境，高位厚薪，溫馨家庭，率領研究治理工作人員，不畏酷熱、嚴寒、疾風暴雨，踏遍沿河每一地區，實幹苦幹，終底於成。其愛鄉及工作精神，誠令人欽敬！效法！

石雕工藝在香港

客族民系形成，多在五胡亂華、黃巢叛亂以及五代宋末，由中原南遷。因自然環境和人爲變化，居住荒漠丘陵地區，外涉較少，故能保留中原文化基因：刻苦耐勞，勤儉樸實，團結奮鬥，不畏艱險的客家民族獨特品格，風骨精神，被世人所公認。

五華先民，遭逢喪亂，間關南遷，流落異鄉，避居山區，爲生存而拓地開荒。面對山嶺荒地，毫不恐懼退縮，反而堅毅勇敢，奮戰不懈，與大自然搏鬥。養成長樂子民不畏艱難，不怕逆境，堅毅克服萬難，衝破重關障礙，不服輸的意志。且因生活所需，靠山吃山，就地取材，以石工雕琢，逐蠅頭之利，漸成石藝專精，名聲遠播。粵東各邑石雕工程，多由鄉親承做，享譽東、韓兩江，揚名廣洲、香港。

香港於清宣宗道光二二年（公元一八四二），鴉片戰爭割讓給英國。原是不毛之地，荒蕪石山小島，英人規劃爲商埠。本島及附屬島嶼，全是麻石層岩，要開闢馬路，建築樓宇，必須先開鑿山石，始能整地。其時機械，尚未普及，全靠人力。長樂鄉親，因故鄉缺少謀生管道，聞悉香港開埠，需工頗多，乃成群以赴，開山挖石是鄉親特長，正是表現良機。

香港開埠，先期建築，多少和石塊有關，馬路利用開路的石塊舖成，許多樓宇由石磚築成。自二十世紀，石造建築，逐漸式微，被鋼筋水泥所取代。然而滙豐銀行總行，巍峨獨立，雖四周高樓林立，難掩其渾厚雄偉壯觀。旅港同鄉先後以石業致富揚名者衆多，難以縷述，僅略述吳順記、李浩如、鄧源昌、吳佑昌等數位，以資表率。

吳順記　家名雲乾，香港開埠之初，即投身爲石工，其時尚無一條完整街道。數十年間，經手所建石料工程，屈指難數，爲人樂道者，香港大會堂（民國二十年後改建安平大戲院）、天后宮猶屹立完整；宮門橫樑仍清楚可見「吳順記造」石刻。清文宗咸豐年間已成巨富，在原鄉購良田，置大廈。

李浩如先生 不單在香港打石致富，且在清穆宗同治年間，由湖廣總督張之洞保奏爲「勘查粵漢鐵路路基工程特使」，欽加同知銜。其三子惠堂，是世界揚名的足球王。先生幼年失學，目不識丁，有如此奇遇成就，實人生幸事。

鄧源昌先生 在香港開埠十餘年後，隻身赴港。自幼涉足石業，便以打石維生，深知石性，精研細琢，成爲富有經驗的石匠。香港居民由開埠初期數千人，激增至數萬人，飲水不敷供應，乃決定建「大潭水庫」。建築期間原設計築堤堤的石塊，一再被山洪沖走，無計可施，包商聲言退出。政府總工程師，亦無良策，而水庫又不能半途停止。在彷徨無計之際，先生自告奮勇，毛遂自薦，願意承包。總工程師在危難中急問：「有何妙計良策，可使石塊穩住。」對曰「大潭水塘一帶，山澗水急，石塓抵擋不住水力，應放棄石塊，改用S形麻石，使石與石之間兩頭鈎住，形成一整體，便不怕山洪沖激。」一席話使總工程師茅塞頓開，再研究S形石製造程序、道理，具有科學根據，「大潭水庫」由是築成。從此，先生獲總工程師賞識信任，工程不斷，財源滾滾，名利雙收，石藝技巧，震撼西方。

吳佑昌先生 吳欽昌（吳欽）的二兄，欽年十二赴港依兄，先生既在石業界赫赫有名。廣州市中山紀念碑即其承建。碑高數丈，重逾百噸的整塊青麻石，採自香港青州，當時機械簡陋，開採運輸，均極困難。但自建成至今，已七十春秋，歷經戰亂，風雨侵蝕，仍巍峨屹立。

順筆提廣州市聖心路一座修道院、佔地廣闊，外牆暨教堂五峰尖塔，全用花崗麻石築成，莊嚴雄偉，人稱石室。雖不知何人承建，但鑒諸當年嶺南重大石雕工程，無不與鄉親有密切關聯，其傑作應出自鄉親之手，且知石工蔡孝即五華人。該石室於淸道光七年十二月一日（公元一八二七）英、法軍偷襲廣州，兩廣總督葉名琛被擄，囚死於印度加爾各答。英、法國深知廣東人民，民族性強悍著稱，不敢久佔，於道光十一年協議：築修道院傳教，稱聖心大教堂；從大沙頭築電車路軌經一德路穿越漢民南、中華、珠海、太平南等路至黃沙。其後電車路軌常遭破壞，被迫停駛，改在教堂區內，增設聖心女子中學。

天柱山乾隆迷途

天柱山在五華縣境西南棉洋，與揭陽、陸豐交界處，山勢綿亙峻峭，山頂寬廣可容千餘家，風景秀麗、有喜雨宮、靈應宮、福壽宮、西天別境等宮廟古寺，均是明、淸時代取本山花崗石塊所建，石龍、石獅、石佛、石像全是五華石雕精品特色，精緻樸實，栩栩如生，經歷千數百年，石塊仍平整光滑。山頂和山腰設有烽火台亦用石塊築成。山僅八百餘米高，在五華縣境內不算高山，它遠近聞名，是古蹟很多，風景壯麗，吸引遊客；又因傳聞淸高宗乾隆，曾南遊此山，更吸引遊人好奇探勝。

曾瓊排 天柱山下洛陽村人，乾隆五五年欽點榜眼；當時應點爲狀元，未能如願，傳說乾隆皇帝曾問他與李威光狀元相隔多遠？答「一箭之遙，」其實兩人相距不止百里，所謂

「一箭之遙」，多少有沾親之意，未料弄巧成拙，皇帝說：「一山不能藏兩虎」而改點榜眼。繼而又問：卿家住何方？有何好屋場、好風水？榜眼爲人很活潑風趣，善言語，當時隨口奏道：「家住洛陽圍，左有李望、右有北斗，背靠尖山，面向天柱；天柱山名揚天下，山頂離天三尺三，人去要低頭，馬去要卸鞍，風景秀麗，氣勢雄偉，人稱通天梯。」皇帝聽後，很感驚訝，心想天下竟有能通天的高山，決心親自去探究。榜眼家鄉，是四面高山下的小村莊，信口開河，隨意炫耀，未料皇帝要親自出遊。其實天柱山只有數百米高，那裡能通天？一旦被識破，豈不是欺君大罪，而話已說出，難有良策阻攔，只好答允。

春暖花開，風和日麗，鼓角齊鳴，旌旗蔽日。乾隆皇帝坐著八人大轎，由衛儀擁著，浩浩蕩蕩，南遊天柱山。春天氣候，變幻不定，一路行來，原本晴天麗日，到達天柱山，竟從山腳起，濃霧重重，籠罩整個山區。乾隆遊山探奇心切，不顧天候不佳，傳諭上山，榜眼在前帶路，穿雲破霧，在半山轉來轉去，三日夜過去，仍見不到山頂，卻碰到樵夫，皇帝問道：「這裡離山頂還有多遠？」樵夫答道：「我在此砍柴，從未上過山頂，不知還有多遠。」乾隆聽後，料想路還很遠，山路嶇崎，攀越困難，自己坐著大轎，已感疲倦，隨從當更甚，回頭看看人馬，個個滿頭大汗，精疲力竭，只好班師回朝。

曾榜眼自從皇帝要遊天柱山，一直提心吊膽，寢食難安，現在才感到輕鬆，放下心頭重重壓力，露出笑容。從此，乾隆皇帝南遊天柱山迷途，流傳至今。

徐華清創辦軍醫

徐華清先生號靜瀾，長樂縣鯉魚江樓崗寨人，生於清文宗咸豐末年（公元一八六一）卒於民國十三年，享壽六十四歲。先生幼年家貧，衣不蔽體，乞討維生。十二歲流落汕頭、香港，幸遇基督教牧師，啓蒙讀書，專攻醫科，留學德國，獲醫學博士，懸壺京、津，治癒慈禧西太后奶疾，封一品花翎頂戴，總理醫政。袁世凱小站練兵，負責創建陸軍軍醫學校，陸軍馬醫學堂，民初任陸軍上將，軍醫總監，紅十字會會長，是中華民國陸軍軍醫鼻祖，傳奇人物。

徐華清之父良寬先生，在家鄉因貧窮無法維生，拋棄少妻幼子和童養媳，遠走香港，打石維生，久無音訊。其妻攜年僅數歲的獨子，弱媳，生活更難維持，母子媳三人，只好行乞度日。數年後，華清已十二歲，心智漸開，暗思長久下去，絕非良策，適有鄉人相邀挑鐵鍋赴汕頭，乃稟告母親。母親思考至再，認爲在家乞討度日，在外最壞不過如此，遂將僅有兩個銅錢相贈。

抵達汕頭，人地生疏，年紀又小，無法找到工作，只好仍以行乞維生。一天討到一家染布店門口，老闆是客家人，聽他口音，亦是客家人，談及故鄉知道是同鄉，乃留他住下，幫忙做雜工。以後談及想去香港尋找父親，老闆熱誠幫忙，協助假扮碼頭工人，偷上往香港的貨輪，躲身艙底。到達香港後，找到父親，就一道打石。當時香港開埠不久，物質缺乏，打石工作極爲困苦，待遇微薄，晚上多露宿街頭。

打石工地，是修建教堂。牧師發現一個青年，眉清目秀，似很聰明，工作又努力，乃要他信基督教，並對也說：「信教後有地方住，晚上可以讀夜校，學英文。」徐華清吃盡苦頭，有此機遇，欣然答應。從此，白天打石，晚上讀書，工作雖然辛苦，讀書仍努力不懈。因此，學業成績優良，常得第一，牧師很高興，介紹讀「皇仁書院」。於是白天在皇仁書院讀書，晚上在教堂教夜學，生活勉可維持。其時同在皇仁書院讀書，尙有孫中山先生，畢業後一同考入香港大學醫科，徐華清兼任皇仁書院英文教員。

自清宣宗道光以後，列強瓜分中國日急，軟弱無能的清廷政府，迫於時勢，派員出國考察政治和軍事，同時選派學生出國學習。徐華清和孫中山在香港大學，成績優良，分別派赴德國、英國學醫，段祺瑞在天津北洋武備學堂畢業，派赴德國學軍事，唐紹儀赴美國。許多莘莘學子，以後多是清末民初，風雲人物。

徐華清先生於公元一八八八年，以優異成績獲得醫學博士，回國後在北京、天津懸壺濟世，結識許多洋務派和高層人物。適逢慈禧西太后生奶瘡，疼痛異常，寢食難安，而清宮規定三品以下御醫不能見太后容顏，遑論望聞問切。每次診脈，不能觸及太后高貴的皮膚，以珠簾隔離，紗布繞腕或用絲線診脈；加之西太后不相信御醫，御醫監李德裕等也怕太后喜怒無常，偶有意外，獲罪論斬。因此，不肯盡心盡力診治，每天僅以補藥應付。太后病榻纏綿，病情毫無起色，日夜呻吟，痛苦萬分，自幼金枝玉葉，身份高貴，何曾受此痛苦？太醫院和軍機處束手無策。聞知留學德國醫學博士徐華清，醫術高明，擬請進宮治病，但太后不知其人，必須由親王或軍機大臣作保，萬一有事，株連九族；且疹治奶痛，不單要見太后玉容還要觸及玉體，非一品官不得仰視。迫不得已，由李鴻章、袁世凱聯名保奏，恩賜徐華清一品花翎頂戴。

徐華清博士，奉召進宮，身穿華麗朝服，頭戴一品雕刻珊瑚紅圍帽，帽後一支孔雀花翎頂戴，腳穿朝靴，被領進長春宮，向太后三跪九叩頭，恭候聖安以後，抬頭望太后，斜靠御床，陣陣呻吟，一臉愁容，面頰清瘦，毫無血色，心中暗驚。素聞太后妙齡時是一位豐姿綽約，明媚艷麗，人皆稱道的美人，竟被奶瘡磨折得如此。及至袒裎，更見全身雞皮縐紋，老態畢露，若非從小吃人奶及服食各種養顏護膚藥物，恐怕更不成人形；惻隱之心，悠然而生，急爲奶房消毒，注以針藥，服食消炎止痛藥片。不一會，太后展眉笑道：「徐卿果然高明，疼痛已停。」不到半月，奶瘡痊癒。慈禧大喜，封華清一品官位，總理醫政，並賜黃金萬兩。

甲午中日戰役（公元一八九四，清光緒二〇年），中國慘敗，訂馬關條約，割讓台灣，朝野一致痛責李鴻章。河北總督、北洋大臣、內閣總理袁世凱上書練兵圖強，奉准於天津小站設武備學堂，訓練新兵，以振國力。敦請徐華清總辦北洋陸軍醫務，設陸軍軍醫學堂和軍馬學堂；徐世昌任提督和洋務參謀，段祺瑞任陸軍司令兼統嶺。徐華清乃出國考察醫政，聘請德國和日本大批軍醫軍官任教。民國後仍任軍醫總監、陸軍上將，紅十字總會會長，軍醫、馬醫兩學堂繼續招訓學生，培養大批醫學人材，清末民初軍醫，獸醫，皆出其門下，直可謂是「軍醫鼻祖」。

海外遊子故鄉情

五華縣境內，崇山峻嶺，丘陵綿亙，耕地僅佔總面積百分之十，土地貧瘠，經濟困乏，以往農村依賴耕種維生。因人口逐漸增多，加以戰亂災禍，度日艱難，生活所迫，遠走他方。鄉人秉持客族優良傳統：勤勞儉樸，克苦忍耐，奮毅開創的精神；只要有較好的地方，就排除萬難，昂首以赴。因此，專制時代，中國十八行省的山區，都有鄉人足跡，故有「逢山必有客，無客不住山」的諺語。

明朝鄭和奉旨宣慰屬邦，七下南洋，開創南太平洋群島謀生拓荒天地，世界各地礦場在廣州、汕頭以及香港開埠後，招募合約工（俗稱賣豬仔），鄉人前往應募者甚衆。

鴉片戰爭後，香港開埠，需要大量石工，廣東各地人民，做苦工意願不高，惟五華鄉民不怕勞苦，大量湧至，使華邑石藝抬頭，不單爲鄉人帶來財富，亦揚名異域。一九四九年大陸易幟，許多軍公教以及各階層人員播遷台灣。一九六六年，大陸文化大革命，整肅異己，逃離大陸至香港人口激增。新近中共估計五華人士落籍南洋、世界各國約十萬人，香港約十三萬人，台灣約五萬人，總計約近三十萬人，佔五華總人口四分之一強。

「獨在異鄉爲異客，每逢佳節倍思親」。海外遊子，時感漂泊異域，思親懷鄉，時縈夢寐，眞是：「思親淚落，肝腸寸斷」，萬般無奈情態，豈是非個中人所能了解？爲解鄉愁，救助故鄉親人，只能以各種管道和鄉中親人連絡，助以金錢，濟以物質，俾改善生活，慰情於萬一！迨中共開放，探親人潮，不斷湧進，返鄉之路，絡繹不絕。此皆親情天性，血濃於水，「明月故鄉圓」「故園泥土芬芳」，此情不渝，維繫海外遊子對故鄉情懷，也維繫中華民族道統精神「永垂萬世」。

鍾木賢先生 又名國柱，歧嶺王化村人，幼年家貧，十七歲，以契約華工遠赴檀香山。在橫渡太平洋時，所坐木船（時稱大眼雞帆船）在洶湧波浪中顛簸，對長久居住山城，從未經水域之人，眞有過「鬼門關」的聯感。

先生初在檀香山屬島－茂宜島做苦工，熬盡苦難，契約滿後，獨自耕作。以客家人固有克苦耐勞，勤儉樸實的精神，獲得曾統治茂宜島島主茂宜王嫡裔瑪麗小姐賞識，結爲夫婦。婚後，其妻擁有大片土地，由木賢負責經營，數年後移居檀香山本島經商。先生有商業頭腦，企業長才，精明幹練，善於計劃，不數年，遂成巨富，商店遍及各島。爲人誠懇忠信，肯負責任，曾任美國檀香山商會會長。財富日增，聲望益隆，對家國事時時縈懷。

孫中山先生，爲救中國奔走呼號，在檀香山活動時，受滿清保皇黨阻撓，處境困難，先生時爲國安會館主席，愛國熱心，不畏危難，毅然做孫先生的保人，介紹加入洪門會。後來孫先生在三藩市，遭美國移民局留難，亦和同事鼎力相助，始獲解決。

先生雖豪富，有地位，但不忘故鄉，爲愼終追遠，民初遣長男「夏里」返鄉，祭拜先人墳墓，冠鍾姓名雲祥，又名培雲，娶故鄉孔氏爲妻，在在表示不忘故鄉之意。先生於民國三年，放棄異國榮華，舒適生活，落葉歸根，返鄉定居。有感於家園殘破，常遭水患，築一公里長、五米高的河堤，保障千數百畝良田和數十戶農家，免於水患。爲抗天旱，又在聖藪坑塘尾，修築山塘，灌溉一五〇畝農田，並設小學校、教師宿舍等福利措施。

李桂和先生 華城黃埔人，幼年家貧，年二十背井離鄉，以契約工去馬來西亞國，怡保鎮錫礦做工，爲養活故鄉親人，冒酷熱做八小時工作外再加班，勤儉過日。合約滿後，承包礦場，自力更生，累積資金漸多，適逢怡保開埠，乃開設新廣和商店，經營兩個礦場，回鄉招募百名工人前往。經營有方，資金越積越多，礦業越做越興旺，增設全機械化挖礦和經營橡膠園，以及各種商店五十多間，生意興隆成爲巨富。生性平和，待人誠懇，在僑界有崇高地位。曾任中華商會、大會堂董事、嘉應會館副會長、客屬公會名譽會長。

先生雖富有，但熱愛國家，馬來西亞是英語系，爲使後人不亡祖國文化，遣送兒子李元信返國就讀復旦大學。抗戰軍興，日機濫炸，鐵蹄蹂躪，人民流離，哀鴻遍野。政府派員到怡保募捐，適逢先生六十壽慶。爲救濟災民，憫恤同胞，乃節省壽慶費用，捐國幣十萬元；飲水思源，深知家鄉文化不振，於五華第一中學建校舍稱「桂和樓」；河口二中校舍稱「桂和科學館」；安流三中校舍稱「桂和宿舍」。爲振興商業，在五華城建一百多間店舖名「桂和街」，又建黃埔至潭下公路。

吳習祥先生 轉水鎮青塘村人，年十三赴港依父，後赴印尼勿里洞做工，不久與族侄吳浩返回香港，協助建築荃灣城門水塘。抗戰軍興在廣州做建築，承包白雲山防空洞、辦公室與增城一帶防禦工程的土方和三合土。廣州淪陷，回鄉定居，迨一九四九年再度抵港，仍以建築爲業。爲人勤奮努力，誠信認眞，深獲保華建築公司老闆賞識，工程不斷，積資漸豐，由是兼做房地產生意，遂成巨富。

先生熱誠慷慨，愛國愛鄉，港、九、台灣，凡有關同鄉事務、會所、墓園、獎學金，無不踴躍捐輸，仁風義舉衆所欽敬。大陸開放後，修祖屋、祖墳、鄉中學校、民用電器、醫療器械、築村內馬路、與族侄沐先捐款兩百餘萬元，興建三百多米長的「轉水大橋」。

吳炯聲先生 轉水鎮青塘村人，在深圳市從無到有，現在是四十多家公司的董事長或總經理，雖不算「海外遊子」，亦是遠離故鄉數百里的「異鄉遊子」，在該地已落籍生根，但仍熱愛故鄉，除在家鄉做各種福利，闢建一條自轉水鎮至湯裡溫泉的三合土馬路，開發溫泉爲觀光區，開鄉村道路用三合土路面之先河；接十六公里長管道引溫泉至五華城，使新建西湖溫泉大酒店（十層樓）爲粵東最佳的觀光飯店，另建西湖別墅村、西湖商業城－三層商店三六〇間，投資總値初期人民幣六千三百萬元，今後利潤所得，撥部份爲濟貧之用。若非熱愛故鄉，誰願意爲落後地區的五華繁榮，投注如此龐大資金？

五華海外衆多鄉親，爲故鄉貢獻心力，難以縷述，僅以數位爲文簡述，爲「海外遊子故鄉情」的代表，以彰顯海外鄉親愛國、愛鄉之情懷！

後記

承「世界論壇報」副社長兼副刊主編、「實踐月刊」總編輯周伯乃先生、「台北市五華同鄉會」會刊主編魏常務理事光森兩先生之囑，撰述有關五華古今山川、文物、風景、人事，俾使海外鄉親瞭解故鄉情形。

為服務同鄉，貢獻熱誠與心力，素所樂為。惟余雖生長故邑，除五華城較熟稔外，其他各地，未嘗涉足，所知甚少，不能憑空構撰，聊以塞責，因而婉謝。兩君以義見責，又難推卻，只好勉力從事，冀有所成，以答愛護之殷。

五華設治垂千年，山川、文物、風景、人事，難以勝紀。僅從縣志、大陸書刊資料中，擇其要者，綴輯本篇，以供旅外同鄉，瞭解故園概況，慰懷思於萬一。

一九九四年撰於台北，載於實踐季刊、世界論壇報、五華同鄉會年刊

時節

新春感懷

此文於一九九一年春節寫成，原擬投稿五華年刊。因余年少失學，文筆粗拙，不敢公諸於同鄉之前。玆因此文曾促使我寫成：「萬里萍蹤憶浮生」一書，內容涉及故鄉新年瑣事頗多，社會形態變化，今後此類文稿恐不多見，希望能爲故鄉新生遊子，貢獻一己之薪傳而已。惟時隔十年，變化很大，文中曾涉及我妻生活情形，卻不幸於兩年前成爲「植物人」。回憶前塵，難禁悲傷懷念！

時值八十年農曆新正。臘月中旬以來晴空麗日，除夕日，竟下著毛毛細雨，吹著刺骨寒風，讓人感覺到「年」終於來了。午夜至清晨且滂沱大雨，聲勢之猛，前所少見，風聲、雨聲雜著炮竹聲，聲聲入耳，擾我清夢。我像往常一樣凌晨五時到達青年公園，風雨中杳無一人。我獨自在亭中做體操，風雨中漫步，這是我平時所喜歡的晨運。今早寂無一人的冷清情形，使我想到某時曾有人在那個亭、那顆樹上吊自殺，心頭難免興起毛毛的感覺。我是深信因果報應之說，默想自己以往，從未立意為惡，做對不起國家、社會、親友的事，心中也就坦然。七時回到家，我妻鄭氏群珍因多日勞累，仍在甜睡。自己煮茶燒香敬祖，吃早餐。

新年報紙例休三天，沒有報紙可看，隨手取閱除夕前家鄉斯文叔父的來信，讀之再三，回憶所覆，尚有未盡之事，乃執筆補覆。閱讀族譜新補充的資料，讀古文觀止，而心情卻無法寧靜，悠忽地想著「年」事。

中華民族五千年來，有傳統的春節、端節、秋節，三大節日，春節是最大最為人們注重的節日。是孩童歡喜，中年人愁，老年人回憶的節日。因為孩童有新衣穿、新帽戴、新鞋穿、有糖果吃、有紅包拿，蹦蹦跳跳、無拘無束、快快樂樂。中年人呢？還在為事業奮鬥的途中，經濟或有不很富裕，過年必須花一筆可觀的費用，沒有積蓄、籌措困難而愁煩。老年人離開工作單位，家也交給了兒子，但心境已衰老，不可能有孩童的天眞爛漫，中年人的愁煩。在寂寞空虛的日子裡，回憶過去的往事，可多著呢？說不盡，寫不完，簡單地從年前的尾牙—我的母難日，大家稱生日，開始寫今年新春感懷點滴吧！

人生七十古來稀，通常到了這個年齡，大多事業已經有成，經濟有基礎，兒女已長大，享受兒孫繞膝的樂趣。我呢？蹉跎歲月，百事無成，兒子、媳婦尚在美國深造，孫兒還沒有一個（現在已經成行），臘月十六日工商界注重的尾牙，是我七十一歲的生辰，幾個月前好些親友要我設宴祝賀。我說：「生日是母親痛苦的日子，如果母親還健在，就要好好孝順，綵衣娛親，否則要默默禱祝母親在天之靈寬懷安息。自己更該好好珍重，行善做好事，實現母親生前的意願，怎麼可以自己祝賀呢？」所以母難日那天，照往年一樣，獨自或和妻結伴上陽明山，登觀景亭，遙望故園默默祝禱父母在天之靈，沒有別的慶祝，珍要爲我弄點吃的。我說：「還是青菜豆腐比較營養。」心中沒有激盪，像日常一樣平靜愉快！幾天後昌兒遠從美國打電話來祝賀，說因事延誤。時間已過，花昂貴的越洋電話，已失去意義，有千百個理由也抵不上春燕姪女，遠從江西只花一元幾角適時到達的賀卡，感到高興和欣慰。所以什麼事都要「適」爲重要。適時、適份、適量等等。

我和珍一直過著忍、讓、敬、愛、和睦平靜的好時光，獨子大昌夫婦去了美國以後，更朝著這幾個字的深意去追求生活。平日相處融洽，氣氛安祥，比年輕時更好，更體諒，沒有一絲一毫的芥蒂，眞是「情到深處無怨尤」。平時我凌晨五時到達青年公園運動，七時許回家，珍比我晚去也晚回，各自吃完早餐後，她洗衣買菜，看報和自修英文。我稍爲休息片刻，看報讀書寫點東西或寫家書。午餐自十五年前我患「糖尿病」以後，吃的東西和正常人不一樣，因此各自吃東西。午後去國家圖館看書，查資料，或一時午睡，二時起來，在書桌上消磨時間至四時又去公園運動，五時回家看電視。這時珍停止自修，整理蔬菜，準備晚餐；飯後共同看電視新聞和連續劇，九時洗澡睡覺，大約時間如此，五至六時是我夫妻完完全全屬於聊天的時間，其他的時間就不完整。

九月迄今四個月，爬山次數比以前多，天氣晴朗總想往山上跑，木柵指南宮、中和圓通寺、陽明山公園、常有我的足跡。但除夕前雖有十多天好天氣，卻一次也沒有去過。因爲依傳統習慣，家裡年終必須大掃除，象徵除舊更新。廚房、浴室由珍負責，鐵柵、門窗，家具、裝飾、地板由我清潔。雖然一年僅有夏天和春節兩次大掃除的工作，就夠我辛苦而且生畏。這些家務事，以前兩天就可以做完，如今逐漸年老，體力衰弱，要分幾天來做，今年花了七天的時間才做完。因爲第一天清洗鐵柵時，昂首伸臂竟致頭暈目眩，差點從梯上摔落地下，幸好及時伸手攀住鐵條，否則後果不堪設想。歲月不饒人，是鐵的事實，表面看認爲自己的體力仍佳，畢竟是七一老人，爭不得強，逞不得能。現實證明，不敢過於勞累，乃每天做一點，慢慢來做。由此聯想到往後的歲月，自己雖然看得開，放得下，但很多事沒有青年人，會感到爲難，爲珍以後的歲月生活擔憂，無奈和難過！

故鄉習俗，廚房內必須設灶君神位或供奉塑像，它是火德神君，掌管家中平平安安沒有火災的神明，每天家人要燒香禱拜。臘月二十三日是他上天庭奏事的日子，要備三生或禮品來祭拜送行；如果有神像，要在它的嘴上塞一顆糖或塗點蜜，嘴吧甜甜向玉皇大帝說些好話。這在工業社會的家庭，廚房小沒有灶神立足的地方。

二十五日鄉俗定爲「入年稼」，新正初五是「出年稼」。在這入出之間是年事活動的空間。以前故鄉農村的青年在「火燒門前紙，各各從手藝」的正月初五以後，陸續走向工作的征途，拋妻別子遠赴廣州、香港去打工。在交通不便的窮困農村，大多爲節省點錢，行好幾天路才能到目的地，往返總計在半個月以上，備嚐辛苦。古人注重新年團圓，再辛苦也必須在年二十五日以前回到家中。使人至感敬佩的是青春少婦，一年三百六十五天，大多只有十天的時間和丈夫團聚，空閨寂寞，漫漫長夜煎熬，白天還得忙菜地田裡的工作，黎明傍晚還得做砦穀踏米一大堆做不完的家務，還要侍奉公公婆婆。若有孩子還可以寄托精神，否則內心的苦痛能對誰言呢？所以故鄉婦女是最令人同情和敬佩。

鄉村平時沒有什麼可以活動，怡悅心情。新年到來壯健的青年，結合起來成立舞龍隊或醒獅隊。前者只要年青力壯的男子集合起來，訓練成團隊合作精神即可；後者必須會武功，除了表演，跳高、跳遠、還得爬竹竿採青，若做不到則顏面無光。所以龍隊比較容易組成，獅隊則比較難。不論龍隊、獅隊，除夕夜就開始活動。有前導的手持燈籠向每個屋主拜年，若屋主給面子就在門口空地表演後給紅包。有親戚或至交好友還請吃茶點或午晚餐，紅包也比較大。龍、獅出門多從本村起逐漸向別村，慢慢到別的縣份，不管到那裡，正月十五日元宵節後一定結束。

鄉俗的顧忌很多，一切事務都必須看曆書，選好日子。惟獨臘月二十五日「入年稼」至除夕夜是百無禁忌，做什麼一般事務都可以，移動家物，淸掃祖堂，甚而移動祖宗牌位等等。春節是農村重大的節日，入年後婦女最為忙碌，除了平時的家務工作，更增加過年必須準備的糯米酒（大多在初冬即已釀好），現做的「年食」糯米年糕（甜粄），菜包（釀粄）煎堆、炒米、米橙、薺乾片等等，這些每家每戶都有準備，只是多少而已。記憶我家的年糕，每年要蒸三大籠，約一公尺多的鍋來蒸，每籠大約四十斤米，厚約三寸。由午間上蒸，用木柴大火蒸至晚上才熟。第二天早上下灶，要兩個大人才能扛下，冷卻後切成四寸見方，家人只能先吃邊上不成塊的，成塊的要給家中婦人回娘家做禮物。我家婦人很多，因有老祖母在堂，對方親戚只換一塊而已。至於雞腿更沒有人敢吃，甚而用大的掉換以示尊敬老祖母。婦人的父母還得做一桶炒米、米橙、薺乾片帶回給女婿或外孫吃，這成了例規。所以故鄉人笑說：「女兒是打搶賊」。

生意上的往來帳，以往熟人很多記帳，不熟稔的才用現金。討欠賒帳，一般在冬至過後開始，尾牙過後至除夕晚上十二時才停止，稱年終結帳。很多窮苦無錢的人，沒錢付帳就躲到交年後才敢露面。鄉人多厚道，彼此見面就互道新年說吉利話，債務就此延續下去。但也有討債的一直手持燈籠在新年初一大白天仍在討賬，說天還沒亮呢？

過年是中華民族悠久的農村節慶大事，現在雖然是工業社會，人們仍脫不了這個傳統的習俗。對我來說，除馬齒徒增以外，已興趣索然，尤其昌兒夫婦出國後更爲加深。然而世俗又無法令人避免，必須準備祭祖的三生，市場公休四天招待親友的菜餚。因此，除買敬祖的雄雞和魚、肉，也買了鄉人做的牛肉丸、淡水魚丸、自己做一些家鄉菜—釀蠔、釀豆腐、釀冬菰、釀腐衣、釀蛋等應景，表示不忘傳統的意思。這些我妻都會做，就算傳承吧！希望兒子、媳婦慢慢也能做，遠隔重洋，這希望恐怕很難達到。但任何事總要有希望，如果連希望都沒有了，那就太悲哀！蘿蔔糕、鹹年糕，是昌兒喜歡吃的。他人在國外，叫珍不要做了，但她堅持要做，她以兒子喜歡吃的心情來做，可憐「天下父母心」。做這兩種糕，要花很多時間和工夫，加上清潔廚房、浴室以及過年一切事務，累得珍筋疲力竭。

除夕和新年初二，開年拜祖是一隻大雄雞或閹雞（不能用母雞）一條魚、一方豬肉，香紙、寶燭、炮竹、發糕、水果。一般用雞、魚、肉，說是「三牲」其實錯了，只能說「三生」，是人民祭拜祖先的代替品。古禮，祭祖是很隆重的祭典，必定用「三牲」做祭品。「三牲」是家畜，應該是：牛、豬、羊。春秋時齊宣王看到宰者牽著發抖的牛去宰殺時，心有不忍說：「改羊吧！」孟子在旁說：「君王看到牛發抖，沒有看到羊才這麼說，如果看到羊發抖，又怎樣呢？」齊宣王呆住了，不知如何回答。因爲祭祖是不能免的，三牲又是必需的祭品。於是孟子說：「有仁心的君王，不能看殺生的。」這大概就是「君子遠庖廚」的由來吧！

小時在家鄉，除夕日拜祭祖先，必定用柚樹葉、榕樹葉、茅草等煮水洗身後才去祖堂。我家敬祖是用隔年的大閹雞，有六、七斤重，常是祖堂中最大的雞。在外流浪幾十年，已沒有聞過柚樹葉、榕樹葉、茅草煮水的香味。

除夕夜是大團圓日，祖母（祖父在我七歲時去世）帶著父親、叔父以及我胞、堂兄弟，在正屋中廳用兩張八仙桌拚起來吃年夜飯。桌上擺滿雞、鴨、魚、肉以及各種釀菜：豆腐、蠔豉、香菰、腐衣；這些菜在經濟不富裕的農村，平時不但吃不到，想也不敢想。現在阿婆、父親、叔父頻頻要我們多吃菜，少吃飯，和平時恰恰相反。那團圓快樂美滿的情景，早已消失，也許年歲較大的兄弟，腦際還會浮現點滴，下一代已經完全失落了。以我現在的情形，大昌夫婦在家還有一點過年的氣氛，這幾年他們去了美國，實在沒有歡喜快樂的心情。

反而興起感嘆和悽淸！今年除門口貼了一張印金字的「大家恭喜」紅紙以外，家裡沒有買糖果、瓜子，一點過年的氣氛也沒有。

故鄉的青年，新年初一在晨曦中帶著香紙、寶燭到村裡的寺廟、伯公壇、土地廟燒香，希望燒到第一柱香，傳說燒到頭柱香會帶來一年好運。在台灣也有人趕早拜拜。昨晚一些親友打電話祝賀新年。很多年前，新年初一忙著到長上、親友家登門拜年，提前寄賀年卡。現在是工業社會，非特殊關係，很少上門祝賀。賀年卡也逐年減少，今年已經完全免掉。紅包—利喜錢，以往新年總得準備百數十個，每個由十元、二十元、五十元、一百元到新近數年兩百元，今年除了給珍一個大紅包外，沒有付出第二個。新年初一開年往常門口會燃放大串炮竹，象徵「發」的意思，今年也免掉。

年紀慢慢老了，對農曆年的熱鬧，已漸漸失去興趣。然而，臘月以來每天從電視看到滿街滿巷，到處都是人潮，擠向市場。衣飾、百貨、水果、糖果等形形色色的物品，應運而生，肉品菜市，本地南北，貨如山積，人們提著大包小包，好像不要錢買似的。顯現人們富裕，物資充足，安定昇平的景象；也表露奢侈浪費浮華，和非洲飢餓慘狀，有天壤的分別。貧窮富裕，差距那麼大，誠令人嗟嘆！前些時有仁人倡議：「飢餓三十小時」運動，每個人三十小時不吃東西，親自體驗飢餓的痛苦，並將節食存糧，捐獻救濟非洲飢民，其意至善。

今天，大昌夫婦遠從美國打電話賀年，他夫妻正在做年糕。美國雖然不過農曆年，而離家不久的炎黃子孫，仍很多秉承傳統，做點故鄉菜餚食品，聊慰思鄉情懷。他已成家，今後傳承就靠他自己，能接收多少就多少，家鄉的（釀菜），要我列明材料和做法，會給他資料。珍和昌兒在言談中，談到我做家事已感到艱難，說明家中沒有年輕人不成時，他表示目前種種因素暫時不能返回台灣，家中雜事可請人來做。他不瞭解，一個家庭的雜務，臨時請人來處理，很多行不通。今後他不能回來侍奉老父母，已經可以確定。古語說：「養兒防老」，這句話在工業社會，已沒有多大意義；長大的孩子，很多像羽毛豐滿的鳥兒，展翅高飛去了，留下的是倚閭盼望的老父母。然而，我對媳婦嘉禧卻有一份深深的歉意，我曾說過，「我只有一個兒子，沒有女兒，你做了我家媳婦，也是我的女兒。」現在看來：翁媳父女情是悽苦的，一在天之涯，一在地之角，怎麼來照顧、呵護、疼愛，內心雖然有千萬個抱歉，只是徒托空言。孩子，惟願昌兒能永遠永遠愛護妳、疼妳，加倍的愛妳，彌縫補償我這做爸爸失落的愛。我自己的一切一切，會自強！自強！自強！！

新年初二，故鄉清早，要到祖堂拜祖宗，台灣的媳婦要回娘家，和故鄉初四回娘家有點時間上的差異，這大概因爲台灣已成爲工業社會，初五都要上班有關。

新年初三，俗稱窮鬼日，不宜出門，家中要趕走一切不利於自己和家人的事務，最具體的是用掃把趕走邪魔鬼怪。平日掃地，由外掃向內，說財氣和好運帶進來。新年初三則必須由內向外掃到門外，把不好的都趕走。我清晨由樓上掃到樓下，由內掃到門外，藉此驅邪納福，讓我和珍以及大昌、嘉禧，大家平安！健康！快樂！幸福！

新年初四，故鄉少年婦女今天都滿懷喜悅回娘家和父母兄弟姐妹團聚，歡敘一年的離情。農村社會，工作繁忙，交通不便，平時很少回娘家。縱然偶爾回去，大多上午去下午回，最多住一夜。除非婚喪喜慶，否則大家都是忙人，那有空閒時間？但新年後大家都在休息，出嫁女兒和出遠門的兄弟也回來了，眞正可以團聚好幾天，通常到初六、初九、十二才回家去，鄉俗說是「了年」。回娘家要在婆家挑著四、六、九塊年糕和雞臂二隻，孝敬父母。話雖如此，有翁姑的大多只能互換一塊年糕表示禮尙往來，而女兒帶走的除送來的東西，還加上一大錫桶炒米、米橙、薺乾，這是父母知道自己女兒爲人媳婦，名義是送給親家公婆，實則是給女兒女婿或外孫體己的東西。

幾天的霪雨，今天下午放晴，自除夕夜至今，大家多困居在家中，心情已經很沈悶，明天又要上班了。所以一旦放晴，人們湧向公園，舒展多日悶鬱情緒，孩子們見天氣晴朗，可以耍玩，盡情地放煙花火炮，弄得整個公園煙霧迷濛，空氣混濁。我夫妻雖然前去湊熱鬧，因空氣品質太壞，稍作停留，即行返家。

明天春節假期結束，新年四天，因爲霪雨綿綿，除早上撐傘逛公園以外，沒有出過大門，門外路濕，玩耍的孩子少，噪音自然少了，內外都很清靜。這清靜，以新年來說多少有冷清淒涼的感慨！我卻喜歡這份寧靜，利用這寧靜，可以寫點東西。故總統蔣經國先生在風雨寧靜中感悟：解除四十多年來的戒嚴，開放報禁，准許人民往大陸探親等開朗、民主、人道的決定，贏得人民稱德，舉世讚頌。

新正初五，早上六時和妻吃完早點，七時半前往中壢，參加桃中地區的同鄉團拜。新年來第一次穿西裝革履整整齊齊，對鏡自顧，不見平日傴僂老態，還有些許英挺氣質，沒有顧影自憐的感慨，人要衣裝，眞是名言。

同鄉團拜曾約梅添嬸和德淸侄，藉此聚會，共話家常。梅嬸沒有前來，德淸侄也只自己前來。因爲他的兒女今天都去上班，大媳婦卓碧蓉也回去娘家。平常大媳婦以長嫂當母的心懷，孝順公公，關懷愛護小叔、小姑、弟婦，無微不至。新年大家回來團聚，更令她忙裡忙外招待大家，今天趁大家上班的空隙，才能回娘家。她犧牲自己爲弟妹們的仁懷愛護，深獲大家敬愛，德淸的心中也深爲讚許安慰。德淸的健康，比前些時好些，但未達到理想程度，祈求上蒼，祖先庇佑他這個有仁愛慷慨心胸的人，長壽健康！他對我胞兄樞祥，代他完成做屋的心願，深致敬意。他的長兄想做大路到門口，徵詢我的意見。我說：修橋鋪路，顯親揚名，積德納福，是應該做的，但你現在的住屋已有不小的路，而且只有兩戶人家，做大路，要損毀很多田地，不如成立一個福利會，存錢生息，永遠濟助需要幫助的人，更具深遠的意義。

故鄉的新年很熱鬧，吃、喝、玩、樂不禁，大家歡天喜地，慶賀大團圓，但一到初五晚就自然結束，初六起停止一切玩樂。老祖宗遺留：「火燒門前紙，各自尋手藝。」照規矩要將門前的一切貼紙，全部燒掉，表示年事已告結束，大家該收拾起玩樂懶散的心緒，去從事工作。雖然故鄉不燒貼紙，但客家民族傳統的訓示；勤勞儉樸，克苦耐勞的精神，永遠保持不墜。

「白雲親舍，夢想徒勞。」以前身居遠方的遊子，只有遙望白雲，想知道父母住的地方在那兒，身體可安康？慰懷念之情於萬一。現在每天看螢光幕上的氣象，一目了然。最近家鄉上空雲層很厚，必定有很多雨水，諒能及時耙田播穀。我生不逢辰，時舛命蹇，九歲起就學著做家事、農事，舉凡砦穀踏米，煮飯、放牛、割草，蒔田、耘田、割禾、打谷、家務和農田的工作，我都在做，一直做到我十三歲，離鄉別井去廣州。惟一沒有做過的是耙田、犁田的工作，這因爲我那時年紀實在太小了，扛不起犁、背不起耙。故鄉沒有水利，完全靠天種田，冬收後田裡的泥土要犁轉來晒太陽，使泥土乾燥，泥鬆禾才能長好。新春缺水耙田，尤其顯靈宮和高崗一帶，我家有很多田地需要水來耙田，常常深夜由父親帶著我和葉亞春阿娘去碑頭車水，父親巡視水路工作，天亮以後才由家中大人前來替換。我年小阿娘神智不清，春寒料峭，四野無人，一片寂靜，風聲樹影，野狗嚎叫，都令我心驚膽戰。那一片廣袤稻田，不管做那一種農事，都要接連好幾天，才能做完。如今變化無常，盛衰時易，自遭清算鬥爭後，已非我家所有，令人感嘆追憶！

從新年初一起點點滴滴寫回憶和感懷，在「火燒門前紙」的意義下，該結束了。我想將這些日所寫，寄請五華同鄉會年刊刊載，雖然寫得凌亂不好，也能供故鄉遊子多少了解五十年前故鄉新年的點滴！

一九九七年載於五華同鄉會年刊

新春感懷之一

「爆竹一聲除舊歲，」桃符萬戶更新春，是中華民族數千年農曆過年實景。今年歲次乙亥（公元一九九五）屬豬，迎接新的一年，象徵一切更新，萬事如意。

十年來兒子赴美國求學，接著結婚生孩子，一直滯留美國沒有回台灣和我夫妻相聚，共度春節。在「每逢佳節倍思親」的日子，他們沒有回來團聚，感覺上有些孤獨悽凊！除夕晚除敬祖以外，沒有任何過年節目。也許因爲天在下雨，颳著寒風，氣溫下降，除夕夜街上行人稀少，巷內沒有兒童玩耍，見不到煙花流炮，聽不到接神爆竹，清靜得不像過年時熱鬧景象；幾乎令我懷疑今天是除夕年夜？不合情景的清靜，我到喜歡這份寧靜氣氛。

新年初一，天仍在下雨，氣溫只有九度。我照往常一樣，凌晨五時到達青年公園，往昔晨運人潮靜悄悄舉目不見，整個公園只我踽踽隻影，靜得令人感到有點蒼涼！我獨自在雨中漫步，在亭中做完體操，凝視著迷濛的天空，禱祝上蒼庇佑遠在太平洋彼岸的兒媳孫平安健康，故鄉家人親友新年快樂！我是閑居的老人，日常生活安定，對金錢沒有慾望；而夫妻倆的健康卻不理想；對政治、社會則感慨良多。我將這些記錄下來，做為今後檢討和策勵！

一九九一年農曆新年初一風雨中在公園漫步，亭中靜思，回家後寫成「新春感懷」，而興起整理札記、舊稿，掇集成生平八十篇，以「萬里萍踪憶浮生」為七十母難日之獻。嗣後陸續寫點短文，研讀唐史，於去年夏初撰成「榮枯得失話唐朝」，秋初「蕪文長繫故園情」兩中篇進行以硬筆正楷書寫成冊。

我於一九七五年，患高血糖病，於今垂二十年，服食醫生指定的藥物以外，自己多運動，節制飲食，控制在一二〇度上下，據醫生說：「很不錯。」事實上年歲日高，體能日弱，小病不斷，更不幸於去年秋間發現「口腔癌」，於十月住院手術；出院後經三次追踪檢查，雖確定無擴散和後遺症，但健康已亮起紅燈，陰影籠罩心頭。台灣十大死亡「血糖」位居第六，「癌」則居首，而我何幸擁有此兩者？但我並不氣餒，今已七五高齡，行動仍無遲滯情形。去年臘月十六日是我賤辰，在寒風細雨中，仍如往昔上陽明山健行，登觀景亭默默禱祝父母在天之靈安息。從清晨七時至十二時，行遍遊賞區每一角落，看梅花與櫻花爭艷，桃花杜鵑含苞待放，心境怡然！然後沿陽北公路步行兩小時到達新北投，搭乘公車返家；步行時間有五個小時，不覺疲累，足以自慰和告慰親友。

妻，學習精神，老而彌堅，除運動外，專注學習英文單字，以備有朝一日到美國和兒媳孫團圓共住時，懂得一些日常語文，我深深讚許和鼓勵！但她健康一直不好，小病不斷，尚無大礙。但二十年前曾罹支氣管破裂，雖經治癒，卻埋下不定期病源，飲食稍一不慎，工作若過度勞累，常有溢血情形，通常看醫生服食消炎止血藥片，即能見效。然而年內大概因家中清潔等工作過於勞累，於二十四日晚吐血不止，服食消炎止血藥片，仍不見效，乃於二十八日赴醫院診治；照X光發現較以前嚴重，醫生除處方以外，叮囑再三今後不能再操勞，這令我夫婦深感爲難。兒子取得電機、電腦工程兩個碩士學位，媳婦取得食品科學博士學位，均在美國有適當的工作，暫時不能回來共同居住。兒、媳不在身邊，家庭事務很多要勞力才能做好，我又年老，今後不能勞動，要如何度日？值得深思。

四十年來，台灣同胞在困難中以同舟共濟的決心，政府領導下，大家勤奮努力工作，節約克難，一心一德，乃有傲人的經濟績效，成爲舉世矚目的經濟強國。然而人性好逸惡勞，在經濟富裕、生活安定，保暖之餘，逐漸趨向逸樂、浮華、享受！中年以上同胞，經歷勞苦困難，年華漸老，兒女長大，生活安定，已失去往昔爲衣食而奮鬥的目標，精神漸漸鬆弛。而青少年從未經歷艱困，不知父母的財富是從勤奮努力節儉中積聚，自小伸手有錢，張口有吃，養尊處優，不知金錢來之不易，任意揮霍、貪一時之快，無視後果如何？更多行爲不愼揮霍過度、誤入歧途吸食毒品、狂嫖濫賭，最後走上爲偷爲盜，販賣毒品，擄搶財物，殺人滅口，以身試法等等，造成社會不安，風氣敗壞，人民生命財產，難以保障。

此種歪風情勢所以蔓延，由於經濟富裕，逸樂享受靡麗紛華所形成。而近年政府以及人民代表，爲爭取支持和選票，不惜飲鴆止渴，罔顧政治道德，人民付託。竟與地方財團、黑社會勢力結合。舉凡所有措施，必先考慮某些少數人的利益，否則施政必受扼控，法案難以通過。此種情形造成中下層社會人民抗爭，亦造成青少年心理不平衡，逐漸走上歧途。每天報刊、電視，連篇累牘，報導姦淫搶劫、吸毒走私、街頭抗爭，貪贓枉法等等敗壞紀綱事件，造成社會不安，長此以往，不知如何收拾？

回憶五十年代的越南、巴西、菲律賓等國的經濟、政治，有如台灣現時的富裕安定，領導人和人民不知珍惜！未幾卻逐漸走上目前台灣一樣的政治敗壞，社會不安，如今已成爲貧窮落後國家，債台高築，出口勞工，絕非它當年能臆測，誠可嘆也。他山之石，可以攻錯，亦可爲鑑。台灣政治今後若不能振衰除弊，去濁揚清；社會大衆若不能去今日之非，奮起爲國家團結，捨棄個人利益，轉而追求全民利益，共同努力和諧團結一致，再創經濟奇蹟，安定和平。否則，必將步彼等的後塵。

新年新氣象，我向天默祝：希望除舊佈新，以前所有不好的狀況，包括政治污染、社會不安、民風敗壞，改變成政治清明，社會安定，民風純樸，人民康泰！

載於世界論壇報副刊

新春故鄉行

農曆八十四年除夕日，昌兒攜妻女由美回來台灣，和我共度春節；這是昌兒去國十年，與媳婦唐嘉蘦結婚後第一次回家團聚。然而，我妻鄭氏群珍，卻於四月十九日，因住院割治「靜脈曲張」手術，發生病變成爲「植物人」，已經十個多月。除夕晚我帶著兒子、媳婦、孫女和她辭歲、新春初一賀年，原本一家團圓，是多麼令人高興愉快的事。而今面對我妻表情木然，眼神呆滯，沒有歡笑，沒有談話，躺著相望，徒增哀傷和悲痛！

爲完成爲人父的責任，和攜帶第三版族譜稿請族人校正，我攜昌兒於新春初二搭飛機赴香港，拜侯高齡堂兄晉祥夫婦，祝賀新春。初五搭乘港、梅線飛機到達梅州市，飛行航程五十分鐘。承蘭祥堂弟派車接機，並與胞兄樞祥在五華城設宴款待。厚誼隆情，使流浪人踏上故鄉的泥土，即感受到親情溫馨。

我有一兄二弟四妹和一個義妹，只有一個大妹在台灣外，其餘均在大陸，此次攜子返回故鄉，祭祖掃墓，在廣州的三妹祝嬌、惠州的幼弟國祥，均回來相聚；而三弟沐祥更遠從江西回鄉，路遠山遙，在氣溫零度的寒冷天候，春雨綿綿，泥濘路滑，交通不便的困難中，不辭旅途困難和不便，攜妻、子女、孫七人回鄉相聚，親情可貴，由此可知。

昌兒對故鄉的陌生而不陌生，洋溢著歡欣的笑容，以豁達、隨和、熱誠、親切的態度，入鄉隨俗。用純正的母語問候親長、宗親，暢談國內外的一切見聞，情誼至爲愉快融洽。爲掛念在醫院的母親，於初八日祭拜祖先和數十座墳墓的翌日，即先離開故鄉與其叔國祥夫婦同乘火車至深圳，取道香港返回台灣。他此次返回陌生的故鄉，雖然能夠和親人融洽相處，畢竟生長在台灣，又去國十年，對故鄉的風土人情、生活習慣，以及衛生等完全不同，不單遠不及美國，和台灣相比，亦有很大差距。爲了承歡父親，他的表現，可圈可點，我衷心感到稱心滿意。

鄉人的生活，比較上次返鄉，五年來已改善很多，衣著光鮮，食物不缺，住屋均能避風躲雨，行有單車和機車，人生要素，大致已逐漸獲得解決。但時值寒冬，草木枯萎，蔬果缺少，增添幾許荒涼感覺，尤其在陰雨綿綿，氣溫降至零度的新春，據說是五十年來所僅見，對來自亞熱帶台灣的人來說，確是深深感到寒冷迫人，瑟縮難安。

故鄉道路，得到旅居香港、深圳的宗親慷慨解囊，做了很多水泥的道路，但鄉村遼闊，仍有很多的村道，泥濘路滑，行走困難，對我父子長期生活在都市，遠從海外回來，確有行動不便之感，因此，回鄉六天，我沒有出門拜望長輩和宗親，深深感到失禮和不安。

族譜的初稿，於初六日發交各房的負責人核對，爲求完善無誤，挨家挨戶核對，工作極爲艱辛，直到初十日才完成，聚集在我胞兄家中開會討論一切有關事宜，得到圓滿達成校正的工作，大家希望本年內出書，我原則同意。但我目前因妻住院，心情難以安靜，沒有確切的把握。

一九九一年我第一次返回故鄉，因幼弟遷居惠陽，處理一些事務，彼此觀點的差異，引起誤會。這次見面，，相擁痛哭，一切誤會隨著淚水而消逝，化解於無形，和好如初，心裡非常欣慰。惟胞兄的健康日漸衰退，顯現龍鍾老態，步履蹣跚；嫂嫂的健康，更形惡化，已經到達寸步難行的情形，感到難過和躭憂！

返鄉兩件事已經完成。十一日話別親人，離開故鄉，到五華城爲大昌吾兒所買的店舖，辦理簽約手續。未料賣方約請到深圳辦理，而火車票已經買好明天午後三時的臥舖票，因而有很多空暇時間，乃藉此暢遊華城，瀏覽興寧。

五華縣治於五十年代遷往水寨，改爲華城鎭，人口劇減，已成爲冷落市鎭。但開放迄今十多年，人口已逐漸聚集，商業也日見繁榮。城市荒棄的空地和因地層下陷成爲澤國中的祠宇，都已塡土，改建成街道樓房，整齊美觀，生意興隆人潮熙來攘往，熱鬧非常，身處其中已分不出東西南北，原來的面貌。尤其東北門外的許多山丘，已剷成平地，和西門的平原聯成廣大平原，一望無際，視野遼闊，氣勢已成爲有前途有遠景的城市。廣州、深圳、梅州、汕頭鐵路、公路，從東北角穿過，河坑裡的張家村已經遷移，火車站設在其中。省道已完成六線，又將拓展爲八線，高速公路已在設計興建中。各地往來的汽車客運，蓬勃興起，往來不斷，東行南下，非常方便，且很多設有臥舖，一睡到目的地，非常舒適。

深圳西湖實業開發公司，投注巨資在北門和西門外的廣大平原上，已開發完成的有：西湖溫泉大酒店（含中西餐廳、娛樂場、舞廳、歌唱廳）、批發市場、商店街、住商街、榨油廠、製衣廠等；別墅村已在籌建中。昔日荒涼的華城－東北角的光山禿嶺，已沒有蹤跡；代之的是綠油油茁壯中的小樹。據說，防洪保育工作評列爲全國之冠。從外表來說，沉睡千年的華城，已經甦醒，行見繁榮在望，富裕可期。令人興嘆的是：人心已被物慾所侵蝕，勤儉純樸的精神已失落。愛惜清潔衛生的習慣也缺乏，傳統道德的心靈，已經泯滅了，珍愛古物的心也蕩然無存！

故鄉人勤儉純樸，世人讚譽。而今世風日下，往昔大家所穿藍褐色的襟衫長褲，今則恐怕在博物館裡才能看到。代之而起的男子西裝洋服，女子穿的則花色艷麗，較大城市毫不遜色，已失去原有純樸的美德；玩樂、賭博的電動隨處可見，座無虛位，好逸惡勞，人性的弱點，表露無遺。清潔衛生，乃健康的要素，現在滿城髒亂，到處傾倒垃圾，已到觸目驚心地步。以前的護城河－現在的大水溝、石柱塘，逐漸成爲垃圾場，如今是寒冬，還感覺不到很嚴重，待暑夏來臨，則不單臭氣會薰人，可怕的是滋生蚊蚋，有傳播病菌的危險。

城市的電影院，不顧人民傳統保守的道德觀念，和身心健康，竟公然白日播放黃色影片。對人性道德的腐蝕，還有什麼比它更嚴重？全國各地城牆，爲拓展市街，多已拆除，僅保留城樓，作爲歷史古蹟；五華城垣，建於明太祖洪武二十一年，已經近千年，歷史悠久，如今全部拆除，沒有留下一絲痕跡。而原城樓的雄偉高峻，爲粵東最負盛名，是有歷史價值的瑰寶，不知道珍惜，竟蕩然無存，寧不令人感嘆！

十一日午後，驅車往興寧縣（市），走馬看花般繞市瀏覽觀光，該縣城牆，亦已折除，僅留南北城樓，作爲紀念。該城情形，幼年雖曾到過，經一甲子漫長時間，已沒有絲毫印象。市區遼闊，人口稠密，紅男綠女，熙來攘往。在官汕道東嶽宮停車，四處遊逛，參觀了批發市場，各地商客衆多，物品齊全，應有盡有，樓宇高峻，整齊美觀，街道清潔，比五華城的凌亂，有很大差別。抗日戰爭時，粵北、江西、湖南所需的物資，胥賴該地供給，曾有小上海的讚譽，實當之無愧。

魏君彥才，是幼年仰慕一甲子交往的長者好友，知道我到達家鄉，即冒著陰雨寒冷，不怕跋涉辛勞，遠來相見，深深感到他的隆情和厚愛。我原想和他相處幾天，促膝談心，但他囿於鄉俗八十不留宿的古語，只談了短短兩小時，就返回家中，未能暢談，深感遺憾！十二日早上距下午火車時間，尚有很長，乃與斯文叔、濟昌侄等驅車到他家拜訪，暢談至中午在橫陂鎮吃完午餐才話別。我們從做人做事，談到讀書和寫作，任何角度他都有獨到的見解和深入的分析，使我增加不少見聞和心得，有「聞君一席話，勝讀十年書」的感慨！

斯文叔比我大兩歲，自五〇年代退休後，隱居山林，耕山種果，日出而作，日入而息，過著清靜與世無爭的生活，享受清新空氣貽養天年的環境；因此他的健康，超出同年紀的健康甚遠；健步如飛，聲音宏亮，耳聰目明，反應靈敏，毫無龍鍾老態情形；叔姪情深，回鄉幾天，體諒我人來客往，無法抽空到他家中拜望，問候起居。乃紆尊降貴，前來相聚，閑話家常。對族譜有關的事，較大家更為深入理解，誠為我編撰族譜的導師；更不辭辛勞，遠送至華城，伴遊華城、興寧，拜訪彥才兄，深情厚愛，表露無遺。

行經華城的火車客運，目前班次尚不多，分普通座、海綿座均不對號。因全程路遠，有臥鋪設備，分軟、硬鋪又分上中下鋪。由五華到深圳，硬鋪一八〇元，軟鋪二二〇元人民幣，路程三百餘公里，票價不算太貴。但票價不是公告規定，是依實際供需調整，如：農曆過年前自廣州、深圳返鄉的人多，票價比平時調高若干；新年後由內陸往該兩地的人多，票價又比年內調高，這種以供需機動調整價格，完全表顯做生意的特色。

五華到深圳車程只需六個小時，因全程單軌，每站停靠、等待來車，站與站之間距離很遠，等待時間很長，但所需時間已精確算入，每站停靠與開動時間，沒有差錯。六點多的旅途有濟昌侄陪伴，同車廂的旅客，又是五華站上車的故鄉人，談天說地，不會感到無聊。晚上九時十分準時到達深圳，辦完入關手續，到西湖賓館住宿。

西湖開發實業董事長烱聲姪孫，已預訂六二二號套房，且其兄金聲夫婦已在等候，陪往其弟家中晚餐。我因長途乘車，深感疲累，一再婉辭，難卻他們的盛情。

晚餐的菜餚，山珍海味並陳：龍蝦、生鮑、魚翅、海參、龍蝦沙拉、南京板鴨、清蒸石斑等名貴產品一一陳列；尚有東北長白山名產，猴頭菰燉雞湯。烹調精美，卻是大酒家廚師的手藝。一個家庭能做出如此多的名菜，實難以想像。我知道以往是他的外父廚藝專精，此次是他的女兒掌廚，竟得外祖薪傳，烱聲有口福了。座中除烱聲家人及其兄嫂外，尚有江西、東北來的貴客，這麼晚尚未用餐在等候我一人，隆情厚誼，眞誠禮遇，我深深感到難忘和殊榮。

翌日早餐後，在西湖公司辦理華城買店手續，烱聲除原已給予特別優惠價格，現在又再特別優惠，而且胞侄戶口遷入深圳應繳納入戶費兩萬元，又由他負責繳納。我此次返鄉，行李簡單，只一個背袋，攜帶隨身換洗衣服，烱聲竟送我一個大帆布袋，裝滿很多名貴禮品：長白山特產猴頭菰、人參、靈芝、不老草、鹿鞭、鹿茸片、家鄉茗茶，以及各地的特產。

烱聲侄孫，生性豪邁、熱情誠懇，此次對我熱誠款待，送這麼多名貴禮品，我無法說出心中感謝，只有用老氣橫秋的態度：「掀鬚微笑，含首收受。」爲了減少羅湖過關的麻煩，他派專車送我到香港，通關手續方便，確實減少很多麻煩。

此次返鄉，在香港前後均往晉祥堂兄家中。他已八七高齡，健康情形，非常良好，步行穩健，睡眠飲食，良好正常，精神健旺，比我強多。譬如家居無聊，親友聚會打牌，可以坐在桑枝硬木椅上七、八個小時，腰背挺直，沒有伸拳跌腿，顯出疲勞神態。體力健康、精神旺盛，一般青年人恐怕也不如，是健康長壽的徵兆。李容嫂生性賢慧，待人眞誠，熱情溫煕，對丈夫照顧得無微不至，她的賢良，深獲親友讚譽。

元宵後一日回到台灣，五日後，昌兒與妻女返回美國，我的新年隨著結束，謹將此行，記述梗概，以爲誌念。

一九九六年元宵後載世界論壇報副刊

元宵觀燈陽明賞花

新年過了元宵佳節，眞正宣告結束，花燈是新年最後一個壓軸節目。台北市是首善之區，每年都有花燈展覽，。前工商業尙未發達前，都在各寺廟展出，新近工商業已經蓬勃興旺。他們隨著觀光局起舞，組合大型展覽，爲國家宣傳發展觀光事業，也爲他們自己的產品做廣告。因此，每年都有大型「花燈展覽」。今年設在中正紀念堂外圍，由各團體工商廠家提供各式各樣十二生肖電動花燈。今年生肖屬羊，羊景特別多，各種景緻經名家巧手，展現出各種動物的精緻結構，維妙維肖，生動有緻，彩色繽紛，絢燦奪目。

自從我兒大昌會走路以後，每年元宵我必定伴妻攜子聯袂到寺廟觀賞燈景，年復一年，孩子逐漸長大，自己會將一些廢棄物做成簡單的花燈，點上臘燭，自得其樂與小玩伴提燈遊嬉，慢慢離開我夫妻去找尋他的玩伴了；尤其國中以後和這幾年去了美國更不用說了。今年我和妻預先約好到中正紀念堂觀賞花燈大展；但新年後一直陰雨綿綿，到了元宵節，卻傾盆大雨，連綿不斷。因此，她失去興趣，乃獨自前往。而參觀人潮，仍然衆多，雨又下個不停，大家撑著雨傘，相互推擠，路上有些地方又積水，更形寸步難行，雨傘遮擋也難看到全景，只是隨著大家前進，實在難分人看花燈？還是花燈看人？美景當前，難窺全貌，殊爲可惜。

回憶我粤東故鄉，定新年十一至十五日爲燈節。雖沒有花燈大展，卻從十一日楊屋凹伯公燈會開始，十二日桃千山伯公、眞君祠，十三日春廷公、十四日儉德樓、十五日浩德樓祖堂，接連五天上燈。（尚有始祖、八世祖堂、觀音宮、保生大帝宮、石古太王等神宮）。上燈時敲鑼打鼓，熱鬧又有豐盛菜餚，燒炮竹，有吃有玩。遇有龍、獅到來賀春，更增添歡樂氣氛，孩子們都喜歡得蹦蹦跳跳。

故鄉的燈景不同於城市，沒有電動花燈。只是一種竹紮框架，糊上彩紙寫上時令祝賀詩聯的簡樸花燈，是人民遵循傳統敬神明、禮祖先的習俗。除了部分神廟社壇、祖堂有公嘗經費，很多是村人各自掏腰包湊份成立的燈會，定期爲神明、祖先上燈祭拜，祈求神明、祖先庇佑，財丁（丁與燈同音，上燈即添男丁之意）興旺，家人平安。上燈時去年那家添了新丁，必定送一壺糯米酒，俗稱「添丁酒」來祭拜。

元宵後二日，大地回春，陽光普照，氣溫昇高，適逢陽明山一年一度花季開放。我和珍結伴上陽明山，觀賞花季。從家中上陽明山，萬大路、火車站都有公車起站，車行約一小時可以直達陽明山前山公園，下車後步行約半小時至後山公園辛亥光復樓花區。另有平坦坡道到第二停車場，水簾洞，烤肉、桃花、茶花、梅花、櫻花、杜鵑花以及童軍露營區。經由山岡可到吟梅亭、觀景亭及幾個小型紀念亭，都是在另一個山頭，屬於七星山山脈。我和珍大多走「好漢坡」上去。顧名思議，有好體力的人才會走這條路上去。因為山很陡峭，坡雖做了石階，但階的高度異於平常石級，既高且陡，一定有好體力的人才能蹬上去。我夫妻平時爬到半山「吟梅亭」，已經氣喘吁吁，汗流夾背，到「觀景亭」仍須咬緊牙關，努力再努力。

陽明山是國家公園，由紗帽山（山頂經常有霧籠罩，六百多公尺高）、大屯山（火山岩區約一千公尺高）、七星山（一千一百多公尺高）所組成。園區遼闊，大部份由火山岩所組成，設施多著重在遊覽各區，即後山花園區。現在是繁花怒放，春季賞花時節，政府特別定為「花季」。雖然遊覽觀賞的車輛受到管制，但觀賞人潮，則絡繹於途，紅男綠女滿山遍野，到處都是。

花的種類繁多，大致可分：櫻花、梅花、桃花、李花、茶花、杜鵑花等。櫻花是日本的國花，農曆年內已經盛開，現已逐漸凋謝。梅花能耐寒冷傲霜雪，被選為中華民國的國花，和桃花、李花、茶花，迎春盛開，杜鵑花尚含苞待放。從觀景亭縱目遠眺近觀，可觀覽到大部份園區，滿山遍野都是人潮，紅男綠女，與滿山花海，燦爛繽紛，相映成趣，遊目聘懷，賞心悅事。只是人潮洶湧，遊人如織，幾無立足空間，讓人們自由自在悠閒來觀賞，失去文雅欣賞的心情，到不如坐在「觀景亭」中遠眺來得適意。

載於世界論壇報副刊

粽子飄香話端節

端午節又名蒲節、端陽節。是紀念愛國詩人屈原於公元前二九九年，陰曆五月初五日，懷石投汨羅江而死。楚國人民，感懷他愛國、愛民的堅貞偉大而十分悲痛，爲了搶救他的屍體，爭先恐後乘坐舟船、竹筏，沿著江流尋找打撈，始終沒有獲得，誠恐遭魚蝦侵害其屍體，以葦草葉包米飯投入江中，以飽魚蝦。此即後世端午節龍舟競渡與吃粽子的由來。端午又有門首插菖蒲和艾草，喝雄黃酒，兒童佩香包等民俗，均爲辟邪解毒的東西。

屈原名平，字靈均，生於二千三百多年前（出生年月及壽年、研究屈原的離騷、天問、九歌等學者，均無定論）。是一位忠貞芳潔，人格超卓，品德極其正直清明，極富才華與正氣的政治家、思想家、詩人；他年紀很輕就出任楚國懷王的左司徒，深得懷王的信任。司馬遷在史記中寫他的傳，開頭即寫：「屈原者名平，楚之同姓也（正義注：屈、景、皆楚之族），爲楚懷王左司徒，博聞強記，明以治亂，嫺於辭令，入則與王圖議國事，出則接遇賓客，應對諸侯，王甚嘉之。」

屈原是爲改革政體，減輕人民負擔而努力。卻觸犯了上官靳大夫與當時一些已得利益的權貴而遭到嫉妒，極力反對。上官大夫且在懷王面前，不斷藉故進讒言。懷王終於聽信奸佞的話，而逐漸疏遠屈原，最後被放逐到漢北。他雖然遠離懷王，但他忠貞愛國的心並沒有因被放逐遭受到的痛苦而淡忘，而改變。且因懷王不聽忠言而信讒諂，容奸邪而害公正，不容方正之士，憂愁思慮而作了「離騷」。

「離騷」每一字，每一句，都是屈原忠君、愛國、愛民，關懷祖國的命運和人民的疾苦，嘔心瀝血的作品。他在無可奈何的痛苦中，像普通的人，以「天者人之始，父母者之本」與生俱來的天性，在艱難困苦至極，痛苦慘怛的時候。常會發出呼天之聲，痛苦慘怛的時候，呼爸喊娘。他正道直行，竭忠盡智，爲君王做事，被奸人讒陷到了無窮無盡的時候，自己的忠誠不被信任，反而遭受毀謗，自然而然也會發出怨憤；「離騷」是在這樣的心情下所寫成。他深深知道改革的道路非常艱難，所以有：「路漫漫其修遠兮，吾將上下而求索。」這兩句話大意是：「人生的道路是多麼嶇崎漫長啊！我將爲求索眞理而努力不懈！」

「離騷」是屈原許多作品中的代表作。淵博的學識，卓越的見解，璀燦光彩照人，是最優秀的作家，豪邁驚人的才氣，雄偉而又精美的文筆寫成的「離騷」，可說是他的自傳，也是他畢生對國家忠貞、人格純潔的證明。

屈原從漢北放逐回來，時秦昭王已與楚聯婚，邀懷王赴秦相會。屈原亟力勸阻，認爲秦是虎狼之國，絕不可去。而懷王的幼子子蘭，則力勸前去而成行。入武關即遭秦兵留置，脅迫割地，懷王怒而拒絕，終死於秦地。長子繼位爲頃襄王，以幼弟子蘭爲令尹－宰相。楚國的人民怨子蘭勸父入秦，咸表不滿。而屈原是反對者，仍然耿介不肯同流，子蘭乃使上官大夫讒於頃襄王，而再遭到放逐；且是荒漠沼澤，人煙稀少的江南。處在惡劣困難的環境中，生活和精神都非常痛苦，以致神形憔悴！但憂國懷民的心沒有改變，仍堅定不移。從他和漁翁對話中，可以了然！

漁翁說：「你不就是屈大夫嗎？怎麼落得這種境況？」

屈原的雙目炯炯有神放射出憤怒的光芒說：「天下都混濁了，只有我是清白的，所以我才被流放到這裡」。

漁翁說：「屈大夫（時爲三閭大夫），我聽說聖人是能順時從俗的，既然舉世都混濁了，您爲什麼不隨同惡勢力同流合污呢？如果順時的話，就不會弄成這個樣子了。」

屈原堅定而勇毅的說：「不，一個一身乾淨的人，是不肯沾上污泥的，一個正直的人，也不會與惡勢力同流合污，我寧願跳到江中去，也不願與那些人妥協」。

不久，秦國攻打楚國，佔了楚國的郢都，頃襄王倉皇出奔，楚國已面臨徹底崩潰的邊沿。屈原聽到這個消息，傷心得大哭，他不願看到自己一心熱愛的楚國滅亡，也不忍心看到自己國家的老百姓陷入更深重的劫難中。滿懷著憂憤與失望，抱著自己祖國土地的一塊石頭，跳進滾滾急流的汨羅江中，結束了自己的一生。

粽子，最先只是楚國人民紀念屈原的特有食品。因屈原愛國的情操，人格的偉大，隨著時日流播而成爲中華民族三個傳統節日－春節、端節、中秋節的一個節日。而粽子是端午節除了龍舟競賽是家家戶戶，不可缺少的應時食品。品質的改變，從最早用葦葉改爲箬葉、竹葉，且有以蓮葉替代，作爲包裹之物。所包的也不僅是糯米而已，香菇、花生、栗子、蝦仁、鹹蛋黃、豬肉、蓮子、芋頭、干貝等等。各地的名稱不同，餡料，甜鹹也不同。有用大鍋煮熟的，有用蒸籠生蒸的。在台灣市面出售的，大致有雲南火腿粽，湖南臘肉粽，江浙湖州粽，閩台的鹹、鹼粽，廣東的裹蒸粽、白蓮蓉剪水粽等種類繁多。選料方面裹蒸粽最爲考究精細，且以蓮葉來包裹；蓮葉含有清香氣味，蒸熟後，更泛出清香，使人未看見粽子，吃慾已大動，故有粽王之稱。現在很多大飯店又推陳出新：以鳳凰鮑魚粽推介，價格昂貴，味道如何沒有吃過無從品評。另有迎合端節吉祥的水菓－桃子、李子、荔枝。桃子寓富貴吉祥。李子有多子多孫的意思。荔枝的諧音是利之。這都是含有吉祥的意思、商人迎合大家喜歡吉利而推銷產品。

我單身流浪期間吃遍各地的粽子，口感各有不同。憶我自和鄭氏群珍結婚近四十年，她每年端節親手包粽子。她做的餡很簡單，除糯米外，只有精肉、蝦米、冬菇、紅蔥頭，各佔米的四份之一。做的工夫卻很細、很花時間。箬葉或蓮葉先泡水、一片一片慢慢洗淨涼乾，餡料用刀切成碎粒，分別用小火慢慢用油煎炒至不存留水份，然後用隔夜浸泡的糯米洗淨，把水灑乾，放在鍋中小炒、加鹽和調味品。用箬葉或蓮葉一個一個把糯米和餡料包成三角粽，用線綑起來，十個一串，放在蒸籠裡生蒸，熟透大多已在晚飯前後。當我工作回到家門，聞到粽子飄來的芬香，已食慾大開。而珍卻整天忙碌，已經累得精疲力竭。但看我聞到粽香時的高興，自己的辛勞獲得了報償，就感到高興。這是典型為家庭奉獻的賢妻。他做的不是山珍海味，但口感奇佳，吃了幾十年，可說口福不淺，吃之不厭。現在已經聞不到！吃不到！永遠永遠再也吃不到她親手做的粽子了。因為她已成為「植物人」，有三個端午節沒有回家團圓了，感時懷人，我深感悲痛和懷念！

載於世界論壇報副刊

中秋明月萬斛情

前言

一年一度的中秋佳節，是每一個人在生命旅程中的一個站。每一個人每一個站的際遇、心情和感受都不相同。各自的際遇和歷程，在皎潔明月照耀下，它代表天地時序的軌跡，它代表人生歲月的齒輪，它看盡人間的喜怒哀樂、悲歡離合和生命交織成的難忘情懷！

我幼小時的中秋，所經歷的點滴，固然烙印在心中，青年期的戀情，亦是難以忘懷！而且好像剛發生過一樣。事實已隔半個世紀，往昔的戀人，早已爲人妻、爲人母、或是祖母了，懷念她是我個人的衷情，說出她的姓名，也許會傷害她，只好以代號來表明了。

兒時明月故園情

中秋佳節，我家鄉是不太重視。因爲家鄉習俗，注重七月半的盂蘭盛會，鄉人大多信鬼神，適逢早稻已豐收，秋秧已揷完，而且施完第一次肥，農事暫告一段落。鄉人有穀就有錢，農事經兩個月的辛勞，趁此打打牙祭，補充營養，以拜拜爲名，做了很多平時難得吃到的鷄鴨魚肉，大吃大喝一天。

中秋雖是人間佳節，鄉村經濟並不富裕，剛拜拜用了一筆錢，經不起再次花費，就沒有像城市人民的盛況了。但當碧空如洗，明月高掛天空的時候，一家男女老小、聚集在門外禾坪上：喝茶、吃月餅、開柚子、剝花生，享受家人團圓歡聚，是農村難得的享受。

孩子們吃着，在寬廣的禾坪上玩耍，做各種遊戲，盡情玩樂、盡情遊戲，大聲歡笑，享受無羈無束的快樂，這快樂是屬於他們的。

大人說：在沒有遮蔽的地方，用大盆盛滿淸水，水平如鏡，可以淸楚看到月亮的美景和月宮裡的嫦娥。爲什麼要用盆子盛水來看呢？因爲仰觀月亮久了，會頭暈目眩，俯着看就不會有此情形。據說：午夜十二時，月正當中，看得更淸楚。如果月宮裡出現抬棺材，是大吉大利：因爲棺（官）材（財）是同音，這個孩子將來會做官發財，這是人們嚮往的事。若是看到官員出巡，則不吉利；專制時代，人們怕官如怕老虎，誰都不願見官。孩子們一邊凝神看着盆中的月亮，盼望出現希望的畫面，一面聽着大人講故事：

相傳月宮裡有一座金雕玉琢，華麗輝皇的宮殿，人民稱它爲「廣寒宮」。能夠進去住的人，過長生不老的神仙生活，大家非常羨慕，也非常希望能夠住進去。古時「有窮國」的國君名后羿，很勇敢又善射，那時，天上有十個太陽，把人間的植物和畜類都曬死了，人們受不了酷熱也死了很多。他毫不畏懼，勇敢地射落九個太陽，只留下一個。因此很受人民尊敬，一個仙人送給他一瓶長生不老的藥。她美麗的妻子嫦娥偷偷吃了，騰空飛到月宮，住進「廣寒宮」。但是宮裡空蕩蕩什麼也沒有，只有一隻兎子在搗藥，一個犯人吳剛在砍伐桂樹，冷清寂寞，不是她想像中那麼美好快樂。才有：「嫦娥應悔偷靈藥，碧海青天夜夜心」之句。

中華漢族，受蒙古統治，人民被壓迫屠殺，姦淫擄掠，處在水深火熱之中，度日如年。因此，民間有反抗的組織，首領利用中秋節人民吃月餅的習俗，在月餅中藏了「中秋夜殺韃靼」的字條，藉送月餅傳遞消息。

看着水盆中的明月，不知不覺倚在母親懷中睡着了，但神勇美麗和英雄愛國的故事，永遠烙印在我童稚的心中，每到中秋總是懷念着兒時的明月，故鄉的親人。

香江明月初戀情

香港是零仃洋上一個小島，面積僅八十二平方公里，於淸朝道光二十一年（一八四一），鴉片戰爭割讓給英國，其後又租借了九龍半島。經英人悉心經營，成爲熱鬧繁華的商埠。中日戰爭，中國大陸廣大地區遭受戰禍，國土被踐踏，家人被屠殺，事業被毀壞，大批難民逃奔流離他鄉，暫時躲避在這個小島上，彈丸之地成爲避難所，安樂窩。

偶然的機會，和A小姐像漂萍般碰在一起，彼此都是青年人，談着，談着，談到國仇家恨，有同是天涯淪落人的感嘆！牽動年青人的情絲。從此，勝景名園，花前月下，電影院、咖啡館，各類各種公共場所，留下我倆的雙影，留下我倆的足跡，明月浪濤譜成我倆的戀曲。

一九四一年的中秋夜，蔚藍的天空，明媚的月亮，微風輕拂，一切都那麼美好。我倆由尖沙咀坐輪渡過海，仰望着天上皎潔的明月，照着粼粼湛藍的海水，明月、星星、燈光、樓宇和太平山的倒影，組成天然美麗的畫圖。

我倆談着情、說着愛，從維多利亞公園，倚偎着、牽着手安步當車漫漫登上孤島上唯一的高山，人們稱—太平山、扯旗山、摩天嶺、維多利亞山。從高處遠眺九龍半島，有朦朧的美，鳥瞰香港整個孤島的樓宇高聳，燈光明亮，又是一種美感。擁着、牽着年輕美貌的姑娘，有說不完的情話、訴不盡的衷腸，不知明月已斜，夜色已深，露珠濕了衣裳！

世事難以逆料，變化無常，因躲避戰禍而相逢，而相愛，又爲戰火逼迫而相離。中秋後不久太平洋戰爭爆發，戰神光顧這孤島天堂，一夕間被日軍攻佔。大難來時各自奔，沒有依依之情，沒有臨別見面，沒有相互祝福，只有內心的禱告，從此音訊渺茫。她是我初戀情人，回憶中總是甜美的，尤當中秋明月夜，她的聲音笑貌，總是浮現在腦中。

白雲珠海山歌情

一九四六年，抗日戰爭勝利的翌年，我供職陸軍，住在穗市，一個離鄉背井，流落異地的人，總會到親友家串門子，就這樣我認識了B小姐。她是友人的小姨，二九年華，待字閨中，亭亭玉立、面貌娟秀，是一個甜美的姑娘。在異性相吸下，兩個年輕人自然湊在一起。從此荔枝灣泛舟，白雲山聽濤、觀音山賞楓、黃花崗悼念，穗市每一個勝景，都有我倆的足印。

中秋夜，白鵝潭盪舟。明月當空，微風輕拂，江水清澈，兩岸崇樓傑閣倒影，加上江心明月，水波粼粼，似神話般的仙景。海珠橋掛着一串串燈光，遠望似銀河鵲橋，俯視倒影，又似巨龍臥波。

觀音山是市民遊玩的好去處，中秋夜開放三天供人們唱客家山歌，是一年一度的盛會。山下中山紀念堂廣場上坐滿了賞明月，聽山歌的情侶，我倆有幸參加此一畢生難忘的盛會。歌聲繚亮，隨風飄送到很遠的地方，聽者如癡如醉，歌者興高采烈，唱着、唱着，唱出自己的希望，唱出自己的心聲，舒懷自己的感情，連結兩心的橋樑。歌聲由遠而近，締結姻緣者大有人在。眞是：「明月有情照大地，青年男女締良姻。」

然而，我沒有如此幸運，明月普照有情人，都成眷屬。而我倆雖有婚約的情侶，却因魯中戰雲密佈，部隊奉命北上，造成無法補救的遺憾！

漢口是我部北上的目的地，平常火車行程只要一兩天，而我部的專車，因爲沒有時間限定和眞正目的地，仍在等待上級的指示。以致過站必停，逢車必讓，而且如韶關、衡陽、長沙、岳陽等大站停留三兩天不等。這給予我遊賞各地風光，飽覽名山勝景的機會，亦藉此寫信訴說衷情，暢敘懷念相思！

部隊抵達漢口後，稍事整理，即輾轉於長江北岸、蘇北、魯南、魯中山區、隴海鐵路、黃河南岸、山東半島。幾無休息的機會，書信自是中斷，迨半年後我駐守徐州，再次連絡，已渺無音訊。從此人海茫茫，何處覓芳踪！

明月蹄聲萬里情

一九四七年，部隊駐守青島市，借住民宅。居停有女C小姐，二八年華，畢業於青島女中，性情開朗，溫柔多情，健美活潑，相聚日久，情愫日生。青島是她生長的地方，以識途老馬自居，伴我遊覽名勝古蹟，美麗風光。

青島是遼東半島一顆閃亮的珍珠，依山傍水，三面環海。清朝末年，屬即墨縣的一個漁村，荒涼偏僻，人口稀少。德國藉口有傳教士被殺，強借膠州灣爲軍事、經濟基地，經二十年規劃經營，建大小兩個海港，築膠濟鐵路、貫川半島至濟南，工程浩大，其時稱遠東第一。青島從此不僅是德國在遠東的軍港，亦是侵略中國經濟的商埠。第一次世界大戰，我國和日本同是協約國的一員，德國戰敗後，青島應歸還我國，日本蠻橫不講情理，持強奪取，經數年交涉和國聯的壓力，始得歸還。

青島市區依山建築，先後經德國、日本開闢，統一設計，整齊美觀。沿海有平坦寬廣長達三十里的大道，兩旁種植法國梧桐。綠蔭夾道，花木嫣紅，沿途有滙泉、湛山、大港等三座海水浴場，均是天然形成；尤其滙泉浴場更是其中之最。在滙泉岬和公園之間，有兩岬環抱像螃蟹的雙螯，沙灘平坦，海水湛藍，設備周全，是夏日玩水最好的去處。沿途有大小公園十一個，以中山第一公園最大，佔地千餘畝。園內古樹參天，行道種植法國梧桐，整齊茂密，奇花異草，處處皆是。園區分植：桃、李、杏、蘋果、梅花、櫻花，小橋流水，亭台樓榭，廻廊曲徑；每一景點，都令人嘆爲觀止，是人間的傑作。加上幽靜清潔，沒有塵囂氣息，我倆每次徜徉其中，不覺日影西斜。

大港是主要港灣，帆檣林立，有棧橋直伸出深海四百多公尺，上有鐵路，兩旁有整齊燈光，橋頭有廻瀾閣、八角亭，供人們休憩、觀賞海景最佳的地方。海浪大時，波濤洶湧，銀珠飛濺，高達丈餘，驚險壯觀。橋南不遠處有一小島，名爲「小青島」屹立海中，山石聳翠，蒼松蔭蔽，一片青黛，上建有塔、教堂。塔尖和居民的粉牆，掩影在綠樹叢中，景色幽美。青島是著名的避暑聖地，它更是聖地中的聖地。

中秋夜，我倆倚偎在八角亭中觀賞海景，棧橋上的一串串燈光倒影，經波濤搖曳和小青島的夜景，在皎潔明月照耀下，比白天更增加幾分嫵媚和朦朧的幽美。

飽覽海景以後，乘坐馬車漫遊。馬車是青島遊覽觀賞最好的交通工具；尤其與情侶共遊，依偎在一起，情話綿綿，看沿途迷人的風光，更有羅曼蒂克的情調。在平坦的沿海大道上聽海濤澎湃，似雄壯的歌聲，馬蹄的躂的躂聲，是有節奏的韻律音符，在皎潔明月下，美人在抱，一切一切都感到那麼美好，如置身在夢幻中，陶醉在甜蜜的夢鄉。但願天長地久此情永在。

甜美的夢被砲聲驚醒，隴海線風雲緊急，部隊奉命馳援，登陸連雲港，而我申請結婚的公文，尙在調查中尙未批復，就這樣忍痛話別，等待上級的成全，這一等，這一等等到長江失陷，大陸撤離。

螢橋明月鴛盟情

三次情緣，都因戰亂破壞。長江失陷，大陸敗亡，我已成爲有國難投有家難奔的天涯孤子，無依無靠的他鄉淪落人。撤退來到台灣以後，因情勢改變，整個人已失去往昔英挺豪邁性格，變成悲觀畏縮，對婚姻已心灰意冷的人。這情形長達漫長的七年歲月。

也許是緣份吧！一九五七年月下老人爲我牽紅線，明月爲我做盟證。螢橋河畔在那時是年青人談情說愛最有情調的地方，中秋夜我和鄭氏群珍，訂下了終身盟約，同年底完成自十六年來三次該完成而未完成的婚姻。從此脫離孤家寡人的生活，實現夢寐以求的溫馨幸福，快樂無邊，多采多姿的旖旎人生。這快樂，這幸福的人生給予我四十年的時光。

我倆經歷錫、鐵、銅和銀婚的慶祝，帶著甜美的喜悅，相互的祝福和希望，朝著金婚的目標前進；然而，這道路是漫長而坎坷，世人常說：「彩雲易散玻璃脆，世間好事不堅牢。」很不幸，我妻因右脚「靜脈曲張」於一九九五年四月十九日住院手術。未料小手術惹來大災禍，竟因此成爲「植物人」。我從雲端上掉落深谷，幸福快樂中淪爲痛苦人，每日哀傷悲痛，度日如年，形單影隻已無往昔的笑容。往昔中秋夜儷影雙雙，漫步於公園，依偎於月下，享受多少溫馨，多少甜蜜。去年我獨立階前，仰觀天上的明月，俯瞰自己的孤單，徘徊淒涼！明月照愁人，愁苦總是一層深一層。今年中秋，雲遮月暗，令人更增悽涼！我百無聊賴，想念着在病榻上的我妻，孤單淒涼！此情此景，寧不令我相思悲痛！

我默默禱祝她早日康復，和昔日情人安好，請明月將我的禱祝和懷念，從你的光芒流輝中，帶給我的愛妻和半世紀沒有連絡的情人，幸福快樂！

一九九六年中秋載於世界論壇報副刊

三讓家風

溯祖追宗編族譜

曾子曰：「愼終追遠，民德歸厚矣」。我們能愼行親長的葬禮，不忘記對祖先的祭祀，則風俗自然會趨向醇厚。愼終追遠，是不忘本的表顯，對已亡故的祖先，能憶念不忘，則對尙活著的親人，更加會盡到孝養照顧的責任，如此會引起移風轉俗的作用，使社會對道德歸於醇厚。

由大陸遷徙來台灣的後人，大多因時間久遠，對原籍及祖先均無所知，根源都已失落。我國人歷古以來均重視根基淵源，像這樣失落的情形，誠令人悲嘆！是誰之過？祖先沒有爲他們遺留軌跡。我深感於此，不禁爲我兒及我族萬代的子孫憂愁！

要留存祖先的軌跡和根源，唯有文字的記載，才能久遠，萬古留存。文字記載就是族譜，但有很多困難，其中資料和負責編纂的人。三十多年來我沒有親近過故鄉，不瞭解有無資料？誰可以負此重任？在台、港地區，以我的觀察，梅添叔、振波、柏榮侄孫均有能力勝任。梅添叔較有研究，振波常寫作、編撰經驗豐富，柏榮居住香港，從家鄉找尋資料方便。

但因各自的工作和環境，無法負責。瞻顧當前情形，族譜非編不可，姑不論成績如何，我這一代必須負起傳承的責任，否則後人更無從著手。萬般無奈，這個重擔我自願肩挑，爲祖先做傳承工作，爲宗族盡一份應盡心力。經過三年鍥而不捨溯祖追宗，於一九八四、八七年分別刊印初版、再版，一九九七年再完成三版撰修，內心非常高興和安慰。初版編纂序文是這樣寫的：（三版另有撰修經過）

「創業莫忘先祖德，傳家惟願子孫賢。」。這是祖堂上一副非常通俗的對聯。一個人如果不能體會親恩的偉大，不明白先世的德澤；便不理解親情的溫馨，倫理的篤敬。上不足以孝敬父母，中不足以和睦兄弟，下不足以教育兒孫，縱一時倖獲成就，仍屬可悲可嘆者。

一本族譜，上通千古，下延萬代，不但肯定傳承的道理，貫通慈孝的意義，接連文化的根源；更從其興衰，給予人們的啓示、殷鑑、責任，其影響非常深遠。

余渴望我五華吳氏家族，編一本族譜，給族中子弟有所啓示，和傳播海外各地親人以便連絡。但始祖英惠公其盛將軍，於洪武九年肇基下潭屯以至青塘，已歷六百餘年，裔孫蕃衍，已見二十三代，人口以萬計，散居於青塘、水南、澄塘、楊仲塘、椒子塘、興寧縣葉塘、龍川縣鐵場、鶴市、陳田、江西、廣西、四川、台灣、香港等地；今則僑居英、美、加拿大、新加坡、馬來西亞等國日衆。幾百年來。既未整理，資料亦缺，各地搜集困難，即青塘各房，亦難冀全。公元一九七〇年，余至香港、已興整理之念，適逢世亂，與嚴父光文公隔絕通信。一九八〇年再度赴港，嚴父却臥病在床，翌年更離世而去！昊天罔極，未報涓埃，悲痛之餘，更感整理族譜之願難償矣。

語云：皇天不負苦心人，賴祖宗之靈佑，意外獲得晉祥兄一房的資料，是七十一代宣公以下者，惟上溯泰伯公尚有七十代的資料，毫無記載。樹有根，水有源，循此根源，已有目標。但我愧爲人子，身在遠方，且學識淺薄，不適宜擔負編纂的重任；更何況年代久遠，難以集得完整資料，即使集得部分資料，編纂也難符合史學。但轉思做總比不做好，有總比沒有好的理念與執著和虔誠的心意，認定只要先編印出來，留待以後俊秀再行重整，當亦較易著手。因此以一腔熱誠，努力以赴。首先請港、台、家鄉親族，提供資料；我則奔走各地，參觀、閱覽宗姓族譜，圖書館、報社資料館，借閱姓氏資料，擷集祖先的文獻，購閱史籍，並將「吳太伯世家第一」編入譜首，使我吳姓裔胄，人人都知道祖先的德業隆盛，有所勵勉。經三年的整理，初稿始成，固不敢自許成功，但總算已盡心力，且有一份辛苦耕耘後的欣慰喜悅。

族譜曾分送台灣很多圖書館珍藏，且有十本由中央圖書館和美國文化機構交換。

編纂族譜，斯文叔有多篇文、詩表揚，愧不敢當，未予刊載，茲又賜詩一首，盛意虔虔，卻之不恭，茲謹編入誌銘：

奠基長樂英惠公，六百春秋譜史空，

今日卓祥追祖德，首編族譜耀宗功。

一九九七年載於載於世界論壇報副刊

吳太伯世家第一

史記稱：吳太伯世家第一。

太伯、仲雍、季歷，兄弟三人，皆周太王之子。歷賢、子昌（周文王）生時有聖瑞，太王欲立歷而及昌。然長子在，爲父者不授長而立幼，則倫常倒置，若棄幼而立長，則又背賢惜才，有莫可適從之難。泰伯深知：「若貴一世不萬代以之貴，則不如去一代之貴而萬代以貴之，吾焉能貴一代而賤於萬代」之義理，乃攜弟仲雍，托詞採藥，遠奔江蘇渤海荆蠻之地。古公才能順理成章，傳位給季歷及文、武王，卒成周朝八百餘年之天下。

太伯讓國，居民義之，舉爲吳主。武王克殷，求太伯、仲雍之後，得周章因而封之。吳國傳二十二世，二十六主，六百五十餘年。

三讓王位予季歷，史記有兩種說法：

一、太王病托採藥，生不事之以禮，一讓也。太王薨不返，使季歷主喪，不葬之以禮，二讓也。斷髮文身，示不可用，使季歷祭禮，不祭之以禮，三讓也。

二、太王病托採藥於吳越不返一讓也。太王薨而文王立二讓也。文王薨而武王立，遂有天下，三讓也。

三讓應以第一種說法爲確定。第二種說法，極爲牽強，是史家附會之言。蓋太伯生於殷武丁四十年，即公元前一三〇六年，薨於一二一五年（帝乙四年），享壽九十有一，季歷、薨於帝乙九年，是泰伯薨後第五年。而西周立國於西元前一一一一年，三年後武王薨，與太伯薨相距甚遠，何得而有二讓三讓也？

泰伯謙讓之德，做得不著痕跡，不令父親難堪，不求別人稱譽。這樣的品德，才是盛德，才是至德；不求別人知道的盛德，才是最高善行，堪稱不著痕跡的善行。謙讓已屬不易，讓出王位，更非常人所能，讓得不著痕跡，更是難上加難！必須如此，才是眞讓，才是至德。孔子曰：「泰伯可謂至德也已矣，三以天下讓，民無得而稱焉。」太伯薨葬於吳郡閶門外雁塔村廟在村南。周武王封爲吳太伯以外，晉明帝追封爲三讓王，漢、唐、宋、元、明、清，均有褒封。清乾隆南遊，四次遣使致祭。是故，泰伯雖無赫赫之功蹟，國史上的地位，卻是最高無上。有詩讚曰：

泰伯城荒德未荒，至今遺跡尚留芳；
試觀霸業今何在，不比勾吳讓國香。

季札公是吳氏第十九代祖。父壽夢公，兄諸樊、餘祭、餘眛。公賢而有才，父兄均愛之，欲傳王位，謙不受。固強之，遂避居延陵，躬耕於野，世稱延陵季子，曾先後出使齊、魯、鄭、衛諸國，賢聲遠播。後孔子嘉之曰：「延陵季子，生於夷蠻，知禮識義，聞樂知政；明足以知樂，信足以輕物，義足以讓國。觀人情，識國體，與其祖仁德揖讓十九代如出一轍。」歿後，葬於常州武進縣北，廟立於縣北之西。晉明帝尊崇爲延陵王，宋寧宗封爲照德侯，明太祖敕封吳季子之神。最難得是孔子一生僅爲季札公題墓碑：「嗚呼有吳延陵君子之墓，」世稱十字碑。是我吳姓一代賢人，孔子表爲君子，猶極深敬仰慕。雖未受王位，然其崇高風範，萬世景仰，足以煥吳氏之光。

江山傳采地，石泉閟幽宮，十字碑文古，千年祭祀崇；
子藏高大節，泰伯振遺風，堪歌征誅者，勳名轉眼空。

宣公字機蔡，是吳氏第七十一代祖。夫人孟氏，五代蜀主孟知祥之女，封駙馬。欲傳王位，辭不受，與夫人順江東下，落籍江西，三子、十八孫、七十二曾孫，裔孫遍佈江西、福建、廣東、廣西、台灣。若非我太祖夫妻有遠見，承襲祖先揖讓家風，不受王位，淡泊名器；或因奪人爵位，禍生不測，何來億萬裔孫。由此可知，仁人厚福，不貪眼前。

不膺王爵孟家封，跋涉雲山幾萬重，
來向江南爲始祖，後人千古仰高風。

五華吳姓始祖英惠公軍名其盛，是第八十代祖。明洪武初年任大將軍，奉命南征，駐節順德（時爲府轄九縣）。因公至長樂（今五華）深感地廣人稀，民性勤勞純樸，乃卜居城南下潭屯。三世祖銘公闢建青塘，已歷六百餘年，裔孫已見二十三代，遍佈五華、龍川、興寧、廣州市、廣西賀縣、台灣省等地。

吳姓以國爲姓，以「至德」、「渤海」、「延陵」爲堂名。自泰伯公至今已歷近三千二百年，裔孫已過百代，凡天下姓吳者，皆泰伯公一脈相傳。祖先德業隆盛，難以縷述，謹就泰伯、季札、宣，三公讓德之風範，感懷盛德於無窮，而慶流芳於萬代。余垂暮之年，心境清靜，名利淡泊，悠然而生：崇祖敬宗，體認祖先德業，源遠流長之義，略述一二，以策來茲。

一九九一年載於五華同鄉會年刊

英惠公傳

英惠公，是廣東省五華縣吳姓的開基始祖。

英惠公軍名其盛，乃吳姓始祖泰伯公的第八十代裔孫。生於元朝末葉，原籍福建長汀。少隨曾祖壽公遊宦江東。祖友顯公，爲勾容令，乃落籍於斯。

公生而勇健，長富膽略，時朝政失修，奸佞擅權，狂征暴歛，民不聊生，有志之士，相率起義抗元。公胸懷救國救民的壯志，乃從明太祖朱元璋，南征北討，猛勇善戰，累建殊勳。滅元後，洪武高皇帝勅封爲大將軍。

洪武七年，奉命南征，駐節廣東省順德（時爲府轄九縣）、九年因公至長樂（今之五華），鑒於當地山川秀麗，民風淳樸，且地廣人稀，遂舉家定居於長樂縣城南下潭屯，奉撥良田兩百畝，世代遂以耕讀相傳。

英惠公歿後，葬於麻地窩大座人形。妣封一品夫人，葬於下潭屯段心之烏鴉落陽（近因低窪之故，于公元一九八七年春，遷至青塘顯靈宮背，飛鵝形咀穴安葬），迄今每年春祭，子孫致祭，均極爲隆重。

二世順公，襲父爵，勅封儒林郎。

三世銘公，諡溫肅，仍襲爵。於明朝成化年間，移居青塘村，建宅於眠牛形肚穴，披荊斬棘，拓土開荒，乃立世代之基業，而有五華吳門鼎盛之薪傳。

今後裔已見二十三代，聚居五華轉水鎭青塘，散居水南、澄江湖、歧嶺、興寧、龍川、河源、江西、四川、廣州市、台灣省、廣西賀縣，裔孫衆多，難以數計。

青塘可曰：人文蔚起，繼往開來，昔日歷代貢生，庠生、國學生，不下數十人，已承襲祖訓耕讀之意。諸如士美公爲高州府儒學正堂。次侯公大學生，孝義端肅。唐仕公八品修職郎。唐仁公九品度南風。雲欽公按察同知事。利秀公雲都尉，兩廣督標營官，德昌公、乃曾公父子世襲。元秀公於咸豐四年，土寇李正春、孔亞福造反陷長樂，與縣主同時被執，不屈被害，諡文義剛烈。振漢公（別號星垣）隨孫中山革命，武昌起義卒部光復潮汕，爲潮汕鎭守使，青塘聲譽，因之大振。

近代後起之士，頗不乏人，於抗日戰爭，壯烈殉國之軍官，如黨文、先文、致祥均入祀國家忠烈祠。憲文、榮才、思杰、金祥殉難於戰地。中校政治部主任的平、少尉排長興祥，病歿軍中，抗日勝利歸來的官員：空軍飛行員紫金（振球），抗日空戰迭著勛功，蘭州空戰受傷，轉任地勤。中校參謀滌亞、少校營長宏文、振青、上尉軍需柱文、卓祥、無線電台長斯文、麟祥、欽祥、空軍機械員坤祥；尚有師長、團長、處長、法院院長、局長等人，因政治原因，不想列名，故未記載。

旅居香港，熱心公益，振興青塘桑樟，倡導興學，如抗日前的欽昌、浩祥慷慨解囊。光文熱心教育，負責建築惠民學校。今之晉祥、沐先，以勤儉誠樸，篤實負責，在香港開拓各種事業，大展鴻圖。其熱心社會公益，獎掖後進，造福鄉里；興學校、架電火、築公路、造大橋（轉市大橋）慷慨解囊，義不後人，仁風善舉，備受僑界欽崇，鄉里額慶。後起俊彥中亦多傑出：振波學養深厚，曾任南美洲秘魯報社總編輯，僑務委員會、僑聯總會主任秘書、僑務委員會駐會委員。思源精研焰花、行銷世界。思鍾創造新型按紐式電腦記憶電話機，榮獲一九八三年第六屆全國青年創業楷模獎，設廠於工業區，產銷世界各國，開五華吳族在工商業界躋身國際貿易之先河。（思源、思鍾爲德清之長、次子）。烱聲白手起家，成爲四十多家企業的董事長，投資開發五華金河區是愛鄉的巨人。

吳姓自泰伯公至今，已近三千二百年，代出英才。舉凡軍、政、學、工商界，均有傑出之士。赴英、美、加留學深造者日衆，來日必有傑出英才，輝煌成就。凡我後輩宗親，激勵奮起，承先啓後，努力創造，作育英才，光耀門楣，是所厚望也。

一九九三年載於五華人物傳、五華同鄉會年刊

三編族譜述懷

一九七〇年代美國電影「根」面世，敍述非洲黑人被擄賣美洲爲奴，後雖獲解放，但祖源何處？祖宗何人？均有無從查考之悲！

茲念我五華吳氏建族，已六百餘年，並無完整文字記載，長此以往，我海內外宗人，亦將步非洲黑人的後塵；成爲無根、無源之人。興念及此，惶恐不安。乃自不量力，獨任艱巨，窮搜族史，探尋祖源，三年歲月，廢寢忘餐，賴祖宗靈佑，於一九八四年完成「吳氏族譜靑塘支譜」初編，八七年修正再版，今三版行將付印之際，感而述懷。

曾子曰：「愼終追遠，民德歸厚矣。」愼終者，喪盡其哀，必誠必敬，即所以守喪盡禮；追遠者，親葬已遠，追而祭之，即所以不忘本。盡禮與不忘本，皆屬孝道。孝者必仁，仁者必壽，是以子孫繁衍，奕世其昌也。

族繁裔衆，瓜瓞綿綿，胥賴族譜，以奠世系，辨昭穆，敍宗支，分尊卑。族譜乃宗族、家族之歷史，敍氏族之所由出，支派之所由分，族運的興衰，亦有所徵焉。

族之有譜，猶國之有史。史廢則國家之興衰無由考，譜亡則族系源流無可稽，其垂重可知。故譜不能或缺，猶宜推而廣之，使宗人對孝道倫理的起衰振靡，世系昭穆秩序尊卑，而瞭然不紊。因此崇功報德，紹述先人，追宗念祖，綿延宗紀，敦親睦族，勉勵後人，皆有所賴。

族譜內容，首重正確，既不能無中生有，亦不得畫蛇添足，更不可移花接木，攀龍附鳳，必須依據眞實資料，予以纂編。本譜初編，適逢世亂，海峽隔斷，資料搜集，殊爲困難；且繁簡字之互異，更易錯誤，以致初版，二版多有失誤。而三版經族中長老、俊彥，組成修譜委員會，愼審考正，已臻完善。爾後修譜，可著重於新增部份，當可省時省力矣。

公衆之事，必須大家齊心共赴，出錢出力，分工合作，始能完成。須知縱有熱心人士，願付心力，若無經費，亦難成事。修委會因本人三編「青塘族譜」，賜予讚言譽文，已感且愧；蓋祖宗之事，凡是裔孫，均應盡其心力責任，何敢居功？且「青塘族譜」之創成，首功當推晉祥堂兄、沐先宗侄，若非他倆慷慨解囊，信任愛護，大力支持，實難成功。而三版族譜，亦賴旅台宗親暨家鄉父老鼎力支持，使編者無後顧之慮，其功亦偉！尤其梅添嬸、德清姪卒先慷慨解囊，使經費無虞；更承年近八十之宗叔斯文，不辭艱難，跋踄於廣西、龍川、興寧之途，辛勞備嚐。胞兄樞祥風獨殘年，勉力宗事，肩負修譜主委，彙整資料，不遺餘力，函電交加，殷殷敦囑，衆志成城，成功在望，卻不幸於初冬逝世，噩耗傳來，至深痛悼！

本譜之修，緣一九八四年族史完成，宗叔梅添，關心初創，恐有遺漏訛誤，敦敦叮嚀，十年爲期，重予修編，以臻完善。未料言猶在耳，竟於八九年遽逝。緬懷德言，屆期懇商梅添孀，德清姪，承熱烈支持，慷慨解囊，各捐新台幣伍萬元（後德清長、三子共捐五萬元父子合計爲十萬元）爲印製基金，乃請家鄉廣搜資料，乃有散居三家村，楊仲塘、興寧、龍川、廣州、廣西的宗族，增敍於譜。

世事無常，殊難逆料，原擬以殘年之軀，再爲族事盡點心力，乃於九四年倡議修譜。未料當年我患「口腔癌」翌年以後，更時舛命蹇，災難頻盈：三月「口腔癌」住院第二次開刀，四月我妻病榻纏綿，長住醫院，五月家鄉付來族稿，私情族事，糾結心中，至感困難。率念宗族事大，應順變從公，得以完成撰編，於新春率子返鄉，送勘編稿。中秋交付排版待校之際，我兩眼卻患嚴重「白內障」必須住院手術。兩眼交替手術，長達四月，且誡短期不得過份使用眼力。若是在接辦無人情況下，族譜完成印製，將遙遙無期。正徬徨之際，又傳胞兄噩耗，一連串不幸事故，接踵而來，幾使我萎靡消極，精神崩潰。幸賴祖宗靈佑，歷經一椿椿不幸打擊，仍能提振崩潰精神，咬緊牙關，不顧個人舛命，不顧個人健康，集中精力，先校勘族譜，並親送故鄉作付印前校正，今行將付梓，特將編印三版族譜之經過，簡爲述懷！

一九九七年載於吳氏族譜青塘支譜

浪文叔疏財重義

浪文先生字佛，廣東省五華縣人，在廣州、香港友輩均以「佛」尊稱。原名已少有人知。先生少時因鄉中文風蔽塞，讀書不多，然其秉賦聰慧，穎悟過人，弱冠習建築設計，卓然專精。建築界專家、學者，咸認是難得的奇葩。陳伯南將軍主粵時，年未三十即爲廣州市全和建築公司羅致，負責經營、設計重任。生性灑脫，氣度恢宏，坦直豪邁，疏財重義，工作勤奮，誠信待人。稍後李潔之將軍任廣州市警察總局局長時統轄市內工程，工務局總工程師劉既標，稱許其才華，結爲莫逆。

先生任職全和公司時候供給其食宿交通、應酬等費外，月薪兩百元毫劵（廣東省銀行發行之有價貨幣，時幣值以鄉中稻谷市價，每百斤約四元），每月薪水，除奉養父母及家小外，及偶爾和宗弟幹文（時任少校，月薪一三五元）及友好，在穗市東、西、南、北園或一景、大三元著名酒店打牌聚餐外，很少花費，餘多周濟親友。

廣州市公私工程，不論大小，必經總工程師劉既標獲得核准，始得開工。各建築公司，爲減少麻煩，順利核准，多交由劉氏設計繪圖；劉氏則請先生代勞，說明設計費四六分帳，普通每案五百元，先生可分到兩百元，但從不接受，說彼此好友，應該幫忙。劉氏爲答謝摯情，凡轄區內公共工程，多直接或介紹給全和公司承建。

陳濟棠伯南將軍，於民國十八年返粵主政，旋接第八路軍總指揮，掌握廣東軍政大權，坐擁十餘萬海、陸、空軍，做他不折不扣的：「南天王」。民國二十二年，廣東黨國元老胡漢民，被幽禁南京湯山，廣東（陳伯南）廣西（李宗仁、白崇禧、黃紹紘）與中央意見相左，遂結盟獨立，即所謂兩廣事件。時廣東有陸軍三個軍（每軍三個師）另四個獨立師，一個教導師，兩個獨立旅。

第一軍軍長余漢謀，第二軍軍長香翰屏，第三軍軍長李揚敬，獨立第一師改編爲第四軍，由黃任寰出任，參謀長繆培南兼教導師師長，後改編爲第五軍，仍兼軍長。各軍、師、旅長，多是北伐時的勇將。繆培南將軍且是北伐時汀泗橋之役，榮獲鐵軍四虎將之一，運籌帷幄，軍事長才。雖反對內戰，仍竭忠爲伯南將軍擘劃：在英德、翁源、曲江、南雄築三道防線，由余漢謀指揮三個軍鎮守。珠江口及其他沿海港口築砲台，委李潔之鎮守虎門要塞，購軍艦任陳策爲司令，鎮守南中國海域。購百架德製戰機，由德國人訓練，素質較中央所有尤佳，由黃光銳任司令。內政方面努力建設，爲百姓謀福利，除弊政、在陳伯南將軍主政六年，可謂風調雨順，國泰民安，四境昇平，百年僅見。因此，中央雖派重兵，由陳誠統領，坐鎮湖南，輕易不敢越雷池一步。

虎門要塞，一切防禦工程，統由全和建築公司承建。吳佛先生每月多次乘專用快艇前往視察，監督，早出晚歸或逗留數日，視工程情形而定，偶爾順道赴香港探視家小。因工作關係，與要塞司令李潔之，成爲好友。二十五年余漢謀、黃光銳、李潔之及其他部份將領，深感東鄰日本橫惡，蠶食鯨吞我國，非全國統一，團結奮發、合力抗禦，不能救亡，擬集體倒戈，促成統一。事爲主粤者風聞，乃嚴加防範；虎門外海，陳策將軍派艦監視，嚴密檢查出入船隻、人員，若舉義，李潔之司令殊難安全離境。李深知先生爲人忠義，參與機密。先生亦報以民族大忠，朋友之義，不顧自身安危，冒險犯難，以專用快艇掩護，潛赴香港，全國因而統一。

全國統一後，李潔之榮任廣州市警察總局局長，下轄十數個分局，最優屬太平。李局長爲酬謝吳先生急難相助的高誼隆情，委此優缺。吳先生深知自己非行政長才，不堪勝任。雖當時在穗市五華青塘菁英俊彥：幹文、黨文、炳祥、興祥、滌亞等均願臂助，仍認爲尸位素餐，仰人鼻息，因人成事，非實踐處事做人之道，堅決拒絕；且力介李任要塞時的副官處長黃觀光，促成美事。踐履篤實，忠誠仁正，表露無餘。以當時該分局正當規費，非常豐厚，卸任後仍有政府給予職份。而先生對工程設計專精，轉任工務局工程師，是順理成章之事。此一機會錯過，影響一生至大至巨。

李清輝先生，興寧縣人，擁資雄厚，其弟李潔之爲警局首長，工務局總工程師劉既標，是同鄉親戚。擬利用各管道，承包公共工程，敦請先生負責經營，許以優股。先生認爲離開全和，有虧做人道義而婉拒。

忠義是做人做事最基本態度，吳佛先生對事必按預定計劃，每日完成，每天必到工地視察，下午或晚間計劃圖樣，經常工作至凌晨二、三點，做完才就寢。在構圖時，必細心思考，思考時必抽香煙，在煙霧中靜靜思考，獲取靈感。其實他思考心力非常敏銳，常常煙剛點著即擱置而工作，想抽時煙已燒掉。喜抽茄力克、大前門、老刀牌，每天要五十支裝兩罐，實則多數燒掉。親友有困難，必盡心力協助，絕不因貧富有別。工作人員做錯事，只諄諄告誡，從無疾言厲色，誠懇厚道，爲人稱譽。

廣州全和公司之設立，是吳欽與香港富豪佘文合資，公請先生負責業務、工程和設計，財務由佘文之舅父區金池負責。彼此以信義相交，未訂契約。佘在香港事業頗多，全和公司的事務，從不過問。抗日戰爭前，吳欽未徵得佘文同意，將其外孫戴亞發接替區金池，區氣憤搭船返鄉，不幸船在中途沉沒，區死於船難，佘深表不滿。因此爭執。吳欽否認佘文是股東，涉及先生係當時人證。基於做人應該光明正直，信義立世，秉天道正義之莫逆，不作僞證，罔顧私情，致吳欽不滿，因此，感情破裂，不久廣州陷日，從此分道揚鑣，不相往來。

坤文是先生的胞弟，對痳衣相術，很有研究，在廣州未歸順中央前，一次閒談中說：「人之一生窮通顯達，從面相中可知梗概，以我二兄來說，額寬眉清，少年運佳，而眼運卻關係他一生。因眼珠黑白分明，烱烱有神，必有大運。但眼珠深邃，如平坦道路的深溝，亦即命運坎坷之處，必生波折。若能跳出深溝，定行大運，一生富貴可期，否則終生難有好景。」陳濟棠下野時，正是先生行眼運起點。太平分局和另組公司，就是眼運的反映，先生懔乎做人做事之義理，未能及時跳出鴻溝，順行大運，殊爲可惜。

廣州陷日軍後，曾返鄉小住，旋赴香港，未再與吳欽合伙，寧願在元朗和吳煥賢合作，做小工程維生。香港淪陷後，未再見面。迨一九七〇年和其子玉田弟見面，才知已於一九五五年逝世，享年僅五十五歲。自廣州至逝世二十年，雖未挨凍受飢，生活卻並不順適，正應其弟坤文的斷語。

先生帶我到廣州，拔我於泥沼，由農村孩子，飄零各地，落籍台灣，韶華虛度，百事無成，兩袖清風，徒乎奈何！然先生做人做事，寬宏氣度，義利取捨，務實奉行，輕財重義，誠信公正等基本做人道理，給予我至深至大的啓示，得以遵循，在漫長人生道途中，未有隕越，有肯定之功。我時時懷念和景仰不已！

在此順筆略述五華縣最早、最年輕、最高官階的三位將軍：

繆培南將軍字經成，保定軍官學校畢業，文韜武略、思慮周密、驍勇善戰、親愛精誠，譽滿當時。民十六年任第四軍中將軍長，爲華邑最早高階將軍。二十年受陳伯南將軍之邀，出任參謀長兼教導師師長，後擴編爲第五軍，仍兼軍長。服務鄉梓，綏靖南疆，四境昇平，百年僅見；政治、交通、經濟等各種建設，斐然可觀，皆將軍運籌帷幄之功。不意被余、黃、李等內反，陳濟棠下台，數年心力，毀於一旦，麾下將佐，顏面無光，滿肚悶氣，砍石難消。而中央統帥陳誠將軍，進入廣州，不慰問勉勵。竟在集會中以勝利者姿態訓話，意氣飛揚的說：「軍人不能當軍閥，割據是沒有好下場的。」繆公憤怒至極，擲杯而起說：「廣東軍人，就是不想當軍閥，才放下武器，讓你中央軍進入廣東，假如我們要當軍閥，中央軍休想踏入廣東半步，」說完立即離開。將軍性格，受客族傳統剛烈，寧折不屈，說話絕不含蓄；雖使陳將軍目瞪口呆，楞在當場，將軍畢生的事業，可能毀於剛烈脾氣。抗日戰爭，雖曾任各要職，均屬有職無權，處處受扼抑，使此一虎將，鬱鬱不得志，難伸抱負，終生只做到中將，隱居香港而歿。原四軍副軍長薛岳，師長鄧龍光，黃鎭球，吳奇偉，李漢魂等均升到上將，戰區長官總司令或集團軍總司令。

張宗良將軍，畢業於黃埔軍校，溫文儒雅，勤奮努力，待人誠懇，處事務實，在軍校受知於教育長謝英白，選爲東床。任上尉時，黃慕松任陸軍大學教育長，特予提拔爲少校，保送陸軍大學將校班受訓，因高度和重量，稍遜規定，予跕腳、袋銀元，使表面符合規定。班內受訓人員，均是上校以上的軍官，且有上將多人，栖身其間，深感榮幸和渺小。因此特別用功，不敢懶散玩樂，稍有怠忽，除上課外，唯埋首書本。

校長蔣中正先生，每周前來視察，常見將軍獨自用功，畢業成績，名列前茅，在畢業典禮中，召他上台，向全體將校學員介紹，譽爲：「標準軍人」。因此受訓軍、師長，爭相羅致，從此官運亨通，軍階扶搖直上，二十四歲即升任爲少將，爲華邑最年輕的將軍。歷任總隊長，副師長，參謀長，師管區司令，要塞司令。任軍管區參謀長時，適對日抗戰，粵北第三次會戰失敗，被日本軍打通粵漢鐵路，物資由香港、廣州運輸便捷，西進計劃、得以實現，影響整個戰區深遠。蔣委員長親蒞廣東，召開檢討會。廣東爲第七戰區，司令由余漢謀出任，軍事失敗，自應負責，竟推給省府主席李漢魂。李因台兒莊會戰，砲戰三日夜，擊退來犯日軍，致雙耳震聾，聽覺不聰，難以解答。將軍以軍管區參謀長代李兼司令報告，言詞委婉、條理分明，爲李主席辯答，亦未涉及余長官之失敗責任，委員長頻頻點頭讚許。陳誠將軍，時亦在場，對將軍之能力風範，非常深刻，抗日勝利後特任爲虎門要塞司令。大陸失陷後來台，任民防指揮部參謀長，民政廳副廳長，中興紙業公司經理，退休後隨子女赴美定居。

魏崇良將軍，畢業於中央航空學校一期、國防大學二期、研究院四期、留學英國深造。文韜武略，學淵術精；歷任空軍聯隊長、人事署署長，供應司令、參謀大學校長、訓練司令、總政戰部中將主任，爲空軍傑出人才，幾次列名爲空軍總司令圈選，均因很多人事因素而落選。五十六年限齡退休時，一日之間，收到三道命令：一、調升爲空軍二級上將（五華將領最高官階）。二、退休。三、任退除役軍人輔導委員會副主任委員。六十六年退休。於六十一年起，受全體旅台同鄉的愛戴，當選爲五華同鄉會第二暨三、四屆理事長，領導全體理、監事，建會所，設獎學基金，築五華墓園。三大目標，都是困難重重，很難實現，端賴將軍挺身而出，登高一呼，海內外同鄉，熱烈響應，慷慨捐助，出錢出力，不數年目標達成，如今既成爲整個大陸各縣在台灣之同鄉會，成績優良者，造福鄉梓，老幼蒙恩澤。

載於世界論壇報副刊

晉祥兄重情好義

晉祥先生是我共曾祖父的堂兄，大我十一歲。小時因他的父母旅居香港，在我家住過一段時間，我嬰兒時才去香港團聚。記得我八歲那年，他第一次返鄉，住在我祖屋浩德樓正屋南間。有一天看他打開皮箱，有一股濃郁的香味，他掏了三個銅板給我，這是第一次給我錢。

第二次返鄉，是要贖回他父親利文公和景文叔典在我家的田地，這些田鄉人認爲：保水田、眼見田、田面寬、土質肥的上好田。一再重典，可能有斷典之議，但無簽字，鄉俗有生典死賣之例。我叔父不肯被贖，他堅持要贖，雙方意見不同，拖延很久。有一天祖母、父親和叔父坐在一起談論此事，叔父仍很堅持，認爲田被贖，對我家太重要。我父親則從另一方面來看，想到叔父榕漢公派下，贊文兄已死無後，利文、景文兩位堂兄現又旅居香港、南洋，在家鄉這一房沒有人祭祖掃墓，田地不給贖回，將無以安身立命。父親說：「爲那條藤（指榕漢公派）好田被贖實在可惜！但爲了顧全他們愼終追遠不忘本的苦心，無論如何，都要成全他，」祖母也贊成。我家則在畬坑塘碑頭下，買了三十多石保水田，但不是眼見田。

第三次返鄉，陪伴利文伯，黃亞娘，帶著陳嫂和桂英侄女，景文伯的獨子桓祥回鄉定居。景文伯和葉蘇妹阿娘，只回來過一次，以後未再見過。從此榕漢叔祖一房，由晉祥兄起安居樂業，逐漸興旺起來。

民國二十二年，我十三歲，隨浪文叔到廣州。翌年夏初，晉祥兄在香港托人帶給我兩件白恤衫，兩條白西裝短褲，一元港幣。這是晉祥兄第一次給我衣物，第二次給我錢。白恤衫、白短褲配白鞋白襪，是當時童少年裝，很體面，很帥氣。秋天，晉祥兄和木桂叔，趁香港九龍荃灣城門水塘工程空檔來廣州玩，由廣九車站、東堤逛到天字碼頭，坐艇到河南海珠橋下賭番攤，再玩到西壕口、沙面。沿途吃喝玩樂，找回的銅板，裝得我兩個唐裝口袋滿滿的。商人看到外來客，故意找給銅板，不找毫子，（其時一元十毫，一毫約三十個銅板）是希望客人將零錢賞給他們，現在茶樓酒館，此風仍熾。晉祥兄明知商人的意圖，故意不給，全部塞進我的袋內，下次用錢，又不要我拿出來，說麻煩。我想，這是晉祥兄藉此給我錢，而不是怕麻煩。

民國二十六年，我在白雲山大福嶺工作，晉祥兄在那裡包工程，李煥嫂就是那時娶的，後又去增城做國防工程。二十七年日軍攻陷廣州，他和我都回到家鄉，陳嫂是否怪他變心或對李煥嫂不滿，去了馬來西亞她的故鄉。晉祥兄在家鄉住了十多年直到三十八年才到香港。

三十八、九年我在海南島，收到他叫人寫來的信，因剛到香港不久，家鄉有十數口人靠他接濟，生活稍爲困難。我斷續由興寧同鄉劉君店中駁匯款三次接濟，通信處好像九龍××街源興米店，兩次收到回信，第三次因海南島撤退，未收到回音。我來台灣後，一則失去通信地址，再因自己落魄他鄉，無面目和親人通信，乃中斷聯絡很長時間，直到一九五七年，振中侄在香港時報，刊登廣告找我，才恢復連絡。

一九六六年端節後五日，我離開家鄉已整整二十年，也就是和晉祥兄分別那麼久沒有見面。乃寫信連絡說：「分別已整整二十年，人生沒有幾個二十年，希望我們聚首見面」。那年適逢大陸文革，波及香港九龍暴亂。我私心感謝暴亂，使我和晉祥兄、李煥、李容嫂、沐先侄等相聚。如今又經二十多年，感謝上蒼。我們雖年華老去，托天庇佑尚仍健在。從那時以後，晉祥兄和李容嫂常來旅遊，非常關心我的生活和一切，每次見面，總是殷殷詢問：「攪得好嗎？」即生活能過嗎之意。除一次買屋、一次做屋承賜七千和兩萬港幣外，容嫂總是給我妻鄭群珍、和兒子大昌零用錢和物品。我妻身體常不好，要什麼藥物，也買好托人帶來。大昌兒赴美深造，又贈送五萬港元。

父親因地主被清算，生活艱困，無以復加，因爲被列爲黑類，不准通信，更不能滙款接濟。乃請晉祥兄明裡暗裡，設法接濟，稍舒我心中苦痛！晚年黑五類榮銜雖獲得清洗，但房屋財產、田園，早已失落，寄身於破屋之中，難蔽風雨；且年老體弱，經常在病中，均賴晉祥兄照顧，做幾椽瓦屋棲身，費用多由晉祥兄支援，我僅盡了心意而已。

父親逝世，晉祥兄接到通知，即以電話告知；那時仍未開放，我無法奔喪，悲痛之餘，除請代寄錢回去治喪，稍盡哀思。晉祥兄安慰我不要悲傷，錢已寄去兩千，諒可夠用。父親和晉祥兄叔侄情誼素來深篤。然而，世道淪亡，唯利是圖的現實社會，像晉祥兄在事業有成，家財億萬，不忘舊情，時時眷念照顧，舉世滔滔能有幾人？眞是重情好義的性情中人，對我家可說已仁至義盡；對鄉中宗親，又何嘗不是？逢年過節，婚喪喜慶，多有贈送，各家先人骸骨未嘗墳墓者，多資助營建。使入土爲安，生者受惠，死者含笑。

慈善事業倡導，社會福利之支持，不遺餘力；故鄉馬河（轉市）大橋、風雨亭興建、青塘道路拓寬、在恭公掃墓福利會的成立捐助；台灣五華同鄉會會所、五華墓園興建、會所費用、獎學金捐贈；香港各社團籌設捐助等實難以縷述。仁風義舉，慷慨胸懷，舉世咸欽。

晉祥兄在故鄉建一座上五下五三棟正堂，左右橫屋，左右片增建三層和兩層洋房，規模宏偉，氣勢軒昂。香港住房，雖是花園洋房，美奐美侖，行人羨慕。然而在大都市中，只是滄海一粟，在故鄉遠比香港突現。西楚霸王項羽，不都關中返回故鄉「彭城」，而有「富貴不還鄉，如衣錦夜遊」之句。豪邁如霸王，尚眷戀故鄉，可知愛家鄉是天性與生俱來。晉祥兄這幾十年，在台灣、香港，雖有名望地位。但只像池塘中，丟進石塊，激起浪花，一陣漣漪，剎那即平靜，那裡比得上故鄉家喻戶曉、留名萬古，而花費遠少於台灣、香港。

晉祥兄有今日財富聲望，聰明勤奮爲事業之基，存仁行義爲德業之本，成功殊非偶然。以往族人在鄉或旅外豪富，持資財而凌貧弱，見慈善而拒門外，拔一毛而利天下不爲者，豈可同日而語。

晉祥兄和容嫂，不單給我錢物，至情關懷更多，俗説受人之恩，當思報答，我卻無由爲報。每次兄嫂來台，想買些茶食聊表寸心。兄嫂總是一再告誡不要買，家裡用不到。然而容嫂總是買很多回去送親友。戰國時管仲微時，和鮑叔牙合夥做生意，獲得利益，總是多拿，鮑叔深知管仲爲人正直，因家貧出於無奈，並非本意，而未揭穿；管仲嘆曰：「生我者父母，知我者鮑叔」。後管仲，爲齊國宰相，請鮑叔做官，鮑叔不受，金銀珠寶，更不接受，管仲將身上所穿的「錦袍」相贈。雖一物之微，意義至深至大，非高官珠寶，可與比擬。晉祥兄愛我，雖一事一物，都加以留意，豈是平常普通堂兄弟之情耶？「生我者父母，愛我者晉祥兄」，深情厚愛，豈是普通事物能答謝於萬一？公年一九八一年，晉祥兄七秩晉一華誕，我倆同月同日生，鄉俗認爲不宜相互見面祝賀，因此未克躬親祝遐。乃奔走拜懇名流顯要，題字祝賀晉祥兄福壽雙全，健康永駐。其中以嚴前總統家淦先生，蔣總統經國先生的親題壽屛，最爲榮貴；五華人僅晉祥兄和李惠堂先生獲此殊榮。

韶光易逝，轉眼十餘年，晉祥兄現屆八八高壽。仍精神矍鑠，步履穩健，眠食如常，笑談自若，毫無龍鍾老態。自古仁者壽河山，並日月，吾兄畢生以仁爲懷，以義爲理，必享期頤之壽，克享遐齡，照顧我已垂七十年，不知何以爲報?!

一九九七年載於世界論壇報副刊

企業家吳烱聲

誰不天涯憶故鄉，故鄉泥土總芬芳，
錦衣記取饑寒日，貧困當年未敢忘。

是的，離鄉背井的遊子，當踏出家門時，必有衣錦榮歸的一番誓願；當願望達成時，亦必有一種我該如何報答故里？下面一件活鮮鮮具有代表的事實，告訴我們一個遊子的略歷、成就與貢獻！

吳烱聲先生，生長於廣東省五華縣轉水鎮青塘村－一個貧窮落後的農村。及長，因時代激流，把他沖到軍旅，職至中校砲兵營長，於改革開放時脫下戎裝，踏上工商創業的艱苦歷程。經過十五年漫長歲月的艱困奮鬥和努力，終於在南國大地－深圳區，寫下輝煌璀燦的詩篇。

西湖企業發展公司，是先生創業的母公司，從經營小汽車開始，發展成綜合的經營機構，業務包括運輸、汽車修護、配件製造、紡織、印刷、農場、圖片製作、電子產銷、旅遊餐飲、房地產等四十多個經濟實體。業務拓展至全國、香港、台灣、澳洲、日本、新加坡等地，年產值已達數十億元，被評定為國家二級企業，獲大陸總工會授予「優秀經營者」榮號……。

從上面已略知先生創業理念的堅定及經營觸角之廣，大陸全國總工會授予「優秀經營者」榮號，實當之無愧。近年更開拓很多事業，難以一一縷述，謹就其遵循國家政策方面略述一二。

五華縣是被列為全國最貧窮的縣份之一，先生為遵循中共中央政策「走共同富裕道路，建設有中國特色社會主義」的指導思想，積極響應政府提出的：「扶持貧困山區發展經濟，幫助山區脫貧致富」的號召，於一九九二年，原廣東省和深圳市的有關老領導：原省政協副主席鄭群，原全國政協委員張日和及深圳市政協副主席李定等十多位廳級以上離休老幹部聚集深圳市，商討「共同富裕」事宜，希望梅州地區在深圳的企業家，以共同投資開發形式扶困救貧。本著這一精神，他的公司於同年十月起，在梅州五華經濟開發區開始扶貧投資建設，並在翌年八月與五華縣經濟開發區合作成立：五華華城（深圳）西湖實業集團公司。到目前為止，開發區投撥土地七〇、〇〇〇多平方米，該公司投入資金六、三〇〇多萬元，實際完工面積已達五七、〇〇〇平方米。已完成基本項目如下。

一、投資一、五〇〇多萬元興建一八、〇〇〇多平方米的西湖批發市場，一九九六年竣工。原朱森林省長在九四年視察時，即親筆為該批發市場題名。該批發市場目前暫難開展，擬改爲興辦實業、辦公廳，已有具體安排。

二、投資一、三〇〇多萬元，建成四排兩條街商店、住屋層樓一二〇套，總面積一五、八〇〇平方米，現已竣工，大部份已出售，因係住家、商店兩用，價格不貴，洽購情形良好。

三、投資一、二〇〇〇萬元興建「西湖溫泉大酒店」，樓高十層，建築面積一六、六〇〇平方米，一九九五年底正式開業。全國政協副主席葉選平先生親筆爲大酒店書名。該大酒店有住房兩百餘間，單人房收費不及兩百元、雙人房亦僅兩百餘元，貴賓套房，有三套浴室—蒸汽浴、衝激浴缸、普通浴室、按摩房，適合全家旅遊住宿，辦公使用，總價僅七、八百元。全部用溫泉水，可防病、治病，是高等享受，廉價收費。酒店內附設餐廳、咖啡廳、遊藝廳、卡拉OK、溫泉浴區等；尚有設施在計畫中，各方評論是粵東最豪華舒適的酒店。

四、與山東糧油機械總公司合作投資一八〇萬元，年產量一、〇〇〇噸的花生油廠，已於前年十一月生產。

五、公司積極開發地下熱源，在哈爾濱市工商會的積極推廣及哈爾濱市熱力研究所的熱情指導下，引進優良保溫技術，投資三二〇多萬元開發湯湖地下溫泉水，舖設保溫水管引水工程，將原汁九〇、五℃的溫泉水經一六、五公里至大酒店仍保溫六五℃，供酒店客房和溫泉水區洗浴使用。既節省能源，又能防病、治病、消除疲勞，保護皮膚。目前客房和溫泉區的生意，客源非常多。由此可知溫泉利用價值高和發展前景都非常看好。目前正著手成立有關熱能資源研究工程公司。

六、與五華縣開發區及轉水鎮政府聯合投資一〇〇多萬元，鋪築一條長十餘公里，寬五米的鄉村水泥公路，解決鎮政府至維龍溫泉發源地的交通問題，使維龍溫泉發源地先開發，先富裕起來。去年平均每人增加收入五百元以上，這在窮困農村是很大的收益。現在投資與建兩百多平方米的雙層樓房一座，設溫泉套房、休假客房、餐飲等。扶貧工作落實到偏遠農村。

七、一九九二年即開始投資四十五萬元，興建五華山區兩所「希望」小學。這種扶貧以「文化」爲開始，是執掌西湖牛耳的吳炯聲先生的遠大目標、仁懷義舉。深得公司職工的欽佩和感懷；而自動自發踴躍捐款，共襄盛舉，在學校設立「優教優學」獎勵基金。「希望」小學的建成，解決了附近數百戶農家子弟上學的困難，該校現有三〇〇多名學生。目前該公司在廣東、貴州、延安洛川、維龍湯裡先後投資興建六所「希望」小學。這些莘莘學子，就是扶貧中的希望最好的種子。

八、去年三月與哈爾演有關單位聯合投資，在五華開發區成立消防技術開發公司。技術已達國家標準，並經廣東省消防局、及國家消防局研究所、批准投資生產、銷售，已於去年九月試產，成效優良。年底前生產十萬罐滅火器，手提式滅火器一〇〇萬罐。該項目前景很好，今年目標實現產值億元以上，實現利潤超過兩千萬元。

該公司在開發區投資開發四年來，得到廣東省、深圳市、梅州市及五華縣各級領導的親切關懷和大力支持。省委謝非書記，原朱森林省長，省人大林若主任等領導都先後蒞臨視察和指導，原省委常委、梅州市委書記劉鳳歧、省人大副主任曾昭科、原深圳市人大主任李海東等都親自參加開幕典禮，對該公司大力扶持貧困和發展山區經濟的做法，給予充分的肯定；特別謝非書記，一年內兩度光臨，更感榮幸和巨大的鼓舞。梅州市和五華縣各級領導，從各方面給予大力支持；梅州市謝強華書記、五華縣曾覺潭書記、古銀增縣長和以後的縣長（名字記不起來），開發區張俊球、曾小華主任等都多次親臨現場指導，及時解決很多具體問題，保證扶貧開發項目的順利進行。

先生待人非常開明誠懇，和他談話如家人兄弟，毫無隔閡。對文中所談到列位長官（也許名字有遺漏錯誤）和有關政府的關懷愛護和協助，深致衷誠的謝意，並說：今後在鄧小平同志建設有中國特色社會主義思想指導下，繼續遵循省委、省政府的扶貧方針，按照深圳市委、市政府的具體安排，爲繁榮山區經濟，走共同富裕的道路，貢獻棉薄。

近四年來該公司共投入資金六、三〇〇多萬元，已收回資金一、五〇〇多萬元，（銷售商住樓房一、四〇〇萬元、花生油廠一〇〇萬元）實際投資四、八〇〇萬元。但該公司抱持所得利潤用於「扶貧」計畫，實行「我爲人人，人人爲我」的崇高理想。

現在計畫中興建：琉璃碧瓦、亭台樓榭、樹木扶疏，小橋流水的花園式精緻別墅。五華城西門外至河西、黃埔跨河大橋已協助興建中，將後這一大片土地，均在開發計畫中。

先生爲人公私分明，勤勞儉樸，誠信仁厚。從一九八五以來榮獲各種全國性獎章達七座之多，新近當選深圳市人民代表大會常務委員會委員，不以榮位而自傲。一秉過去的謙和篤實的風格，身為數十家董事長、總經理從早到晚，事必躬親，因此：每一個單位的工作，都瞭如指掌，每一部門有錯誤，必嚴責改善，有成績立予獎賞，事後都如兄弟家人毫無隔閡。離開工作，工人也是好朋友。由於他對人眞誠、體諒、寬容，使整個企業員工的感情，溶於一體，上下一條心，共同為公司貢獻心力，才能使創業僅十餘年的企業，從六萬元到目前近十億的資產，可以稱為「經營之神」。

今先生雖身為綜合體的企業家、深圳市人大委員，仍平易近人，熱情親切，對「貧困當年未敢忘」他確實沒有忘記，仍堅定愛鄉情懷，做出很多仁懷義舉的偉大建樹，播下富裕的種子，不久會發芽滋長，為窮困的五華山城帶來繁榮富裕的希望。他像黑夜的明燈，發出光芒，大旱中見到雲霓，寒冬見到陽光！令鄉親父老喝彩致敬！更為千千萬萬海外遊子，樹立愛鄉的榜樣！

載於世界論壇報副刊

旅台宗親漸零落

廣東省五華縣旅台吳氏宗親共十三戶，計流洞六戶：超洋、煥棠、錦文，三人均先後去世，少君返鄉定居，展謀、國崇，很少見面，下一輩除吳錦文長子克強外，完全失落。青塘連我七戶，茲分述如下：

紫金叔字振球 是我吳家唯一的飛行員，於一九六三年病歿。其妻鄭氏，育兩男三女，均已長大成家，在美國、加拿大定居，鄭嬸已歿。長女和兩子定居華盛頓，長子維雄妻黃蘭心，生子恩霖、女恩慈。次子維光妻鍾惠燕生子培恩、詠恩、女懷恩。次三女在加拿大，情形毫無所悉。

梅添叔 畢業於空軍通信電子學校，任軍職多年，來台後因職階銓敘，由軍官改為士官，乃請退職，改任專科學校組主任。歿於一九八九年五月二十三日，享壽六十有四。為人正直，行事穩健，學識淵深、彬彬有禮，我負責編印族譜，鼓勵良多。其妻陳氏鳳梅，育子至大、長女珍妮、次女愛妮。，遭此巨變，哀痛至極，面對社會、生活、子女，一切問題，都必須堅強昂首，妥善處理。所幸梅嬸，夙賦聰敏，堅毅果敢，處事明快，賢良品性，仁德端莊。在傳統男性社會中，如錐處囊中，寶石埋土，很難看出光芒和獨特性格。但自梅叔死後，錐鋒顯現，寶石發芒，持家處事，井然有序，重情懷義，表露無遺，令人欽敬不已。首先完成梅叔擬將遠適新疆前妻之子火榮，南遷的心願。花費巨資，在惠州購買房屋，俾戶籍據以遷移。青塘故鄉馬河大橋通車後，爲拓寬村道，捐獻港幣伍萬元。青塘非她生長嬉遊之地，此舉純爲敬愛丈夫的仁義理念，修路善事，開青塘婦女之先河，令人擊掌稱讚。營建先人墳墓，爲夫姪娶婦，並擬整修祖屋，一切一切都是重情好義仁心德行；一個外地婦女，能對丈夫前妻之子、故鄉，如此關注，在世道淪亡的現實社會中萬千難選，誠我吳氏祖德深厚也。

梅叔自小和我一同上學，情誼深篤，記得逝世前晚打來電話：告知前天自故鄉返台，約期詳談。未料翌日午後，大雨滂沱，爲清理門前積水溝渠，濕透全身，致心臟痲痺，不治死亡，噩耗傳來，哀悼殊深！一周出殯期間有五天冒盛暑熱浪，前往協助辦理出殯事宜，稍盡叔侄最後之情。親擬輓聯：

避秦來寶島，三八年中，叔侄情篤，把酒話桑蔴，每向白雲遙問，故園何日掛帆歸；

果幸償還鄉，兩千里路，骨肉哀圓，揮淚再別離，縱教已酬心願，拋妻棄子總堪悲！

烱祥弟　居住苗栗縣鄉村，交通不便，很少聚談，育有一女淑美已婚，子立青、立群亦已結婚。在鄉間經營雜貨店，且有退休金挹注，生活無虞。妻江氏秀梅，明理賢淑，知家鄉大婦健在，人口衆多，常勸烱弟寄錢回去接濟；在台生活雖不富裕，亦樂爲之。烱弟不幸於一九九六因口腔癌逝世。

德清姪 在台灣偶然相逢，三十多年來，最接近的一位族人。生性豪爽，古道熱腸，慷慨好義！對我尊敬；凡有關族衆之事，必先徵求我的意願，凡我建議，大多接納。族譜第二次印製費，他及長、次子捐獻很多，修祖墳，築村道，福利會以及其個人在故鄉做屋，台北市五華同鄉會各種捐款，我說了總給我面子。其妻羅氏，生五子三女，於一九七八年逝世，享年僅五十七歲。回溯婚後，子女相繼誕生，人口衆多，生活一直艱困。現在兒女均長大成家，事業有成，孫輩衆多，正是兒媳奉養，含飴弄孫快樂時期，竟未能克享遐齡，撒手西歸，鶼鰈情深，痛傷逾常，影響身心健康，至深且巨。所幸兒、媳孝順，稍舒積悃！

思源身爲長子，有乃父之風，爲人正直，謙恭孝悌，對父親孝順，弟妹友愛。其妻卓氏碧蓉，明理尙義，賢良婉淑，實堪表率；對公公噓寒問暖，侍奉周到，病中更悉心照顧，使心情愉快，期早占勿藥。德清的健康，近幾年情形欠佳。但寂寞心靈，卻常思遨遊大陸山川勝景，爲完公公心願，不辭勞累，迭次侍奉陪行，使鰥寡晚年，稍舒喪妻之痛，享受兒、媳孝養，含飴弄孫之樂。近年不幸患巴金生症，行動不便，起居飲食，均賴傭人照料。

思源、碧蓉夫婦，因奉父而居，每逢星期、佳節，弟妹必挈家小前來，拜侯父親。濟濟一堂，飯食招待，盡善盡美。使老父寬懷，弟妹歡樂，實碧蓉賢德大方，誠懇愛護之功。思源有此佳婦，無憂老父乏人侍奉，弟妹融洽和睦，無家務之煩，專心事業，得日益順利興旺，可謂賢內助之功也。

思鍾設西陵電子工廠，名揚世界。他自己是台灣工商界聞人，報刊常看到他發表言論，電視畫面常見到他英姿俊發，意氣飛揚。實「吳家之千里駒」。

思漢之性格豪爽，有乃父、大兄之風，現與至親設「永暄股份有限公司」，生意興隆，蒸蒸日上，頭角崢嶸、功成可期。

志平姪 畢業於空軍機械學校正科班十期，服務於空軍地勤，爲人忠誠篤實，有讀書人安貧樂道之志，四十年奉行不渝。以中校限齡退休。因遠住台南縣岡山，彼此年老，行動不便，非有特殊事故，難見一面，且每次來去匆匆。妻蔡氏，育二子一女，已長大，結婚時均親往道賀。二子事業有成，後繼有人。退休後讀書寫字，享悠優林泉之樂。不幸於一九九四年病歿。

振波姪孫 居住台北市，與我爲鄰，然彼此生活職業不同，有咫尺天涯之感。他自一九〇年僑務委員會主任秘書任內退休後，不單難得見面，連電話也難得一談。曾任秘魯報社總編輯，中央黨部海外工作會總幹事、秘書，僑務委員會主任秘書，現爲駐會委員，僑聯總會主任秘書，是我吳氏宗族在台灣上層社會中有名望之人。他學識淵博，性情開朗，謙和善良，書生本色。對故鄉親長，很能照顧：營建祖父母、叔父母墳墓，使入土爲安。伯母曾春梅，孤苦無依，招傭照顧，按月給予生活費及妥備老人長壽各物，死後爲治理喪事，營建墳墓。妻呂氏彩桂，育有二子二女，均長大成家，有孫輩數人，含飴弄孫，乃人生樂事。

在台宗親下一代，只德清一家較為接近，其他多不了解。我自己：兒子大昌媳婦唐嘉禧、孫女婷婷、思諭，遠居美國，妻鄭氏群珍，不幸於一九九五年因「靜脈曲張」住院手術病變，成為植物人。現在我的生活，孤獨悽涼，乏善可述。吳族在台灣宗親，已經逐漸凋零，後代更已失落，誠令人嘆息。

一九九七年載於世界論壇報副刊